A mes neveux Aylan et Evann, et a tous les enfants qui construiront la nouvelle Terre.

A Beth Ann White, et toutes les victimes silencieuses des abductions par des extraterrestres.
Ceux qui survivent ont le devoir d'etre la voix de ceux qui ne peuvent parler.

Nous n'attendons plus la divulgation.
Nous sommes la divulgation.

3

Remerciements

Ma plus grande gratitude va à Thor Han Eredyon, mon ami des Pléiades, pour les informations précieuses et détaillées au sujet des différentes espèces répertoriées dans ce livre, ainsi que les révélations tout aussi fabuleuses et sidérantes les unes que les autres, son support et son inconditionnelle dédication à me transmettre, jour et nuit, un savoir qu'il jugea nécessaire et important pour l'Humanité. Je remercie également ses supérieurs, bien sûr, qui ont donné leur autorisation. Mais plus que tout, je lui serai toujours reconnaissante, bien au-delà des mots, pour m'avoir sauvé la vie lorsque j'étais enfant et pour avoir, également, veillé sur moi toutes ces années.

Annax, Egaroth d'Orion, dont le cœur est plus vaste que l'univers, Coron magnifique Pléiadien de lumière dont le savoir peut réduire bien des gens au silence, ma très chère amie Myrah de Sirius B, dont la pertinence et l'humour nous rappelle que les extraterrestres sont juste des gens comme nous, à la seule différence d'être nés autre part. Valnek d'Epsilon Eridani, Celadion d'Erra, et à vous tous mes merveilleux amis des étoiles, j'exprime à votre égard mon plus profond respect et ma plus profonde gratitude, pour faire partie de ma vie.

Et il y a aussi l'équipe de terrain ! Holly Wilcox, en cette nuit d'Halloween auprès d'un bon feu dans mon cottage Irlandais, lorsque pour la toute première fois, j'ai osé évoquer les souvenirs fragmentaires de mes abductions, tu m'as insufflé le courage qui me manquait pour enfin me décider à consulter un hypnothérapeute. Une semaine plus tard, je rencontrais une hypnothérapiste quantique qui m'aida à retrouver la mémoire de mes abductions. Un grand merci à Vickie A.Dold et Bianca Addante pour leur précieuse aide technique, et également Luke, pour sa grande patience à endurer mon isolation et mes humeurs d'écrivain. Je veux également honorer l'immense support de ma sœur Stéfanie, qui a toujours supporté mes lubies sans jamais poser de questions. Merci aussi, mes trois bonnes fées, Rachel Scouazec, Alix Freeman et Anne Ferlat, pour avoir été également d'un grand support. Un grand merci a Jean-Loup Bellot pour votre meticuleux travail de relecture et corrections.

Et je ne puis omettre de mentionner tous ceux qui, à travers les réseaux sociaux, sont devenus une part de cette formidable aventure, en particulier Pablo and Javier, Philippe "Jones" Rosset, Robert Earl White, et tous ceux qui m'ont soutenue avec leur amitié et leur confiance.

Et bien évidemment, mon compagnon félin Ned, mini-panthère magique qui tout au long de la rédaction de cet ouvrage, fut le gardien de l'espace sacré, repoussant toute perturbation afin que le travail soit accompli dans les meilleures conditions.

Et maintenant, attachez vos ceintures...

I

MON HISTOIRE

Introduction

Le temps est venu pour moi de parler. Je ne puis garder ce secret plus longtemps ; je dois maintenant le partager avec le reste du monde.

Voici mon histoire, réelle et terrifiante, mais également d'une beauté à couper le souffle. Voici une histoire de nos temps changeants, alors que l'Humanité est sur le point de basculer dans une ère nouvelle. C'est en cet instant précis, notre dernière chance d'entrer dans la lumière, d'embrasser la prochaine étape de notre développement en tant qu'espèce. L'histoire de l'Humanité est en train d'être écrite, en ce moment, alors que je tape moi-même ces lignes ; le futur est façonné en cet instant précis, par chacun de nous.

Ce livre est dédicacé principalement à tous ceux qui sont passés par l'épreuve innommable d'une abduction par des extraterrestres malveillants, et qui cherchent des réponses, qui ont besoin de comprendre les motivations de ces êtres mystérieux opérant dans l'ombre. Cet ouvrage est composé de trois parties. Premièrement, le témoignage de mes abductions dresse le décor pour les éléments dévoilés par la suite. La seconde partie décrit les différentes races extraterrestres visitant la Terre (illustrée par mes soins) et enfin, la troisième partie de ce livre compile des messages de guidance et d'espoir qui m'ont été confiés.

Je suis archéologue de métier ayant passé huit ans de ma vie en Egypte, mais je suis aussi druidesse, chamane et guérisseuse. Bien que j'aie toujours été consciente de mes capacités paranormales, j'ai bénéficié d'une éducation scientifique qui fut toujours pour moi le garde-fou me permettant de "garder les pieds sur terre" en toute situation (même les plus improbables et déstabilisantes). J'ai toujours choisi de croire en premier en mon expérience personnelle, et ne jamais prendre pour acquis quelque croyance que ce soit. Bien qu'élevée dans une famille religieuse, je devins athée à dix ans, dès que j'eus réalisé que tout phénomène pouvait être objectivement expliqué par la science.

Les systèmes dogmatiques ne furent, dès mon plus jeune âge, point vraiment ma tasse de thé, ni plus que les élucubrations fréquemment occurrentes dans les mouvements "New Age". J'ai très tôt dans ma vie défendu ma liberté de penser. Nonobstant, bien que conservant un esprit très ouvert, j'ai toujours su naviguer entre faits et hypothèses et je n'ai jamais vraiment été influençable. L'important est de trouver le point d'équilibre parfait entre information et jugement objectif.

Je fus enlevée à l'âge de neuf ans par des aliens Gris. Dans le processus, j'eus la chance d'être secourue par d'autres extraterrestres, Ce groupe bienveillant était composé d'êtres venant de différents mondes et ils n'ont cessé par la suite de veiller sur moi, jusqu'à ce jour. En décembre 2019, je décidais d'essayer l'hypnothérapie dans l'espoir de regagner les éléments oblitérés de ma mémoire, et c'est ainsi que ce livre vit le jour.

Parler ouvertement de ces choses-là requiert toujours un certain courage. Dévoiler son cœur nous met en position vulnérable, et lorsque nous devons faire face aux sarcasmes et à l'incrédulité de jugement, cela blesse, en particulier quand le traumatisme que nous exposons au grand jour est encore douloureux. Mais guérissons-nous vraiment, de ces choses-là... Nous sommes seuls à connaitre la vérité, parce que nous l'avons vécue... c'était réel. Et nous souhaitons viscéralement que cela n'eut jamais été. Mais voilà, quel que soit le degré de déni de la conscience, notre corps, lui, conserve une mémoire médicale, mécanique, indéniable. Le corps sait, il se souviendra toujours et lorsqu'il est au contact du déni mental, la bataille intérieure qui s'engage est redoutable, et silencieuse. Bien au-delà de ce que nos ravisseurs nous ont fait subir, nous continuons leur œuvre en nous auto-détruisant à petit feu, tout cela parce que nous ne pouvons faire face à la réalité, c'est bien trop insupportable. Certains survivent, d'autres non, et je veux que tous ceux qui souffrent des séquelles d'abductions alien sachent qu'ils ne sont pas seuls, qu'ils peuvent trouver support et partager leur expérience auprès d'autres victimes, à travers par exemple les réseaux sociaux. Il y a également des hypnothérapeutes qualifiés et expérimentés dans ce genre de situations, et qui sont là pour vous aider à vous libérer de ce cauchemar, et à retrouver votre mémoire ainsi que votre dignité. Et puis il y a les extraterrestres bienveillants qui, infatigablement, veillent sur nous et travaillent hardiment à secourir les victimes d'abductions, se battant pour nos droits et démantelant les agendas de l'Ombre.

La mentalité autour des expériences paranormales a considérablement évolué depuis les dernières deux décades, alors que nous devenons progressivement plus ouverts d'esprit. En général. Les gens deviennent plus courageux en divulguant leurs expériences personnelles, grâce aux réseaux sociaux et à la possibilité de filmer et photographier aisément avec un téléphone portable. L'information est devenue instantanément accessible et partageable à travers toute la planète, en un simple click du bout du doigt. Le mot même "paranormal" semble se redéfinir peu à peu vers un nouveau concept de "normalité", et le jugementalisme perd alors son emprise lorsque la notion même de normalité libère ses limites. Il faut dire que plus grand chose ne nous choque de nos jours! Peu à peu, nous basculons vers un nouveau paradygme de réalité. Voici venu le moment où nous entrons dans la lumière et libérons notre voix!

Grâce à internet et à la circulation ultra-rapide de l'information, nous nous rendons compte que le nombre de victimes d'abductions alien est absolument énorme et en réalisant cela, nous nous sentons soutenus et confortés. Nous ne sommes plus seuls à traverser cet enfer. La peur de parler s'estompe... puis la peur, tout simplement, alors que la colère, et les frustrations, prennent peu à peu le dessus. Cette abominable activité perpétrée par nos visiteurs sans scrupules fut toujours considérable mais à la différence que de nos jours, nous possédons les outils et le pouvoir afin de dénoncer ces pratiques ignobles. De plus en plus de victimes parlent. Les Men In Black n'arrivent même plus à assurer !

La plupart des abductions sont des expériences horribles dont le souvenir demeure encodé dans la conscience tel un spectre menaçant. J'ai vécu longtemps avec les séquelles d'un traumatisme profondément réprimé. Même nos pires cauchemars ne sont pas à la hauteur de la réalité. Des souvenirs terrifiants, des dénis profonds, bloquèrent plusieurs aspects de ma vie et à chaque fois que je tentais de parler, quelque chose en moi se verrouillait automatiquement, principalement grâce à mon instinct de survie me permettant de conserver un certain équilibre mental, face au jugements blessants et à l'étroitesse d'esprit de bien des gens. Ce dont j'ai été victime durant l'une de mes abductions, lorsque j'avais neuf ans, s'apparente tout-à-fait au viol, et faire face à l'incrédulité voire pire, la moquerie, s'avérait un concept insupportable.

11

Alors je me suis tue, durant toutes ces années, prétendant en moi-même ainsi que vis-à-vis des autres, que cette chose insupportable et inconcevable ne m'était jamais arrivée. Famille, compagnons, amis, médecins, nul ne sut jamais, néanmoins... se couvrir les yeux avec la main ne fait pas disparaître les monstres. Ils sont toujours là, dissimulés dans l'ombre, sous le lit, derrière les rideaux, au bout d'un long corridor sombre et un jour, nous n'avons plus d'autre choix que de nous retourner pour leur faire face.

En tant qu'abductés par des aliens, nous sommes aussi volés d'une part de notre mémoire, d'une part de notre vie. Ils s'immiscent sournoisement, dans la nuit, pour nous déposséder de nos droits un par un, nous traitant tels des animaux de laboratoire. Ils extraient nos fluides et matériels génétiques par des méthodes invasives et terrifiantes, nous marquant tel du bétail, nous implantant avec des traqueurs et nous laissant tremblant de froid au petit jour avec le sentiment d'avoir été violés corps et âme. Ils enlèvent nos enfants par milliers chaque jour pour ne jamais les retourner, pour des buts innommables et le plus ignoble de tous les trafics. Et nos gouvernements, qui sont supposés protéger nos droits, coopèrent avec ces monstres en leur offrant la facilité d'un immense réseau de complexes souterrains parcourant toute la planète. Ça suffit...

Ça suffit.

Séquelles...

D'aussi loin que je me souvienne, j'ai toujours été capable de percevoir au-delà de la frontière du visible, d'avoir des prémonitions et ressentir les présences cachées, dons hérités de ma grand-mère maternelle. Nonobstant, au lieu d'apporter enthousiasme et émerveillements dans ma vie, ces aptitudes firent de moi une enfant solitaire. Aussitôt essayais-je de partager mes expériences paranormales avec mes camarades de classe, aussitôt étais-je moquée, et ceci m'amena à réaliser avec choc que je n'étais pas comme les autres enfants de mon âge. J'étais différente. Mais pourquoi ? Quelle était la raison de cette injustice qui me faisait étrangement sentir que je venais d'ailleurs ?

Je me souviens... passer des nuits entières à fixer la voûte céleste jusqu'à ce que je tombe de sommeil, fascinée par la ceinture d'Orion mais aussi, par les Pléiades...

Les Pléiades... Depuis ma plus tendre enfance à chaque fois que mon regard se levait vers le firmament, une nostalgie inexpliquée me saisissait corps et âme, et tout particulièrement envers ce petit amas d'étoiles bleutées en forme de chariot. Si loin, si proche... j'étais fascinée, hypnotisée, happée cœur et âme à travers les distances inter- stellaires par un lien mystérieux. Pourquoi ? Pour quelle étrange raison toutes les particules de mon être désiraient-elles être là-bas ? Et cet appel déchirant vibrant dans ma poitrine me criant que quelqu'un, sur l'une des étoiles de ce tout petit chariot bleuté scintillant, pensait à moi et m'appelait à travers les distances glaciales de l'espace...

AAvant de quitter ce monde, ma grand-mère me confia un jour un fait que je semblais avoir oublié, ou bien tout simplement dénié. Elle me raconta que lorsque j'étais enfant puis adolescente, elle pouvait m'entendre chaque soir prier dans mon lit sur un ton de désespoir. Elle savait que ma fenêtre était ouverte à cause de la légère brise sous la porte. Chaque nuit, voici les mots que je répétais sans cesse jusqu'à ce que le sommeil m'emporte :

"Revenez, revenez s'il-vous-plait, revenez me chercher et emmenez-moi avec vous dans les étoiles ! Pourquoi ne répondez-vous pas ? M'entends-tu ? Tu me manques, ramène-moi à la maison !"

Et puis également, il y avait ces rêves récurrents, si vivides et tellement réels, mettant en scène toujours les mêmes personnes ; en particulier un jeune homme blond vêtu d'une combinaison turquoise iridescente, avec d'étranges yeux bleus légèrement plus larges que la normale, et qui tentait toujours de communiquer avec moi. Il était si beau et irradiait tellement d'amour, que durant de longues années j'étais convaincue qu'il était un ange. Ce personnage fut présent dans ma vie d'aussi loin que je me souvienne et semblait veiller sur moi avec grande affection. Mais voilà, il y avait aussi ce fait perturbant : la présence à travers mes rêves, de cet étrange jeune homme, qui je savais n'était point de ce monde, n'était pas la seule vision à hanter mes nuits; j'étais également assaillie par des visions traumatiques impliquant des instruments médicaux et de terrifiantes créatures à la peau grise et aux immenses yeux d'obsidienne. Oui, je me souvenais d'eux également, brèves résurgences au cœur d'un cauchemar où même, allongée dans le fauteuil du dentiste, irrationnellement terrifiée, serrant les jambes et raidissant tout mon corps lorsque le son strident de la roulette approchait mon visage. Ce son, bien particulier, faisait écho en mon subconscient signalant danger mais aussi agression et douleur, et la seule parade instinctive autorisant le dentiste à faire son travail était de m'auto-convaincre que personne n'allait me faire de mal. En ces instants, mon corps se souvenait instinctivement... que pour éviter toute souffrance corporelle, je devais croiser les jambes fermement afin de protéger mon entre-jambe. Dans cette position, et cette position seulement, je pouvais faire confiance. Ceci n'était pas très normal car je n'avais en apparence aucune raison d'associer la roulette dentaire avec l'entrée de mon vagin. A quelques occasions chez le dentiste, lorsque la tension nerveuse atteignait une certaine intensité, m'apparaissait la vision soudaine de créatures grises maniant des instruments similaires. Même si ces évènements douloureux et terrifiants avaient été oblitérés de ma mémoire, mon corps et mon système nerveux se souvenaient, particulièrement lorsqu'il s'agissait de défendre le corps à la réception d'un signal de danger conditionné par un trauma.

Mes premiers souvenirs de contact extraterrestre remontent à l'âge du berceau. Un soir alors que ma grand- mère maternelle me lisait une comptine pour m'endormir, je fus surprise et choquée par la vision d'un petit être gris surgissant du mur derrière elle. Les proportions de sa tête étaient démesurées et ses yeux larges et sombres. Éclatant en sanglots, je pense l'avoir effrayé, car je le vis reculer et disparaître en arborant une expression désolée.

Plus tard cette même nuit, lorsque la maisonnée fut endormie, je fus réveillée saisie de terreur, en constatant mon petit corps flottant en lévitation à peu près un mètre au-dessus du lit, élevé -et enlevé- par une force invisible. Paralysée, je n'étais même pas capable de formuler un son pour appeler à l'aide. Puis il y eut un flash de lumière aveuglante et ensuite, tout ce dont je me souviens, c'est que c'était le matin et toute la nuit avait été oblitérée dans une anomalie temporelle. J'étais en train de redescendre vers mon lit, et j'entendis ensuite ma grand-mère monter les escaliers au son de mes pleurs. Que s'était-il passé entre le moment je flottais au-dessus de mon lit et celui où je redescendais au petit matin? Une nuit entière manquait et c'était profonément perturbant. A l'époque, je n'étais pas encore apte à m'exprimer en language parlé et cette expérience sombra dans les limbes du déni.

Tout au long de ma vie, j'ai conservé trace de mes expériences paranormales dans un cahier, accompagné d'une multitude de dessins et récemment, m'est revenu entre les mains, avec une parfaite synchronicité, mon ancien carnet de santé. Fort heureusement, dans les années 1970 en France, les archives médicales se faisaient par écrit à la main, voire tapées à la machine sur papier.

15

Avoir pu conserver ces documents précieux fut une chance incroyable. En effet, ceci fut le seul moyen par lequel ces informations purent prouver les dates exactes de ce qui suit. Dans les notes rédigées et estampillées par le médecin de famille, figuraient la date et les symptômes physiques relatifs à mon abduction par les Gris Zeta, l'évènement qui fit basculer toute mon existence dans une dimension nouvelle.

Tout commença par une nuit de Juin 1979 lorsque j'avais neuf ans. Ma grand-mère, ma jeune sœur et moi-même admirions la lune par la fenêtre ouverte de la chambre, lorsque nous fûmes surprises par l'apparition d'un objet volant non-identifié flottant au-dessus des toits et se déplaçant dans notre direction. Alors qu'il se rapprochait, nous pûmes discerner davantage de détails; sa forme était discoïdale, légèrement bombée en-dessous et avec un dôme sur la partie supérieure. L'ob-jet émettait une très vive lumière orangée. Inca-pable d'expliquer pour-quoi, nous éprouvions un intense, quoiqu'étrange, sentiment que nous étions les sujets observés. L'air était comme électrique et nous étions fascinées, presque hypnotisées, par cette vision, qui semblait être bien plus qu'une vision; un contact. Ma grand-mère s'adressa à moi, une certaine émotion dans la voix.

"C'est un vaisseau spatial, il vient d'une autre planète, très très loin la-bas, parmi les étoiles."

16

En ce temps-là, en raison de mon très jeune âge et de mon innocence, ces mots m'impressionnèrent grandement. Une autre planète ? Y avait-il des gens vivant sur d'autres planètes ? Puis, ma grand-mère me confia avec une certaine émotion que lorsqu'elle était jeune, elle fut témoin de l'un de ces engins descendant du ciel devant elle. Elle me raconta qu'un vent tourbillonnant accompagnait le véhicule céleste et qu'un rayon de lumière aveuglant lui fit perdre connaissance. Le vaisseau avait une forme légèrement différente et ne produisait point de halo orangé ; son aspect était métallique, et il y avait un rang de fenêtres à son pourtour. Tout ce dont ma grand-mère se souvint par la suite, fut de se réveiller gisant sur le sol. Elle n'osa jamais raconter cette histoire à quiconque. Apparemment, je n'étais pas la première dans la famille... Et nous voici, en ce soir-là de Juin 1979, observant tout en étant observées. Fascinant... Le vaisseau se mit soudainement à briller d'un éclat intense, puis changea de couleur, virant rapidement au jaune, orange, rouge puis pourpre, et ma grand-mère s'écria, portant les mains à ses joues :
"Oh regarde! Il change de couleur, ça veut dire qu'il va partir!"

Et bien étrangement, elle eut raison car l'engin fusa tel un éclair en effectuant un zig-zag en plein ciel, pour s'évanouir à notre vue à une vitesse inconceva- ble Le matin suivant, les journaux locaux firent état de l'apparition d'un OVNI au-dessus de la ville. Ceci n'était que le début...

Je me réveillai le matin suivant dans mon lit, nue, avec une douleur aigüe dans le bas-ventre et la sensation du lit mouillé. Soulevant les draps, je découvris avec effroi le sang répandu et je me mis à hurler de terreu-

17

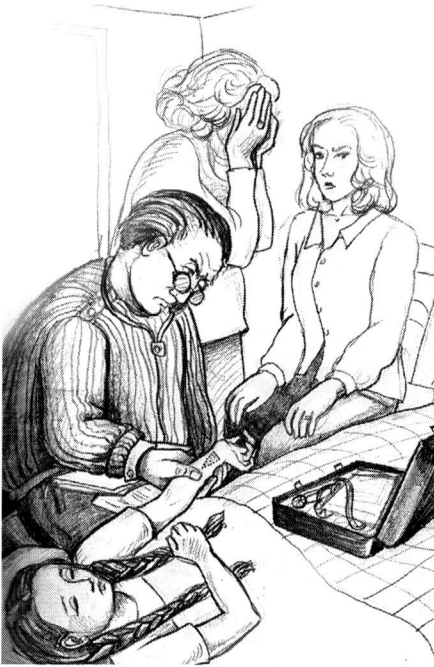

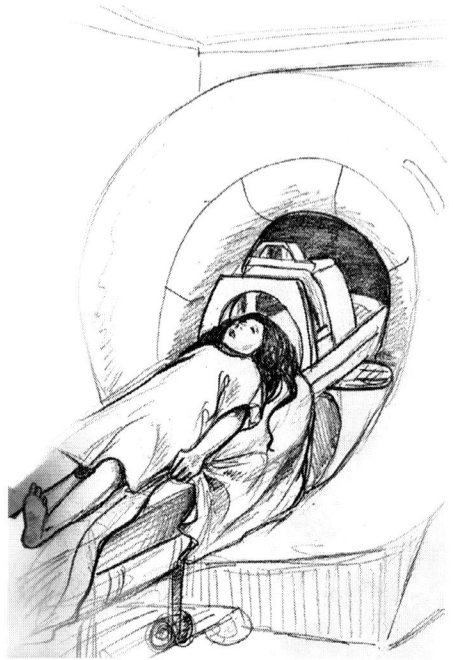

lorsque je réalisais qu'il semblait s'écouler de mon bas-ventre. Je me levai, jambes faibles et trem- blantes, pour trouver ma mère dans la salle-de-bains, blême et épouvantée à la vue de mes jam- bes ensanglantées. Je sanglotais à grands flots, incapable de com- prendre ce qui m'arrivait. A ma seule connaissance, d'après le peu de films que j'avais dû voir, perte de sang égalait gros problèmes. *Maman, je vais mourir ! Maman je vais mourir !"*

Je n'avais que neuf ans, et per- sonne n'avait encore envisagé m'informer au sujet des règles périodiques, seule explication qui tiendrait officielle- ment la route, bien qu'anormale- ment prématurée et sans antécédent similaire dans la famille.

Fait curieux, fut la réaction de ma grand-mère, qui alla s'isoler dans un recoin de la cuisine, se frottant les yeux afin d'essuyer ses larmes. Pourquoi pleurait-elle ? Savait-elle quelque chose que je ne savais pas ? Ou bien... peut-être, se souvenait-elle de situations similaires, reléguées dans les profondeurs de souvenirs reniés? Le médecin de famille fut appelé à mon chevet et je me remémore encore très bien son expression dubitative, penché sur mon avant-bras qu'il examinait avec grande attention. A l'intérieur de chacun de mes poignets était estampillé un triangle composé de petits points violets, et qui semblaient avoir été perforés par des aiguilles. Je suppose que la couleur violette, et non rouge sang, était due à l'hématome. Obligé d'annoncer un verdict médical, il décida que, bien que je n'en aie aucun symptôme spécifique, j'avais la rubéole. Ce diagnostic fut officialisé dans mon carnet de santé, ainsi que la mention de saignements abondants.

Surveillance médicale de 6 à 14 ans		
DATES des examens	OBSERVATIONS	SIGNATURES
20.6 79	Rubéole ? Rgls abondantes	Docteur PADLA TR/E

Les saignements vaginaux ne se tarirent point et je fus hospitalisée durant deux mois, durant lesquels il fut décidé que mes règles s'étaient enclenchées prématurément bien qu'aucun signe de transformation hormonale ne l'ait annoncé. Je me souviens encore... hurler comme un cochon qu'on égorge à chaque fois que l'on essayait de m'examiner, me débattant fermement poings et ongles.

Ce fut également à partir de ce moment que la terreur du dentiste commença, mais pas seulement. En effet, de mystérieux maux de tête apparurent aussitôt après ce fameux matin-là, centralisés autour d'un certain point précis qui pulsait souvent sous mon cuir chevelu en envoyant une sorte de légère décharge électrique. L'on me fit passer une kyrielle de tests, scans et autres, afin d'élucider ce mystère insoluble au vu des spécialistes, et il fut conclu que j'avais de simples migraines, et pourtant... Je pouvais clairement sentir un objet étranger sous la partie osseuse de mon crâne, et qui rendait mon cuir chevelu extrêmement sensible, en particulier au passage de la brosse.

Un grand défi pour ma mère lorsqu'il s'agissait de peigner mon abondante et très longue chevelure sans m'arracher cris et larmes, tant et si bien qu'un beau jour je décidais à son grand désarroi de régler le douloureux problème du coiffage en quelques coups de ciseaux. Cet endroit précis est demeuré sensible jusqu'à ce jour, et je sais désormais que c'est là où se trouve le traqueur implanté lors de mon abduction à l'âge de neuf ans.

Au cours de cette même année survint une autre expérience qui elle aussi, bouleversa ma vie, quoique d'une toute autre nature. Peu de temps après mon retour à la maison, alors que je me remettais de mon long séjour à l'hôpital, je fus réveillée une nuit par la sensation vivide d'une présence dans ma chambre et un étrange bourdonnement comme un cou-

rant électrique invisible remplissant la pièce. Soudain un rayon de lumière bleue, d'une intensité presqu'aveu- glante, illumina ma chambre et je me retrouvai happée dans les airs sans que je puisse ni réagir physiquement, ni crier à l'aide. Mais cette fois-ci, ce qui était encore plus perturbant, fut qu'il me sembla clairement être dissociée de mon corps alors que je m'élevais au-dessus de celui-ci. Cette fois-ci, l'expérience fut dif- férente car j'en ai gardé une mémoire ininterrompue et je me souviens être trans-portée dans ce rayon bleu à travers le mur de ma chambre et ascensionner dans le ciel jusqu'au-dessus des nuages.

C'est alors seulement que je portai mon attention sur mon aspect; j'avais indubitablement laissé mon corps en bas, dans mon lit, et j'étais désormais légèrement translucide bien que conservant la même apparence. Par quelle magie mon corps était-il à présent translucide et lumineux, mais lorsque je me pinçais le bras, je pouvais sentir la douleur. Je marchais sur les nuages, immatérielle, sous un splendide ciel étoilé, et je respirais... bien qu'aucun air ne semblait pénétrer ma poitrine. Mes longs cheveux (je ne les avais pas encore massacrés à coups de ciseaux) flottaient dans une douce brise et le silence... tout était si paisible... Puis je vis le vaisseau, métallique et discoïdal, comme posé gracieusement sur le faîte des nuages, et je n'éprouvais aucune peur. Bien au contraire, un étrange calme m'enveloppait.

Ceci fut mon premier souvenir naturel de lui (avant les séances d'hypnose), d'aussi loin que je me souvienne. Un homme de grande taille, vêtu d'un uniforme bleu cyan et d'un manteau blanc flottant dans la brise céleste, descendit par la rampe d'accès du vaisseau. Il était magnifique... en cet instant précis, je fus convaincue qu'il ne pouvait être autre qu'un ange, bien qu'il n'ait pas d'ailes. Sa peau était pâle et légèrement luminescente, ses cheveux blonds, mi-longs, ondulaient sur ses épaules et ses yeux, larges et étirés, rayonnaient d'un bel éclat bleu métallique. De tout son être émanait un profond sentiment de paix et de sécurité, et ce fut comme si je savais, par instinct, qu'en sa présence je ne risquais rien, que tant qu'il était là j'étais totalement protégée. Il semblait étrangement familier sans que je ne puisse expliquer pourquoi. Il m'adressa un sourire magnifique empreint de grâce et de gentillesse, et me dit que j'avais choisi de vivre un temps déterminé sur Terre, afin d'accomplir une mission particulière. Après avoir ainsi parlé, il m'invita à le suivre à l'orée des nuages, d'où je pus apercevoir ma ville natale tout en bas, scintillante dans la nuit. Cette vision fut comme un choc qui électrifia tout mon être avec panique et répulsion. Je me retournai et m'agrippai à son manteau en implorant, au bord des larmes, que je ne voulais pas y retourner, que je voulais rester avec lui, mais il me considéra avec un soudain sérieux, comme si ma réaction générait en lui un léger défi émotionnel. Il posa une main sur mon front, et une onde de délicieuse énergie apaisante se déversa en mon être. En dépit de ma résistance, je perdis connaissance.

Je tombai alors à la renverse, redescendant vers mon pet it corps frêle laissé en bas, cette enveloppe temporaire et temporelle dans laquelle je retombais, avec la sensation de réintégrer une éponge humide faite de chairs et remplie de fluides de toutes sortes. Ceci fut mon premier souvenir de décorporation ou voyage astral, et de... lui.

Durant l'été 1980, en vacances dans les Alpes françaises avec ma famille, je fus une nuit tirée de mon sommeil par l'étrange ronronnement d'un moteur à l'extérieur, accompagné d'orbes lumineuses pulsant vivement derrière les volets de la cuisine, descendant comme une rampe horizontale de projecteurs. Ma mère et ma grand-mère se levèrent en toute hâte et me trouvèrent immobile, debout au centre de la cuisine, fixant le ballet de lumières filtrant par les volets. C'est à cet instant précis que la rampe de lumières décolla verticalement avec célérité et je me souviens encore de la réaction de ma mère courant décrocher le téléphone afin d'alerter la police. Ma grand-mère quant à elle, se déplaça jusqu'à la fenêtre avec un calme admirable, et je notai l'esquisse d'un sourire discret. Son étrange calme dénoua toutes mes tensions et apaisa mes peurs, mais une question intrigante demeurait à mon esprit :

"Comment m'étais-je retrouvée dans la cuisine ?"

Le matin suivant, je fus tirée de mon sommeil par des voix d'hommes s'agitant à l'extérieur du chalet. Me hâtant sur le perron, je notai la présence d'un véhicule de police ainsi que du fermier, visiblement énervé, argumentant avec les représentants de l'ordre. Je distinguai également, garée un peu plus loin, une seconde voiture, bleue foncée, à l'orée du champ adjacent à la ferme. Une poignée d'hommes en uniformes, également bleus, que je n'avais jamais vu auparavant, apparemment point de la police locale, prenaient photos et mesures dans le champ, dont le périmètre avait été bouclé par des piquets métalliques et un ruban de sécurité rouge et blanc. Tout ceci était pour le moins très intriguant !

Lorsque tout le monde fut parti, je me précipitai à la rencontre de mon ami Éric, le fils du fermier, un enfant de mon âge, qui avait assisté lui aussi en retrait à cette scène tout du moins étrange. Il m'expliqua que son père était furieux à l'encontre du fermier voisin, convaincu que ce dernier avait volontairement massacré le champ de blé avec son tracteur, durant la nuit. Nous agréâmes que ceci ne faisait aucun sens, non seulement parce que ça semblait un peu stupide, mais surtout parce que nous avions tous deux vu, à travers nos volets la nuit précédente, la rampe d'orbes lumineuses pulsant avec intensité, s'attardant un instant au ras du sol puis décollant verticalement comme projetées avec un élastique. Nous décidâmes d'aller faire un tour dans ce champ de blé malgré les strictes interdictions et, après nous être faufilés sous le ruban de sécurité, nous progressâmes à travers les hauts épis. Ce fut après quelques minutes que nous nous immobilisâmes, bouche bée...

Une clairière parfaitement circulaire se dévoila devant nos yeux incrédules ; le blé avait été couché, littéralement aplati en spirale, comme si un vent puissant tourbillonnant était descendu du ciel en un point précis. Nous demeurâmes pantois et silencieux un long moment. Aucun mot ne pouvait se former pour décrire cette émotion commune que nous partagions étrangement. Nous pouvions sentir ensemble le fort magnétisme irradiant du sol, dressant la chair de poule sur nos bras et dans nos nuques, mais aussi percevoir un très léger bourdonnement à nos tympans. Nous le savions, instantanément, sans communiquer l'un avec l'autre, que ces lumières que nous avions vues la nuit dernière, étaient celles d'un engin descendu des cieux. Très étrangement, cette fréquence inconnue dans l'air que nous respirions connectait nos esprits par télépathie.

Je pourrais même oser dire, à présent que je connais les mots adéquats, que nous étions en fait connectés par le chakra du cœur. Nous "ressentions" un langage commun, comme si nous partagions une conscience commune. Le phénomène dura plusieurs minutes, durant lesquelles le temps sembla s'être arrêté. Aucun son ne parvenait à nos oreilles, le silence était d'une dimension tellement plus vaste... Même jusqu'à ce jour, les mots me manquent encore pour traduire exactement ce que nous ressentions. Il n'y avait aucun chemin, dans le blé touffu, accédant à cet endroit, pas même pour le passage d'un animal. Le champ alentour était intact, et les épis se dressaient autour de l'empreinte discoïdale tel un mur dru, taillé net, et impénétrable. C'était l'un de ces moments dans une vie, quand de profondes vérités vous frappent en plein cœur et chavirent votre être tout entier pour le restant de vos jours.. *Nous ne sommes pas seuls dans cet univers.*

Je sais que ce qu'on appelle les "cercles de culture" (ou "crop circles"), sont en majeure partie fabriqués par des humains facétieux, mais aussi qu'un faible pourcentage de ces phénomènes sont dûs à des formes de vie hors de ce monde et de cette dimension, utilisant des ondes de fréquences sonores. Toutefois, ce à l'intérieur de quoi Éric et moi-même nous nous trouvions, n'était pas un cercle de culture; c'était l'empreinte laissée par l'atterrissage d'un vaisseau spatial. Les cris lointains de quelqu'un semblant très en colère nous tirèrent de notre étrange transe. Le père d'Éric hurlait à notre encontre depuis l'orée du champ que les officiers de police avaient strictement interdit l'accès de la zone, car d'autres personnes devaient arriver d'un moment à l'autre pour prendre d'autres photos et mesures. Il mentionnait une question d'assurance-dommages, et aussi une bonne raclée si nous ne draguions pas nos postérieurs à toute vitesse hors de la zone. Nous nous résignâmes à rebrousser chemin à grand regret. Quelle était cette force invisible retenant nos consciences avec un troublant sentiment de nostalgie ? Ce désir de rester là, et de ne plus retourner vers le monde à l'extérieur du champ ? Nous avons levé les yeux vers le ciel puis échangé un regard entendu. Cette empreinte dans le blé était bien plus que la marque d'un atterrissage d'OVNI ; c'était un portail vers l'improbable, une voie de sortie hors de ce monde. Un vaisseau venu d'ailleurs, fait d'une extraordinaire technologie, avait atterri ici, la nuit précédente. Si loin, si près...

Plus tard dans la journée, nous rencontrâmes une fillette de notre âge habitant l'une des fermes voisines, et avec qui nous avions coutume de jouer. Craintive, elle nous narra d'une voix tremblante avoir été le témoin des mêmes apparitions au-dessus du champ de blé, mais avec des éléments nouveaux et quelque peu sidérants. Pensant qu'un hélicoptère s'était posé dans le champ, à cause des vives lumières et les vibrations sonores, la fillette avait ouvert fenêtre et volets, mue par la curiosité. Ce qu'elle vit atterrir dans le champ n'était point un hélicoptère, mais un OVNI discoïdal métallique avec un rang circulaire de fenêtres lumineuses. Elle ajouta, tremblant de tout son corps et au bord des larmes, que des grands êtres filiformes et brillants en étaient sortis. Impossible d'en savoir plus ; ce jour-là fut la dernière fois où nous vîmes notre amie.

Mon souvenir suivant remonte à une nuit d'Avril 1983 à Marseille, lorsque j'étais alors âgée de treize ans. Je me réveillais brusquement assise sur mon lit, en sueurs et à bout de souffle, faisant face au mur, mes mains sur la paroi froide. Mon cœur battait extrêmement vite. Le mur devint mouvant puis translucide, se transformant en une sorte d'écran holographique. Je vis d'étranges paysages défiler, notamment une scène où des gens se précipitaient en toute hâte vers une énorme pyramide, au-dessus de laquelle une armada de vaisseaux nimbés d'un halo rougeoyant descendaient du ciel. J'avais la certitude qu'ils arrivaient pour sauver ces personnes, comme si un grand cataclysme était à l'œuvre. Puis, une magnifique femme apparut devant moi. Sa peau était pâle et ses yeux, vert émeraude, très grands et étirés en amande. Elle avait de jolies lèvres roses et ses cheveux, blonds et raides, étaient à hauteur d'épaule. Elle portait une combinaison-uniforme bleu-turquoise légèrement luminescente avec une ceinture dorée métallique. Son expression était grave. Je dessinai à l'époque ce portrait d'elle et toute ma vie, même jusqu'à récemment avant que je n'entreprenne des séances d'hypnose, je ne suis parvenue à ouvrir à nouveau le cahier dans lequel je conservais ce dessin, qui me procurait une profonde terreur. Je sus toujours, inconsciemment, que si je trouvais le courage de poser à nouveau mes yeux sur cette image, s'ouvrirait une porte que je préférais conserver fermée :

Elle s'adressa à moi en ces mots: *"Contacte Dr Jenkins, en Ohio!"* Puis, derrière elle, se forma l'image mouvante du survol d'un paysage aride. J'y vis une vallée avec des bâtiments militaires et la femme extra-terrestre m'en désigna un en particulier. Il s'avéra, au cours de recherches récentes, que cet endroit était la Zone 51, qui n'est point dans l'Ohio mais... attendez la suite : elle répéta à plusieurs reprises "Contacte Dr Jenkins !", puis son expression devint encore plus grave et tout disparut comme lorsqu'on éteint un moniteur télé. Je découvris récemment, revenant sur cet épisode de ma vie, non seulement avec choc qu'il s'agissait bien d'une vue aérienne de la Zone 51, mais aussi qu'en Ohio, justement, plus précisément à Dayton, se trouve la base militaire de Wright-Patterson, connue pour avoir eu un lien avec la zone 51 dans l'histoire du crash de Roswell. Mais encore... à Wright-Patterson travaillait, à l'époque où je reçus cette vision, dans le département de recherches cognitives de cette base militaire, un certain Dr Jenkins. Je n'eus jamais ô grand jamais, le courage d'oser tenter de con- tacter cette personne, même s'il semblait qu'il possédait certaines clés pour comprendre un grand mystère me concernant. Pourquoi moi ? Pourquoi lui ? Bien... si par le plus grand des hasards vous étiez amené à lire ceci, Dr Jenkins, vous détenez certainement la réponse...

Vue aérienne de la Zône 51

En Juin 1983, le même vaisseau réapparut au-dessus des toits, près de ma maison, et peu de temps après je me souviens m'être enfermée à double-tour dans ma chambre. Agenouillée sur le sol, je collais des étiquettes avec une hâte frénétique, sur une carte du ciel dépliée devant moi. Je semblais me battre contre la montre avant que ma mémoire ne s'efface irrémédiablement. La fenêtre s'ouvrit alors brusquement en claquant, et une bourrasque de vent pénétra dans la chambre, soulevant les papiers gisant au sol et renversant plusieurs objets, ce qui me terrifia. Je ne me souvins plus de ce qui se passa par la suite, simplement que je repris connaissance gisant au sol, déconcertée. Craintive, je repliai la carte du ciel rapidement et la cachai au fond d'une armoire. Bien que cette expérience fut perturbante, je découvris récemment à la suite d'une séance d'hypnose que je fus transportée à bord du vaisseau de Thor Han et que ce dernier me montra une carte stellaire holographique indiquant les positions de systèmes habités (ceci sera développé en plus amples détails dans le chapitre III).

Trois ans plus tard, à l'âge de seize ans, je me souviens d'un "rêve" aux sensations très réelles, au cours duquel je me trouvais encore à bord de ce même vaisseau. Le matin suivant, immédiatement après m'être réveillée, je saisis le cahier dans lequel je notai toutes mes expériences étranges et dessinai avant que tout ne s'efface, l'intérieur du vaisseau et ses occupants. Et bien sûr cette fois-ci encore, il y avait ce même jeune homme blond, toujours présent, dans son uniforme bleu. Je pus détailler cette fois-ci la cabine de commande du vaisseau, avec ses deux grands sièges de pilotage faisant face à une large fenêtre rectangulaire, par laquelle l'on pouvait admirer un ciel constellé de milliards d'étoiles. Une aire de repos dans un coin, avec une table ronde, et des panneaux lumineux sur le pourtour des murs. Il y avait des consoles mais leurs instruments de navigation et panneaux de contrôle semblaient légèrement translucides. Il est une chose récurrente dans ma vie, en ce qui concerne les contacts extraterrestres notamment, qui est une capacité à me remémorer des évènements dont je ne suis pas supposée me souvenir, dans les quelques minutes qui suivent, avant que l'oblitération de ma mémoire ne prenne effet complètement. C'est toujours un sentiment de combat contre la montre, et contre un brouillard mental artificiel que j'essaie de repousser le plus longtemps possible. Ce sont dans ces précieux instants seulement, où je récupère l'information, écrite ou dessinée.

29

Je suis convaincue que cette faculté est due en grande partie à mes dons psychiques naturels hérités de ma grand-mère. Je n'ai pas appris à devenir chamane ; je suis née dans cette existence avec cette aptitude, transmise par ma lignée maternelle. C'est ainsi que j'ai pu souvent, et en grapillant un peu plus de temps à chaque fois, dilater ma conscience pour repousser temporairement le brouillard de l'oubli avec une détermination grandissante. Et lorsque le brouillard se referme, tout ce qui me reste sont des dessins rapides et quelques notes gribouillées à la hâte.

Au travers de chaque rêve, pratiquement chaque nuit de l'hiver 1987, je percevais une présence tentant d'entrer en contact avec moi. La sensation était très intense et très réelle, indubitablement différente en intensité et en densité, du contenu d'un rêve. L'une de ces nuits, je perçus une étrange tension croître dans la chambre et l'air devint peu à peu vibrant, comme électrique ; sensation qui commençait à m'être familière. Je pris une profonde inspiration et fermai les yeux et aussitôt, derrière mes paupières closes, m'apparut une vision incroyablement vivide : deux visages apparurent comme si ces êtres se montraient à moi par télépathie. Je reconnus ce même jeune homme blond, mais il était cette fois-ci accompagné d'un être que je n'avais encore jamais vu auparavant. Ce dernier avait un crâne plus haut et large que de nature, et de magnifiques yeux indigo. Sa peau était mate, son nez très court, et il me considérait avec une expression très amicale. Observée par ces deux visiteurs, je sombrai dans un sommeil étrange...

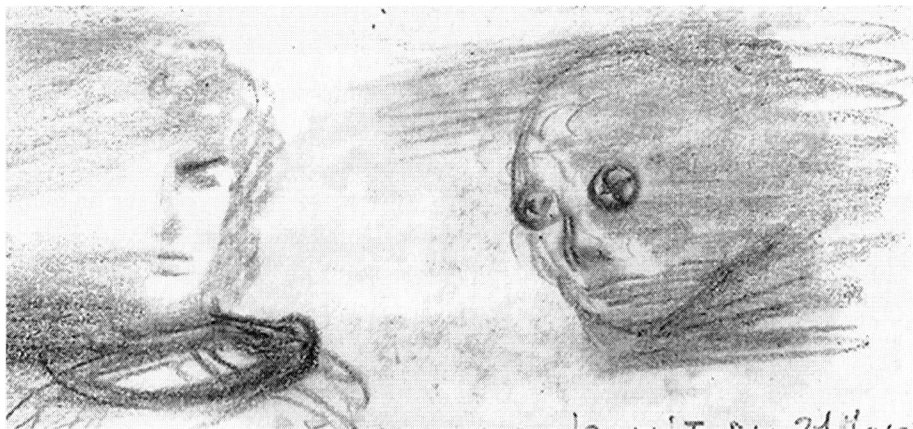

Dessin original de 1987

30

Je repris conscience dans les méandres d'un rêve informel, lorsque je perçus à nouveau la même présence approcher, et cette fois-ci réussir à m'atteindre. Inutile de nier que même si je me sentais étrangement en confiance, j'étais quelque peu effrayée. Mais je n'avais aucune raison de l'être... Je me retrouvais dans un endroit étrange à l'architecture aux formes organiques entrelacées en arches extravagantes, et pavé de dalles asymétriques. Je ne ressentais aucun danger provenant de la silhouette qui s'avançait vers moi en émergeant de l'ombre. Grand, solidement bâti, il était revêtu d'une combinaison spatiale et lorsqu'il ôta son casque, mon cœur ne fit qu'un bond dans ma poitrine. C'était lui, l'ange apparu dans les nuages, le jeune homme blond à bord du vaisseau, une seule et même personne, et il portait une combinaison spatiale ; il n'y avait à présent plus aucun doute sur son origine ! Son visage était vraiment angélique, encadré par des boucles blondes, avec ses magnifiques yeux bleus et cette grâce d'un autre monde. Il me sourit, et je crus défaillir. Il me semblait tellement familier... Il s'adressa dans un langage inconnu, puis sa voix se transforma et sembla synthétique l'espace de quelques secondes, comme si elle était filtrée à travers un appareil traducteur et soudain, je pus le comprendre. Je n'ai pas pu me souvenir de toutes les paroles échangées, mais de ceci : il venait de très loin et avait tenté de me contacter directement par télépathie depuis un bon moment. Il me dit devoir partir en mission pour le système d'Epsilon Eridani, afin d'aider à évacuer les populations d'une certaine planète vouée à un désastre, car leur étoile devenait instable. Il voulait me contacter une dernière fois afin de me dire qu'il serait de retour un jour, car il veillerait toujours sur moi. Je ressentais en sa présence un lien étrange et puissant entre nous, dont j'étais encore incapable d'expliquer, où bien peut-être d'accepter, la nature. Qui était-il? Je voulais tellement savoir, tout savoir, à son sujet. Mais le décor s'évanouit et la dernière vision fut celle de son vaisseau fusant avec célérité à travers l'immensité étoilée.

Deux ans plus tard, je déménageais à Paris afin de compléter mon diplôme à l'Ecole des Beaux-Arts. Je me fis quelques nouveaux amis au cours de ma première année de scolarité, dont certains nourrissaient un intérêt dans le monde du paranormal. Jeunesse, ignorance et inconscience firent le reste, lorsque nous fîmes l'acquisition d'une tablette "Oui-Ja" dans le but d'expérimenter aventures et sensations nouvelles. Je désire vraiment mettre en garde, avec véhémence, contre l'utilisation de cet outil, qui est l'objet le plus dangereux dans le domaine du paranormal : N'utilisez JA-MAIS cette merde ! Parce que ça marche, parce que ça ouvre un portail très aléatoirement, à travers lequel absolument n'importe qui/quoi peut rentrer, et vous n'avez aucun contrôle. Ces tablettes immondes doivent être retirées du marché car elles servent les vampires des forces de l'Ombre. Ceci dit... donc, un beau soir avec mes amis jeunes et écervelés, nous expérimentâmes cet outil et la plus incroyable chose survint. La tablette stoppa brusquement ses mouvements, puis l'énergie changea et un être à l'énergie étrange se manifesta. Il dirigea le curseur de la tablette vers les lettres étalées sur la table afin de délivrer son message mais je fus assez troublée d'entendre pour la première fois, simultanément, sa voix dans ma tête. "Arrêtez tout immédiatement, ou l'une de vous sera en grand danger !" Ceci vint comme un choc, le message tout aussi bien que la méthode, et mes amis le prirent à la rigolade. *"Mais qui es-tu d'abord ?"* Demanda l'une d'elles. *"Mon nom est Annax, répondit-il, et je viens de la planète Darias. Je vous ordonne d'arrêter ceci tout de suite !"* Wouahou, un extraterrestre ! s'exclamèrent mes camarades. Je ne riais pas. Je leur demandai d'arrêter mais n'eut aucun succès. Cette tablette maléfique avait asservi nos esprits dans une addiction malsaine et en dépit de mes efforts pour convaincre mes amis, le pire survint. Une entité sombre très puissante se fraya un chemin jusqu'à nous, fit voler la tablette à travers la pièce et me posséda. Je dus avoir recours à un exorcisme et cet épisode de ma vie est quelque peu traumatique. Pourquoi n'avions-nous pas écouté Annax ! Mais qui était cet être d'une autre planète qui avait tenté de me protéger ? Annax... quel nom bizarre.

Un an passa, à la suite duquel survint un "rêve" si vivide qu'il en demeura troublant. Les sensations physiques étaient si réelles et ma conscience si claire. Je me retrouvai à bord du même vaisseau, que je savais à présent reconnaître ainsi que l'équipage, et il y régnait une atmosphère très joviale. Et lui... bien sûr, était là. Mon mystérieux ami et protecteur, avec ses magnifiques yeux cyan-métalliques reflétant les teintes azurées de son uniforme chatoyant. Et cette fois-ci, enfin, je pus me remémorer son nom : "Thor Han" et conserver avec moi ce souvenir précieux. Je ne gardai par contre que très peu d'éléments de notre conversation, mais je me souviens tout particulièrement de l'atmosphère enjouée, ainsi que de l'enthousiasme de mon ami m'invitant à essayer l'un des fauteuils de pilotage du vaisseau.

Intimidée, et craintive au premier abord, je fus également encouragée par le deuxième pilote. Acceptant enfin leur invitation tout en promettant de ne toucher à rien et de garder mes mains sur mes genoux, je laissai courir mes doigts sur le dossier du fauteuil, qui semblait fait d'une matière synthétique ressemblant, tactilement, à du latex. Il y avait beaucoup de commandes intégrées dans ces sièges et lorsque je m'assis en prenant garde de ne rien effleurer, je constatai que le fauteuil s'adaptait à mon corps comme s'il était fait d'une matière vivante et intelligente. Et c'était incroyablement confortable ! Thoran, ou plus exactement Thor Han, m'expliqua les attributions et fonctions de toutes les commandes de contrôle et de navigation, certaines holographiques, d'autres tactiles et même certaines, bizarrement reliées à la conscience. Ce jour-là, j'appris qu'il était le capitaine de ce vaisseau. Mes mains posées précautionneusement sur les accoudoirs, je ne pus m'empêcher d'admirer le superbe ciel étoilé par la large baie à l'avant de l'appareil. Il y avait tellement d'étoiles que le ciel semblait en être saupoudré. Je remarquai ce jour-là que dans l'espace, les étoiles ne scintillent pas mais la diversité de leurs couleurs est splendide. "Poussière d'étoiles"... oui, cette expression prenait à présent tout son sens. Penché à mon côté, Thor Han me sourit et en cet instant, mon cœur ne sut décider quelle était la vision la plus enchanteresse ; les étoiles dans le cosmos, ou bien celles dans ses yeux.

Je reconnus également ce jour-là une personne tout aussi familière, présente dans le vaisseau ; la fascinante femme blonde aux grands yeux verts qui m'était apparue dans le mur une nuit, et m'avait parlé du Pr Jenkins et de la zone 51. Elle était là car elle faisait partie de l'équipage, et me retrouver en sa présence était très bizarre. Puis, mes yeux se portèrent brièvement sur le co-pilote à mon côté. Bien que, à leur ressemblance, il était de haute taille et arborait une même couleur de cheveux, il était néanmoins différent, visiblement d'une race autre que la leur. Ses cheveux étaient courts et plus fins, son visage plus allongé avec un menton proéminent et son nez plus étroit, légèrement crochu. Ses yeux, tout aussi larges que ceux de ses compagnons, avaient un fond indigo. Son nom était *"Valnek"*, et j'apprendrais plus tard que cet homme était originaire du système Epsilon Eridani, et également le meilleur ami de Thor Han. En dépit du fait que les souvenirs fragmentaires de mes rencontres avec Thor Han et ses amis étaient indubitablement liés avec l'existence d'un vaisseau spatial extraterrestre, je refusais de me résoudre à reconnaître ce fait. J'avais ce sentiment extrêmement puissant, depuis les tréfonds de mon subconscient, qu'admettre cette vérité activerait d'autres souvenirs susceptibles de réveiller les cauchemars les plus insoutenables. Ces mémoires taboues que je ne souhaitais point réveiller, je le sais à présent, étaient liées à une abduction traumatique par les malfaisants "Gris".

Durant l'hiver de mes 22 ans, étudiante à l'Ecole des Beaux Arts de Paris, je fus témoin d'une fascinante expérience. Assise à ma table à dessin, rêvassant devant la fenêtre baignée des rayons d'un lumineux soleil d'hiver, ma conscience fut projetée vivement dans un tout autre décor, celui d'une cité futuriste composée de hautes tours élancées, de dômes et de pont aériens élégants et audacieux. Je compris alors ma fascination pour les éoliennes et les ponts d'architecture contemporaine. Cette mégapole extraterrestre était d'une beauté à couper le souffle mais il me semblait, pourtant, que l'endroit qui méritait la dénomination "d'extraterrestre" était plutôt celui où j'habitais ; Paris, sur la planète Terre. Je ressentais un appel vers cette cité lointaine comme si c'était en fait, ma véritable maison, et que j'étais juste en voyage, de passage ici. Je savais clairement que cet endroit se situait à des centaines de milliers d'années-lumière de là et pourtant... Ce sentiment de profonde nostalgie qui faisait monter les larmes à mes yeux était assez déconcertant. Là-bas, si loin, si proche, se trouvait une personne qui pensait à moi, et je savais sans pouvoir toutefois l'expliquer, que c'était ainsi que la connexion s'établissait. Je pouvais nettement sentir sa présence au fond de mon cœur, presque comme si je pouvais l'entendre respirer. Toute distance était abolie, dans un silence absolu, et le temps suspendu. Il sentit que j'avais compris, que je savais, que je le "voyais" avec mon cœur à travers les distances incommensurables de l'espace. Une vague d'émotion bouleversante me chavira jusqu'aux larmes, et c'est alors que la communication se coupa.

Peu de temps après cette expérience, un autre incident arriva. Je me trouvais un après-midi dans l'un des bureaux de l'administration de mon école d'art, attendant que la secrétaire signe un formulaire d'absence, lorsqu'une douleur aigüe vrilla dans mon crâne (à l'endroit exact où je le sais à présent, est l'implant). Je m'écroulai à genoux, sous l'effet de la douleur.

37

La secrétaire, affolée, fit rapidement le tour de son bureau pour venir me secourir. La douleur s'étendit comme un courant électrique jusque dans mon oreille gauche et c'est alors que j'entendis un "plop" à l'intérieur, assez proche de la sensation de dépressurisation dans un avion. Mais je n'étais pas au bout de mes surprises car, alors que je retrouvais l'équilibre sur mes jambes, j'entendis une voix jeune et masculine, claire et forte, dans mon oreille gauche mais à l'intérieur de ma tête, prononcer ces mots: "Désolé pour la douleur, nous faisons juste quelques réglages." Inutile de dire que je paniquai légèrement, mais fis tout mon possible pour le dissimuler. Je prétextai avoir des migraines chroniques et parvins ainsi à rassurer cette bonne dame (ou presque). La réalité me confrontait de plus en plus clairement, ces connexions quantiques avec des cités sur des mondes à des années-lumière de là, l'activation auditive de mon implant, ces rêves qui n'en étaient pas... A la suite de cet épisode, je n'entendis plus la voix de Thor Han (car c'était lui) aussi clairement durant quelques années, comme s'il s'était absenté. Jusqu'en 1996...

La vie d'étudiante à Paris était dure et ingrate. Je bataillais pour gagner ma vie, survivant de petits boulots en vente, cosmétique, ménages, travaillant dans une compagnie de danse, tout en étudiant en même temps pour un diplôme en archéologie. J'avais 26 ans et j'étais célibataire par choix, ne trouvant pas les hommes en général d'une compagnie épanouissante mais très ennuyeux au contraire, et dans tous les sens du terme. Mon père avait juste été assassiné à Marseille par la Mafia et suite à cela j'avais sauvé ma sœur cadette des griffes d'un psychopathe. Alors à cette étape-là dans ma vie, j'étais littéralement, physiquement et moralement, épuisée. Une nuit pourtant... Je me réveillai dans la brillance d'un halo de lumière bleue. Tout mon être chavira avec émotion. Je ne m'y attendais plus. Me voilà donc transportée à bord du vaisseau. Mon cœur battait à tout rompre. J'allais le revoir... Mais cette fois-ci, il n'était pas là. Retrouvant l'équilibre ainsi que mon souffle, alors que j'adaptai ma vision à la lumière vive régnant dans le cockpit, je vis deux personnes s'avancer vers moi. Valnek, le co-pilote et ami de Thor Han, m'accueillit chaleureusement, en compagnie de la belle dame aux grands yeux verts. Le matériau de leurs combinaisons ressemblait à une sorte de plastique translucide avec commandes intégrées, et à travers lequel je distinguai leurs uniformes bleus habituels.

Mon regard balaya rapidement l'intérieur de la pièce et Valnek sourit. Je savais qu'ils pouvaient lire mes pensées. Il me dit que Thor Han était en mission très loin de là et que lui-même et Myrah (je ne connaissais pas encore son nom) avaient décidé de m'enlever pour me remonter un peu le moral. Valnek m'invita à prendre place dans le siège de co-pilote puis s'installa aux commandes, m'adressant un dernier sourire complice, et des milliards d'étoiles explosèrent au-devant de nous. Ils m'emmenèrent pour une escapade dans le cosmos que je n'oublierai jamais, et qui nettoya mon âme de tous les relents d'obscurité de ma misérable existence terrienne. Avec eux, en leur compagnie, je me sentais vivante, je sentais que ma vie avait une raison. Je me sentais à la maison, en famille. De ce beau voyage d'une nuit, je gardais de vaporeuses mémoires de paysages célestes aux couleurs éthérées, et je me sentis depuis lors, plus forte et plus positive dans ma vie. Depuis cette nuit-là, je ne me sentis plus jamais seule, car ils m'avaient enfin autorisée à me souvenir. Ils commençaient à me faire confiance car jamais je n'avais, jusqu'alors, parlé à quiconque, de quoi que ce soit.

La vie s'écoula, abondante en aventures ; je reçus mon diplôme en archéologie, obtins un poste en Egypte pour huit ans et lorsque je revins en France, je me mariais. Et divorçais peu de temps après, fuyant pour m'installer en Irlande à l'âge de 40 ans. (Je dois dire, je demeure sidérée de pouvoir résumer tout ça en seulement trois lignes !) Durant toutes ces années, je conservais néanmoins une fascination pour le ciel étoilé, les volutes poudrées de la voie lactée et particulièrement, les Pléiades. L'appel était si puissant et viscéral que certaines nuits, j'évitais de sortir de ma maison pour ne point être happée par la violente beauté des cieux et fondre en sanglots d'en être séparée. En particulier lorsque je vivais en Egypte, à l'orée du désert, où le cœur de la galaxie s'ouvre à la terre. Jusqu'à cette nuit, où tout changea encore...

L'histoire nous amène à présent à l'année 2018, sur la côte ouest de l'Irlande où je vivais alors. Ils étaient de retour... Dans la nuit du 9 au 10 Novembre 2018, je vis deux vaisseaux danser au-dessus de la baie, reflétant ses lumières sur le miroir de l'eau, puis fusant avec une célérité inouïe en direction du sud. Mon cœur bondit de joie ! Je les sentais si près, mes chers amis étaient de retour dans ma vie, après toutes ces années durant lesquelles j'avais presque oublié leur existence! Et cette même nuit... flash de lumière étincelante déferla sur moi par le toit de ma maison, à travers le plafond de ma chambre, dans une éclat bleuté aveuglant. Ils étaient de retour ! Cela ne m'était plus arrivé depuis des années et j'avais désespéré qu'ils ne reviennent un jour. Mon cœur bondit dans ma poitrine et mes larmes jaillirent avec joie lorsque la plante de mes pieds nus rencontra la froide et solide texture du dallage dans la salle de contrôle du vaisseau. Thor Han se tenait là, devant moi, le regard brillant de mille étoiles, et il m'ouvrit ses bras dans lesquels je me blottis en sanglotant, plongeant mon visage dans ses cheveux soyeux. Je pouvais sentir sous mes doigts la rugosité du tissu de son uniforme, due à des microparticules de métal reflétant la lumière. C'était pour cela, que leurs vêtements semblaient chatoyer de teintes chamarrées turquoises et indigo. Parce que c'étaient des armures. Il me serrait fermement contre lui, en riant. Ses bras étaient forts, son corps dégageait une agréable chaleur, et sa nuque avait une étrange fragrance de vanille. En cet instant sublime, la seule pensée présente en mon esprit était : "C'est ici, où j'appartiens." Ses mèches blondes balayaient mon visage et dans un soupir qui me procura des frissons, il murmura dans mon cou : "Tu m'as manqué".

Je resserrai mon étreinte, puis lui répondis de même. Nous ne pouvions nous résoudre à nous séparer, mais quelqu'un d'autre attendait patiemment son tour : la belle Myrah aux grands yeux verts. Elle n'avait jamais vraiment été d'une nature chaleureuse mais cette nuit-là, elle m'étreignit avec affection pour la première fois. Son corps était gracile et ferme, et ses cheveux aussi doux que la soie. Auprès de deux nouveaux membres d'équipage, Valnek était là aussi. Ce dernier se contenta d'un sourire radieux et d'un geste de la main. Néanmoins, il me semble que la meilleure façon de décrire cet épisode est ainsi :

Je me réveillai entre minuit et l'aube, assise sur mon lit, comme si quelque chose de très intense et actif venait juste de se passer ; comme si j'étais de retour après avoir été ailleurs. Je ne connaissais que trop bien ce sentiment... Tous les souvenirs de cette nuit jaillirent brusquement à ma mémoire et je savais très bien, de par instinct et habitude, ce que j'avais à faire, et cela sans gaspiller une seule -trop précieuse- fraction de seconde. Je me levai en hâte pour me précipiter dans la cuisine et attraper un stylo et quelques feuilles de papier. Avant que le brouillard mental artificiel n'oblitère ma mémoire, je rédigeai avec frénésie tout ce que je pouvais grapiller au temps qui s'écoulait irrémédiablement, cet effaceur impitoyable. C'était à chaque fois un combat, un défi féroce contre une technologie dépassant tout ce que je connaissais mais que la force de volonté de mon esprit pouvait, pourtant, défier temporairement.

Voici ce que j'écrivis cette nuit-là :

Thor Han m'invite à nouveau à prendre place dans le fauteuil de commande principal, celui de gauche, que j'ai déjà essayé par le passé. Je suis toujours un peu craintive et il rit. Il caresse mes cheveux et dit qu'ils étaient plus foncés avant. Ses gestes sont doux et attentionnés. Ils ne connaissent ni temps ni distance. Ils viennent d'une autre dimension ou en fait, non, je crois qu'ils utilisent le déplacement inter-dimensionnel pour voyager. Thor Han, Valnek, et elle... je n'ai toujours pas son nom. Elle est très discrète, occupée. Elle me fascine. Les hommes sont curieux et courtois, très dynamiques, enjoués, et vraisemblablement heureux de m'avoir à bord. C'est comme des retrouvailles de vieux amis. Nous conversons alternativement avec la voix ou par télépathie. Ils me disent qu'ils me protègent depuis très longtemps.

Le voile du mystère commence à se lever après toutes ces années, mais maintenant certains doutes ont besoin d'être clarifiés. J'ai des tas de questions se bousculant à mes lèvres, je leur dis que je désire rester avec eux mais ils disent non. Thor Han leur dit que je pourrais joindre la Fédération Galactique, qu'ils pourraient me trouver un travail, mais les autres le considèrent gravement, et cela répond à la question. Non. Même si Thor Han est en charge de ce vaisseau, il n'a toutefois aucun pouvoir de décider pour ce genre de choses. Il y a une fédération galactique ? Vraiment ? Il a l'air désolé, même triste. Je suppose qu'ils ont des règles strictes.

Elle, elle s'approche de moi. C'est la scientifique et médecin de l'équipage. Elle m'impressionne. J'ai tant de questions à lui poser, sur ce qui m'est arrivé il y a des années lorsqu'elle m'apparut dans le mur pour me montrer la zone 51 et d'étranges pyramides. Elle pose une main sur mon bras, l'air désolé. Thor Han me dit qu'ils sont de retour, et que j'en aurai la preuve très bientôt, qu'ils se manifesteront ouvertement. Ils étaient absents pour une longue période, occupés ailleurs, loin d'ici, pour porter main forte dans un conflit. Mais maintenant ils sont de retour parce que quelque chose de très important est sur le point d'arriver pour la planète Terre. Il me dit que d'ici deux ans, quelque chose de très effrayant va se passer et ce sera un point crucial de bascule dans une nouvelle ère pour l'espèce humaine. Il me prend la main, et ajoute que je ne dois pas m'inquiéter, qu'il sera là pour me protéger.

Tout s'efface maintenant, je lutte pour grapiller les dernières miettes de mémoire. Je sais... je sais qu'ils sont originaires des Pleiades, de Sirius et d'Eridani. Qui est d'où, cela me semble encore confus. Ils ont dit qu'ils m'ont sauvée des Gris qui m'avaient enlevée quand j'étais enfant et que depuis, ils me protègent. Ça je le sais, parce que j'ai l'impression que nous en avons parlé. Je me sens privilégiée, et reconnaissante. Maintenant, ça y est. Tout est parti, envolé. Tout ce qui me reste est ce que je viens d'écrire sur ce papier. Bravo, moi."

Ils m'avaient finalement révélé, au sujet des Gris et ce qui m'était arrivé quand j'étais enfant, mais que très partiellement, juste qu'ils m'avaient abductée et que j'avais été secourue.

Je n'en sus pas plus ce jour-là, car Thor Han disait que je n'étais pas prête encore à entendre toute l'histoire, car le choc serait traumatique. Il ajouta que bientôt, je changerais et serais à même de connaître la vérité. Cela demeurait toutefois très mystérieux. Je "changerais" ? Et en effet, ce savoir partiellement dévoilé enclencha le mécanisme d'un changement dans les tréfonds de mon subconscient. Ils avaient débloqué quelque chose et depuis ce jour-là, un processus matura pour qu'un an plus tard, ma vie change drastiquement. J'entamais alors une période de nuit sombre de l'âme qui me projeta un an plus tard, à l'orée de 2020, dans la bourrasque de mon éveil ascensionnel. Quelque chose de terrible pour l'humanité survenant en 2020, point crucial de bascule dans une nouvelle ère, je pense que les faits, à ce jour, parlent pour eux-mêmes...

Ils étaient de retour... Le matin suivant, les journaux irlandais publièrent plusieurs articles au sujet d'apparitions d'OVNIs dans l'ouest du pays et des enregistrements radio entre pilotes d'avion et tours de contrôle firent la une d'internet. Ils étaient de retour, en effet, en préparation pour un mystérieux évènement qui surviendrait bientôt, dans exactement deux ans, en automne 2020...

Voici un article complet correspondant aux faits:

UFO spotted flying over Ireland 'at very high speed' by several pilots as Irish Aviation Authority launches investigation 12 Nov 2018, 10:47

One pilot asked air traffic control if any military exercises were taking place.

A NUMBER of pilots flying over Ireland last weekend spotted a UFO off the coast of Kerry, it has emerged. The Irish Aviation Authority has launched an investigation into the incident after the Shannon Airport Air Traffic Control unit was asked if any "military exercises" were taking place. The UFO was spotted off the coast of Ireland. One pilot from a British Airways flight, who is not identified in the recording, asked mid-flight at 6.47am last Friday:

"It was moving so fast that I couldn't even really see it."The pilot goes on to describe how a bright light sped past the aircraft heading north at a "very high speed". Two other pilots also reported seeing the mysterious object, with one Virgin Airlines pilot discussing the possibility of a meteor with "multiple objects following the same sort of trajectory".

Very interesting report on Shannon high level Friday 9 November at 0630z with multiple aircraft with reported sightings of a UFO over County Kerry. Skip to 17 minutes to listen reports on @liveatc http://archive-server.liveatc.net/einn/EINN-High-Nov-09-2018-0630Z. mp3 … #Aviation #UFO #Ireland

Another pilot added their shock at the speed of the unidentified object, saying the acceleration was "astronomical, it was like Mach 2".

Shannon Airport informed the pilots they would be looking into the reports after other further sightings of the UFO. The Irish Aviation Authority has confirmed they will be investigating the incident. They told the Irish Examiner: "Following reports from a small number of aircraft on Friday, November 9, of unusual air activity, the IAA has filed a report.

Shannon Airport confirmed they would be looking into the incident. "This report will be investigated under the normal confidential occurrence investigation process." It's not the first sighting of a UFO in Ireland.

Sept mois plus tard, au solstice d'été 2019, jour de mon anniversaire, je basculais brutalement dans un état léthargique, comme si l'on avait éteint un interrupteur pour me réinitialiser. Le soir précédent, alors que j'admirais un splendide coucher de soleil accoudée à la barrière d'un champ, un "click" à l'endroit de l'implant dans mon crâne me déclencha une douleur vive et je fus surprise d'entendre la belle voix douce de Thor Han dans ma tête. "C'est seulement le début". Je ne compris pas tout-à-fait ce qu'il signifiait par cela mais le soir suivant, à la même heure, je m'écroulais à l'intérieur de moi-même. C'était terrifiant. Je fus projetée dans les plus profondes ténèbres de mon subconscient. Tout, absolument tout, s'éteignit. Reboot. Premièrement, j'ai d'abord pensé que j'étais épuisée par trop de travail. Non, pas ça. En vérité, j'avais commencé le voyage de la nuit noire de l'âme, qui conduirait à un éveil étonnant de la conscience six mois plus tard... Je ne pouvais supporter aucun son trop élevé ni aucune interaction sociale; tout ce que je voulais, c'était me blottir dans un coin du lit et être laissée seule, dans le silence, oui, le silence était ce que je désirais le plus. La seule chose que je supportais en fait. J'étais incapable de penser, d'agir, c'était comme me retrouver dans les limbes. Réinitialisation totale. Très effrayant. Je me suis même demandée si j'avais une dépression ; non, mes pensées étaient toujours aussi positives et brillantes, ma confiance en moi inchangée. Un burn-out ? Non, pas ça.

Puis... j'ai commencé à rêver, de plus en plus fréquemment, répétitivement, de l'enlèvement de mon enfance par les Gris, dont j'avais toujours nié l'existence. C'était la dernière chose que je devais nettoyer pour avancer, vers le prochain chapitre de ma vie. Ces aperçus de souvenirs indésirables commencèrent à m'obséder, de plus en plus intensément, et je les combattais parce que c'était insupportablement traumatisant. Mais ils revenaient avec résilience, nuit après nuit, de plus en plus intensément. J'avais des souvenirs traumatisants impliquant des instruments médicaux et d'énormes yeux d'obsidienne, terrifiants, me fixant, penchés sur moi. J'ai toujours été incapable de regarder sur internet des photos de Gris, ces petites ordures nuisibles. Leur image m'avait toujours inspiré la terreur mais maintenant, j'étais contrainte d'y faire face, je n'avais plus le choix. Ce traumatisme d'enfance trop longtemps réprimé luttait pour sortir de ma tête. Je savais qu'une douleur terrible était verrouillée par la vision de leurs visages et de leurs yeux sans vie. Je craquai... m'écroulai en larmes un soir et je sentis soudain, à cet instant précis, un blocage énergétique s'ouvrir, un couvercle qui m'empêchait physiquement de parler. Il était temps, courageusement, de franchir le pas, de faire quelque chose et de demander enfin l'aide d'un professionnel. Je fis des recherches sur internet, pensant précisément à l'hypnose. J'étais terrifiée mais je devais le faire, il n'y avait plus de retour en arrière possible.

Parallèlement, tout mon monde spirituel fut bouleversé. Tout ce que je pensais savoir fut profondément ébranlé. J'étais en train de changer, de m'élever en fréquence, de me connecter à mon moi supérieur et à la vraie nature de mon être, ainsi qu'à la nature véritable de ma mission dans cette incarnation. Également, je réalisais que la physique quantique, ainsi que la science du son et des fréquences vibratoires, étaient les réponses à tout. Je réalisais que les techniques et les rituels chamaniques utilisés par mes ancêtres n'étaient que des moyens et des outils culturels de leur époque pour appréhender la même chose : la force de vie, mais aussi les fréquences vibratoires de la matière, les voyages inter-dimensionnels de la conscience ; tout n'était que vibrations et fréquences, et connaître la bonne fréquence pouvait modifier la matière, guérir les tissus altérés.

J'ai soudain vu la situation dans son ensemble, compris que nous demeurons aveugles avec les yeux ouverts, qu'il existe différentes densités de matière imbriquées les unes dans les autres, telles différentes notes de musique composant la même mélodie : le multivers. J'ai vu tout cela, l'illusion de la matrice, le continuum quantique infini et omniprésent. J'ai compris la vraie puissance des fréquences et quel était le chemin, enfin, qui s'ouvrait à moi. L'univers (ou des extraterrestres bienveillants) me mit en contact avec une femme incroyable qui pratique l'hypnose quantique aux États-Unis et est spécialisée dans le domaine des abductions extraterrestres : Elisa Herrera Wright. Cette thérapeute fut vraiment la bonne personne envoyée par l'univers, car elle changea ma vie. Je pris contact avec elle, très nerveusement. Une multitude de fois je me suis questionnée : "Es-tu vraiment, mais vraiment sûre que tu veux faire ça, Elena ?" Mais toujours la même réponse s'imposait : je n'en avais pas le choix. À mesure que le moment de mon rendez-vous approchait, je les sentais plus proches. C'était terrifiant. J'étais si courageuse mais je ne vivais que pour savoir. En fait, j'avais vécu pour connaître cette vérité toute ma vie.

Deux semaines avant la séance d'hypnose, j'eus une nouvelle visitation, inattendue. Une fois de plus, je fus durant la nuit transportée dans l'habituel faisceau bleu à bord du vaisseau. Après que Thor Han m'eut accueillie dans ses bras avec grande joie, il se mit en retrait pour me présenter une créature extraterrestre fascinante. Grand et mince, se tenant à quelques pas derrière lui, un être étrange s'avança en arborant un sourire radieux. Sa peau était brune et il avait de magnifiques yeux en amande, aux pupilles bleu clair sur fond indigo, un petit nez retroussé et un crâne large et haut. Il semblait vénérable et sans âge et il me souriait, rayonnant d'amour et d'affection, et malgré son apparence troublante, je me sentis submergée par un élan d'affection à son égard, ce qui fut assez perturbant. Je n'avais jamais rencontré cette créature auparavant et pourtant, j'étais poussée par l'envie de le serrer dans mes bras, comme s'il était un membre proche de ma famille. Et c'est ce que je fis ! C'était tellement bizarre !!! Son corps était maigre et élancé, sa peau lisse et douce. Alors que je passais mes bras autour de son cou en laissant échapper quelques larmes, je ressentis la puissance d'un amour pur et puissant émanant de lui tel un vortex. Un amour d'une nature paternelle, très différent de ce que je ressentais pour Thor Han.

C'était comme si cette créature était mon père, ou mon grand-père ou que sais-je... Mon cœur bondissait de joie et croyez-le ou non, j'embrassai sa joue. La sensation était bizarre. Il rit avec douceur, et me considéra avec des étincelles dans ses beaux yeux indigo. Mais qui était-il donc ?

"Je suis venu directement d'Orion. Je suis si heureux de te revoir, mon enfant. Je suis Annax."

LA VÉRITÉ DÉVOILÉE
Hypnose quantique

Les séquelles des événements suivants furent en arrière-plan de toute ma vie. L'horreur, mais aussi le merveilleux... Parce qu'en général ce genre d'expérience n'est même pas à la hauteur des pires cauchemars, j'avais enfermé tout ça dans une boîte scellée et l'avais cachée dans les tréfonds les plus inaccessibles de mon subconscient. Mais j'eus la surprise de découvrir que dans cette boîte, était également enfermée une belle clé de lumière et d'amour, sous une poussière d'étoiles.

Les souvenirs ne sont jamais effacés pour de bon ; ils sont relégués dans un coin différent de notre cerveau, coupé de toute connexion avec le moteur de recherche central. Le système ne peut pas les trouver et le cerveau les considère comme perdus, ou détruits. Mais ce n'est pas le cas, bien sûr... L'hypnose réactive les liens rompus et rouvre le libre accès à ce que nous pensions perdu, et qui était en fait tout simplement bien dissimulé. L'hypnose ne peut pas mentir et je ne m'attendais pas aux conséquences qui en résulteraient... En libérant les peurs enfermées dans cette boîte de Pandore, je libérai également d'autres blocages, ayant effet dans différents domaines de ma vie. Depuis, j'ai pu enfin passer à autre chose et guérir. Lorsque la boîte s'est ouverte, à côté des souvenirs traumatisants est apparu un beau cadeau, tel un papillon qui était demeuré enfermé pendant très longtemps, en léthargie : j'ai renoué contact avec mes sauveteurs. Ces extraterrestres bienveillants avaient toujours été là, toute ma vie, veillant sur moi pour ne pas retomber dans les griffes des ténèbres. Car l'obscurité me cherchait ; les serviteurs de l'Ombre avaient un travail à terminer. Ce qui heureusement, n'a pu l'être.

Sur le point d'effectuer ma première séance d'hypnose quantique en décembre 2019, je fus terrifiée à l'avance à l'idée de reconnecter avec mon premier souvenir d'enfance, lorsque la petite créature grise était sortie du mur, et qu'ensuite je me retrouvais lévitant au-dessus du lit. Voulais-je vraiment franchir ce pas ? Vraiment ?...

Par-dessus l'épaule gauche de ma grand-mère, surgit à travers le mur une créature de la taille d'un enfant à la peau grise, aux yeux énormes, au crâne large et aux membres frêles, vêtu une combinaison moulante argentée. Alors que le processus d'hypnose commençait, je me mis à trembler, progressivement envahie par la peur. La thérapeute me calma et me rassura, m'invitant à observer la scène depuis l'extérieur de mon petit corps, afin de tout décrire sans crainte aucune. C'est alors que les parties manquantes s'alignèrent comme les pages d'un livre ouvert... Concentrée dans sa lecture, ma grand-mère ne remarqua point les deux petites créatures grises émerger du mur. Je me mis à pousser des cris effrayés et elle laissa retomber son livre sur ses genoux. Elle se pencha pour inspecter mes gencives, pensant que je "faisais" mes dents, probablement. Non ! Je criais à l'intérieur. Il y a des monstres qui sortent du mur ! Mais à cet âge, on peut à peine parler, alors je me mis à pleurer de désespoir. La chose suivante dont je me souvins, fut ma grand-mère partie se coucher et une lumière vive déferlant du plafond. Deux petits êtres gris aux yeux noirs d'obsidienne y descendirent et m'entourèrent. Soudain, mon petit corps se souleva dans le faisceau lumineux, encadré par ces deux créatures effrayantes.

Et je m'élevais dans les airs, plus haut, toujours plus haut... jusqu'à ce que j'atterrisse sur un sol froid et métallique. La pièce était baignée de pénom- bre, et une lumière tamisée s'écoulait du plafond comme un projecteur d'ambiance. Il faisait froid. Ils me soulevèrent sans me toucher, à distance, se tenant debout de chaque côté de moi. Il semblait qu'ils utilisaient une méthode antigravité.

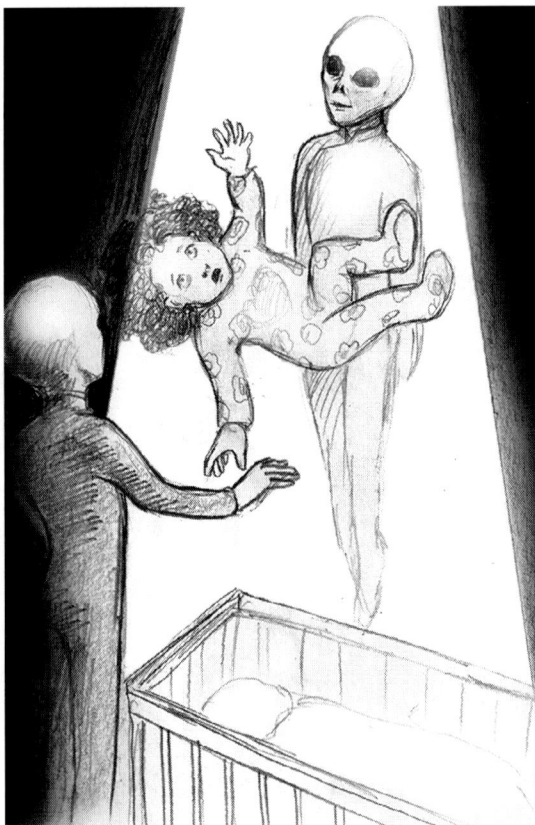

Flottant dans les airs, je commençais à me sentir paralysée. Mon petit corps ne répondait plus à ma volonté. J'éprouvais une peur profonde, mais quelque chose semblait étrange... mes ravisseurs agissaient avec douceur, comme s'ils ne désiraient pas m'effrayer. Et même s'ils avaient l'air terrifiant avec leur énorme tête et leurs grands yeux noirs, je pouvais remarquer de légers sourires attentionnés sur leurs lèvres, exactement comme le feraient des infirmières. Ils me «firent flotter» jusqu'à une autre pièce où je fus allongée sur ce qui ressemblait à une table médicale. Je n'avais aucune idée, à cet âge-là, de ce qu'était une table médicale et de ce que cela pouvait impliquer ; je ne m'affolait donc guère davantage. Ils étaient quatre. L'un d'eux posa sa main frêle sur ma jambe en un geste rassurant ; on aurait dit qu'il tentait de me calmer, mais je demeurais terrifiée. Je vis alors, dans l'angle de ma vision, l'un d'eux se pencher vers une table d'appoint et saisir un appareil plat et carré, muni de boutons et de câbles noirs attachés. J'entendis dans ma tête la voix de celui qui avait la main sur ma jambe... «Tout va bien se passer». Une autre de ces créatures appliqua l'appareil sur mon sternum et je ressentis en cet instant tremblements et bourdonnements à l'intérieur de ma poitrine. Comme par magie, je sentis un calme m'envahir et je me détendis. A ma droite, se tenant à la hauteur de ma tête, une autre créature approcha vers moi une sorte d'appareil oblong qu'il appliqua sur mon thorax, puis sur mon thymus, et c'est alors que ma poitrine se mit à rougeoyer de l'intérieur, répandant une chaleur délicieuse dans tout mon corps.

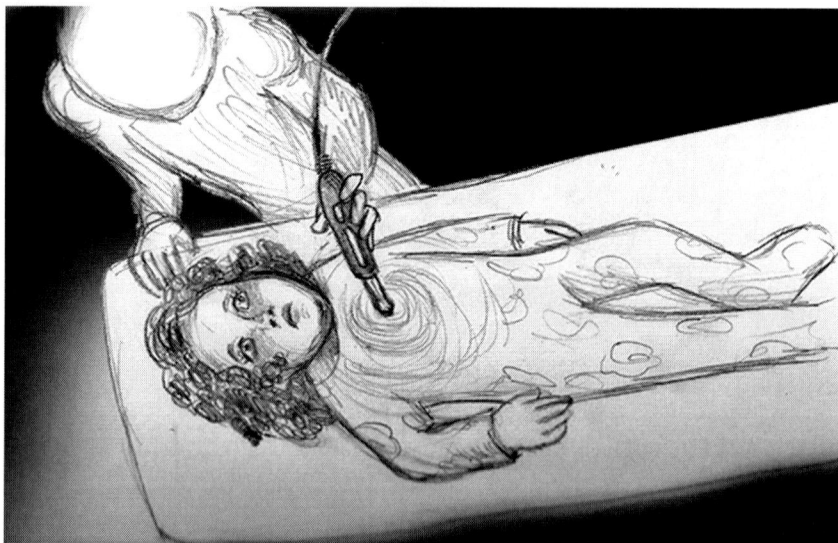

Cette merveilleuse sensation me détendit, et je commençais à respirer avec davantage d'aisance. Mon corps cessa de trembler. La créature qui conservait sa main sur ma jambe, la retira. Je me sentais légèrement somnolente lorsque les deux petits gris se retirèrent, tellement détendue à présent... Je n'avais plus peur ; je pense que cela était lié à ce qu'ils avaient fait à ma poitrine, et j'eus alors l'opportunité de mieux observer la pièce dans laquelle je me trouvais. Les murs n'étaient pas droits et n'avaient aucun angle, et l'architecture était assez organique. Tout semblait sculpté dans un même bloc, comme si meubles et murs faisaient partie de la même matrice. L'air était plus raréfié mais je n'éprouvais dorénavant plus aucune anxiété pour respirer. Ils me laissèrent là, seule, durant un court moment, jusqu'à ce que j'entende la porte automatique derrière moi. Quelqu'un pénétra dans la pièce... Un être grand et filiforme apparut, marchant vers moi, ressemblant aux autres mais beaucoup plus grand. Il commença à examiner mon visage avec des gestes lents et précautionneux, mes oreilles, ma mâchoire. Il attrapa doucement mon visage et tourna la tête sur les côtés pour l'examiner. Il était vêtu d'une combinaison de couleur marron et avait la peau brun clair, un crâne large et haut à l'arrière et de grands yeux indigo, et il me semblait étrangement familier. Vraisemblablement, il ne voulait pas me faire de mal et agissait avec des mouvements lents et attentionnés, désirant juste vérifier que je me portais bien. Il se pencha au-dessus de moi. Il était si proche...

L'étrange créature inspecta mon petit corps avec grande attention. Il saisit mon poignet gauche, puis le droit, qu'il pressa, puis se redressa et, posant délicatement une main sur ma poitrine, il m'adressa un sourire très doux et paternel. Il y avait tellement d'amour émanant de cet être, et ses yeux, dans lesquels il me semblait voir la galaxie toute entière, étaient magnifiques, sur fond indigo avec des pupilles cristallines couleur d'eau. Cet être était Annax, mais je ne le savais pas encore. Il me laissa et quitta la pièce par la même porte par laquelle il était entré. J'éprouvais pourtant déjà, en cet instant, le sentiment troublant de le connaître. Je l'avais rencontré dans mes rêves, j'en étais sûre. La lumière fusa de nouveau par la même porte après une minute ou deux, et les petits assistants Gris étaient de retour. Mes paupières commençaient à se fermer malgré ma volonté de les garder ouvertes, et un étrange sommeil semblait se répandre en tout mon être. Ils se placèrent de chaque côté de moi et mon corps se souleva à nouveau, sans qu'ils me touchent, en direction du sas d'accès du vaisseau, dans la pièce adjacente. Ils me "déposèrent" sur le sol vitré, au-dessus de l'ouverture circulaire, de laquelle émanait une lumière intense. J'entendis un bourdonnement venant d'en dessous de la vitre, qui s'intensifia assez vite et tout mon corps se mit à trembler à nouveau. Et voilà que je traversais cette dalle transparente circulaire, descendant dans cette lumière blanche intense, pour me retrouver quelques secondes plus tard dans mon lit, dont je sentis le contact dans mon dos comme si j'y atterrissais. La frayeur s'empara de moi à nouveau ; c'était déjà le matin suivant, je tentais de crier, mais aucun son ne sortait de ma gorge. Puis, l'air pénétra dans mes poumons à grand flot, et je pus enfin respirer...

Annax

52

Annax et l'un de ses aides

Voici ce dont je me souvins sous hypnose, concernant cet épisode-là de ma vie. Annax veille sur moi ainsi que sur ma lignée maternelle depuis très longtemps. En effet, il fut celui que ma grand-mère rencontra lorsqu'elle était jeune, et qu'elle vit ce grand vaisseau brillant venir vers elle dans un tourbillon de vent vrombissant. Sa mémoire avait été effacée et elle se retrouva gisant au sol, alors que le vaisseau d'Annax s'éloignait vers les cieux à une vitesse fulgurante. Curieusement, ma grand-mère avait toujours été présente, à chaque fois qu'il y avait un OVNI dans les parages ou bien des phénomènes relatifs. Annax a toujours été son protecteur et qui sait, peut-être aussi son ami.

Ma grand-mère et l'OVNI

J'avais à présent neuf ans, et en compagnie de ma grand-mère et ma jeune sœur, nous admirions le ciel étoilé par la fenêtre de la chambre. L'OVNI orangé apparut au-dessus des toits, si près, si large ! Et l'histoire n'en était qu'à son début...

Le vaisseau changea de couleur et disparut en zigzagant à vive allure, mais il revint, plus tard, cette nuit-là... C'est ce qu'ils font. Ils arrivent, au creux des nuits les plus profondes, et ils prennent. Ils prennent, ils se servent sans scrupules et violent tous nos droits, un à un, parce que nous ne sommes pour eux que du bétail, des animaux de laboratoire. Ils n'ont aucune considération, aucun sentiment, ils font juste leur travail. Deux d'entre eux apparurent dans ma chambre, dans le silence le plus total, subrepticement, et ils me saisirent brusquement par les bras, tels des prédateurs nocturnes attrapant une proie. Leurs doigts fins et forts à la fois me faisaient mal, mais j'étais incapable de crier à l'aide ; aucun son ne sortait de ma gorge. J'essayai de me débattre mais ils me tenaient fermement, et mon corps devint rapidement sans réaction. La pièce se mit à chavirer dans un tourbillon nauséeux et je fus emmenée dans les airs à travers un vortex de lumière. Ils me jetèrent sans égard sur un sol dur et froid, dans un endroit sombre à l'atmosphère glacée. Tous les muscles de mon corps sombraient en léthargie mais mes larmes parvinrent à jaillir dans un hurlement intérieur. Ils me relevèrent en serrant davantage mon avant-bras et cela était si douloureux, que même les sanglots s'asséchèrent au fond de ma gorge. Ce n'étaient pas les mêmes qui m'avaient emmenée à bord du vaisseau d'Annax ; ils étaient différents, légèrement plus hauts en taille, avec un crâne plus large à l'arrière et ces horribles yeux d'obsidienne... qui avaient une lueur maléfique, comme si ces êtres étaient vides, comme s'ils n'avaient pas d'âme. Ils portaient des combinaisons noires et brillantes comme du vinyle et avaient quatre doigts à chaque main. Sans considération, ils me traînèrent jusqu'à une étroite table médicale métallique entourée de machines étranges, et sur laquelle ils me déshabillèrent, avec des gestes mécaniques, puis m'attachèrent par les chevilles, nuque et poignets. Lorsqu'ils appliquèrent les straps autour de mes poignets, je sentis une douleur très aigüe au contact de fines aiguilles qui y étaient incorporées, pénétrant la chair à l'intérieur de mes poignets. Ces straps étaient connectés par de fins tuyaux à des machines sur les côtés, transmettant un liquide glacé qui s'écoula dans mes veines.

Difference entre les deux espèces de Gris qui m'ont abductée.
A gauche: Solipsi Ra clone / Xrog -Zeta, seconde abduction à 9 ans.
A droite: Eben assistant, première abduction au berceau.

Pourquoi me traitaient-ils ainsi? Pourquoi moi? Avais-je fait quelquechose de mal? Mais qui étaient-ils???

S'élevant par-dessus le ronronnement des machines périphériques, un son strident similaire à celui d'une roulette dentaire s'approcha de ma tête. La créature derrière moi saisit mon menton pour immobiliser ma tête dans une position précise et... à l'aide de cette petite perceuse fine composée de deux longues aiguilles vibrantes, ils insérèrent quelque chose dans mon crâne. Maintenant, ils regardaient entre mes jambes. Je ne pouvais pas bouger, mon système nerveux était paralysé. Leurs mouvements étaient rapides, mécaniques et froids.

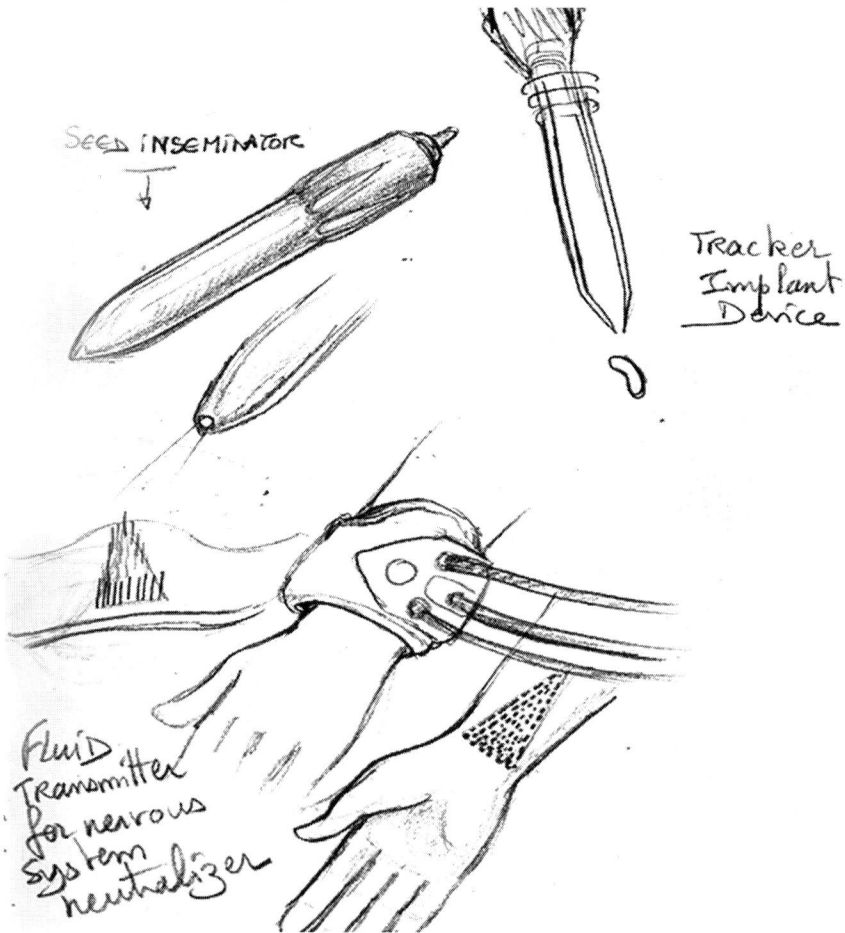

Outils utilisés sur le vaisseau de Zeta Reticuli

58

Ils insérèrent quelque chose à l'intérieur de mon vagin à l'aide d'un long objet métallique. Le métal était froid mais la douleur était tel un feu brûlant, insoutenable. J'aperçus dans l'angle inférieur de ma vision une lueur rougeâtre pulser dans mon ventre, sous ma peau. Les créatures s'agitèrent davantage, accélérant leurs mouvements. Je savais que je saignais à présent, car je pouvais sentir un liquide chaud s'écouler hors de mon vagin. Ils échangèrent alors entre eux une sorte de langage fait de sons bizarres ressemblant à des cliquetis d'insectes, puis il sembla que la tension montait ; ils devenaient nerveux. Quelque chose n'allait pas comme ils le souhaitaient... Un autre apparut sur ma droite ; il était légèrement différent, un peu plus grand et plus, comment dire, vivant, plus expressif. Il donna des ordres dans ce langage qui me glaçait les os, et deux créatures quittèrent la pièce. Ce qui s'imposa à mon esprit en cet instant, fut que celui-ci était une vraie personne et les autres des sortes de serviteurs artificiels. Celui qui semblait donc leur chef paraissait anxieux, et la tension montait. Sous ses ordres impératifs, les deux autres créatures qui étaient restées dans la pièce défirent toutes mes attaches, et les straps laissèrent à l'intérieur de mes poignets des marques triangulaires composées de petits trous. Ils se hâtèrent davantage lorsque toute la structure

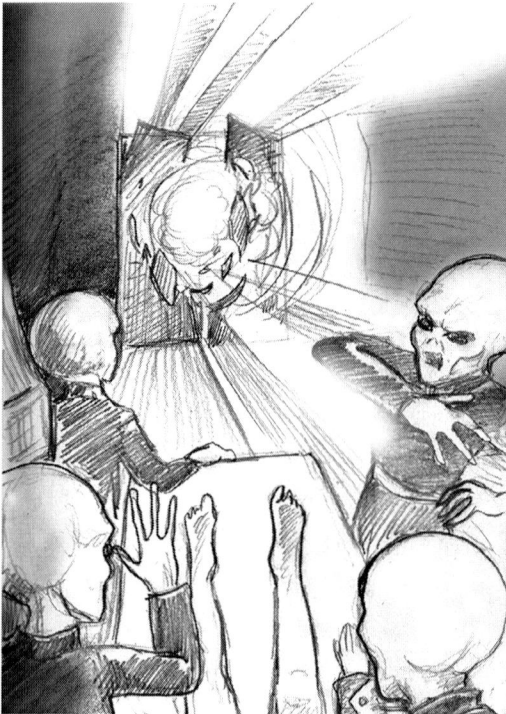

du vaisseau trembla et un éclair lumineux aveugla mes yeux un court instant. J'étais toujours paralysée, c'était terrifiant ! Les murs, le sol, tout fut à nouveau violemment ébranlé et les deux créatures synthétiques perdirent toute coordination alors que leur supérieur, vraisemblablement furieux, les invectivait dans cet effrayant langage. Mais que diable se passait-il ? Je pouvais maintenant entendre un grand raffut provenir de l'autre pièce, des sons de combat et des voix d'hommes! Le chef des Gris se saisit d'une arme oblongue ressemblant à un tube et la pointa vers la porte, mais dans un fracas terrifiant celle-ci explosa, pulvérisée depuis l'autre côté, projetant avec violence des débris à travers la pièce. J'étais terrifiée ! Que se passait-il ? Je ne pouvais pas bouger ! Deux hommes de haute taille vêtus de combinaisons spatiales firent irruption dans la pièce. Je ne pouvais distinguer leurs visages à cause de la fumée et des réflexions sur leurs casques. Ils engagèrent un court combat avec armes laser et l'un des deux hommes saisit le chef des Gris par la gorge et l'étrangla impitoyablement, tandis que les deux autres étaient abattus.

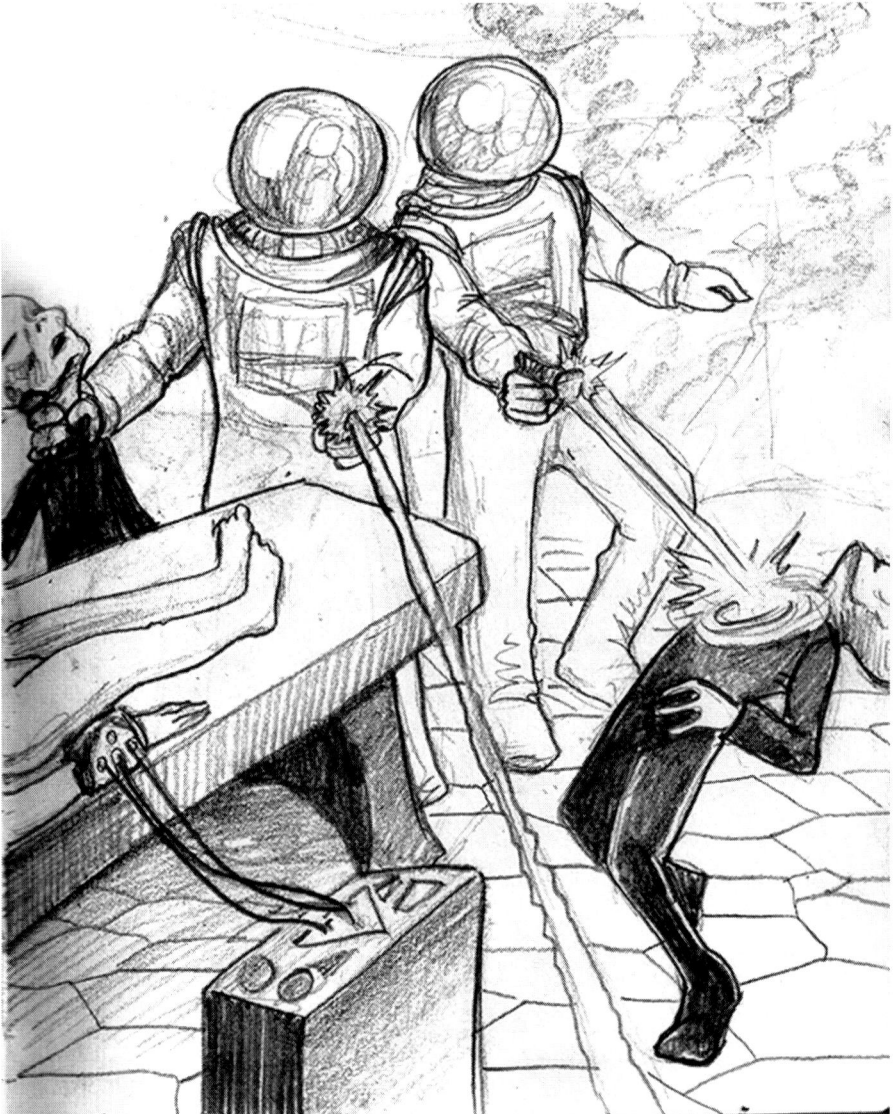

L'homme qui avait étranglé le chef des Gris me souleva dans ses bras. J'étais toujours paralysée mais je pouvais néanmoins ressentir la température, et il me semblait que l'air dans la pièce s'était considérablement refroidi, à moins que cette sensation fut juste due à mon état de choc. Ses bras étaient forts, et il m'emmenait avec lui. Je ne parvenais toujours pas à distinguer son visage, tant il y avait de lumières se reflétant sur son casque. De nouveau flashs explosèrent au-delà de l'orifice béant dans le mur, et les deux hommes s'y précipitèrent avec hâte. Mon unique vision était celle de la combinaison spatiale de mon sauveteur et je pouvais sentir contre ma peau le froid matériau qui ressemblait à un plastique souple. Il y eut un vortex aveuglant de lumière bleue accompagné d'un son vrombissant et soudain, en l'espace de quelques secondes, nous étions ailleurs, dans un autre endroit, à bord d'un vaisseau différent. Nous passâmes un sas. Quelle étrangeté ; je pouvais admirer les étoiles autour de nous tout en ayant conscience de me trouver dans un couloir.

Ils se précipitèrent dans une pièce baignée d'une lumière éclatante et m'allongèrent sur une table qui s'éleva du sol. La température ambiante était nettement plus élevée qu'à l'intérieur de l'autre vaisseau, c'était si agréable... Je me sentais, dans cet endroit, plus détendue, et en sécurité. Je remarquais la présence d'une femme, vêtue d'une combinaison bleue légèrement scintillante, rayonnant d'une beauté noble et gracieuse. Ses cheveux blonds étaient droits, séparés en une ligne parfaite, et coupés à hauteur d'épaules. Elle avait des yeux fascinants, vert émeraude, très grands et étirés, et son visage était légèrement triangulaire avec des pommettes hautes et saillantes et un menton étroit. Son corps mince et parfait se mouvait avec grâce. Elle me considérait avec inquiétude et je pouvais percevoir une tension émaner de sa personne.

Mes sauveteurs retirèrent leurs casques mais je ne pouvais pas encore distinguer les traits de leurs visages, à l'orée de mon champ de vision. J'eus néanmoins le temps de noter qu'ils étaient également blonds, grands et de silhouette athlétique. La femme essuya rapidement le sang sur mes jambes et cette simple action de sa part me procura un sentiment de profond réconfort ; on s'occupait de moi, avec soin et gentillesse... mes tensions et mes peurs se relâchèrent simultanément au gré de ses gestes. L'homme qui m'avait sauvé la vie retira la veste de sa combinaison spatiale et recouvrit avec mon corps frêle et tremblant. Comme c'était chaud... Je n'eus le temps d'apercevoir de son visage que ses cheveux bouclés, à hauteur d'épaules. L'autre avait des cheveux très longs et raides. Je sentis la main de mon sauveur presser ma cheville affectueusement et prononcer quelques mots dans un langage doux et inconnu. J'étais à présent en de bonnes mains, ces gens-là m'avaient secourue et maintenant, ils s'occuperaient de moi, ils n'allaient pas me faire de mal. Néanmoins, il y avait de l'agitation dans la pièce, je pouvais sentir dans l'atmosphère un certain stress. La femme se pencha au-dessus de moi et saisit délicatement mon visage entre ses mains, puis s'adressa dans un langage étrange et harmonieux, ce qui eut un effet curieusement apaisant, comme si les mots eux-mêmes transportaient une sorte d'énergie douce. Elle posa ses mains sur mes épaules, exprimant un sourire maternel. Son énergie me réchauffait, déversant dans mon petit corps une délicieuse onde guérisseuse qui effaçait toute douleur. Ceci fut mon premier contact avec Myrah (j'apprendrai son nom plus tard), la mystérieuse et fascinante dame extraterrestre qui veilla sur moi tout au long de ma vie, aux côtés de Thor Han.

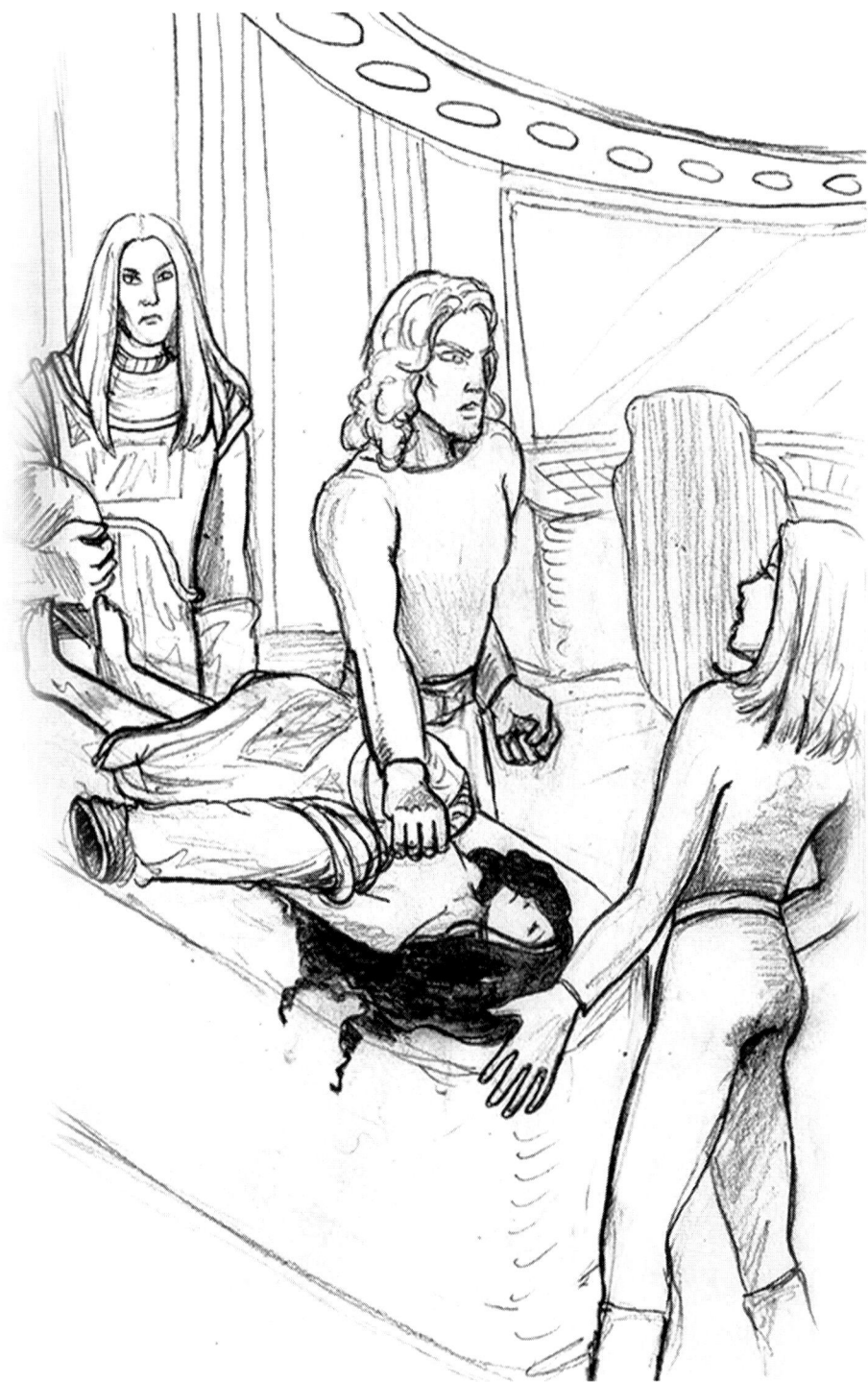

Toutefois, même si elle s'efforçait de le cacher, son expression, ainsi que celles de ses compagnons, était grave, et je vis une ombre d'inquiétude troubler ses grands yeux verts. Elle semblait d'une race différente, car son visage n'avait pas la même structure et elle était plus petite. J'apprendrai également plus tard que Myrah était originaire de Sirius B, alors que les deux hommes qui m'avaient sauvée étaient Pléiadiens. Ces derniers, bien que d'apparence très proche de la nôtre, avaient des yeux proportionnellement plus larges et à l'éclat bleu métallique, des pommettes saillantes et un corps athlétique. Les hommes s'étaient retirés de mon champ de vision, mais je pouvais sentir leur présence dans la pièce. Mon corps reprenait vie peu à peu, mais je demeurais encore paralysée, et une douce torpeur eût raison de moi ; relâchant les dernières tensions, je sombrai dans un sommeil profond.

Grâce au processus d'hypnose quantique, je pus observer le déroulement des opérations depuis une position extérieure et indolore ; ma conscience était en lévitation, flottant autour et au-dessus de mon corps. Je remarquai dès lors que mes cheveux étaient mouillés par mes larmes. La femme extraterrestre semblait occupée derrière ma tête, investiguant une boite de métal blanc contenant divers outils étranges, et j'avais cet étrange sentiment qu'elle s'apprêtait à sauver ma vie. Je la vis ensuite examiner la blessure à l'arrière de mon crâne à l'aide d'un instrument ressemblant à une torche laser émettant un rayon jaune, puis elle échangea quelques mots avec les autres membres d'équipage. Je pouvais apercevoir en transparence, à présent, ce que les Gris avaient inséré dans ma tête ; un minuscule objet verdâtre luminescent de la forme d'une graine de haricot. Voilà donc ce à quoi ressemblait mon implant...

L'expression anxieuse et contrariée sur le visage de Myrah traduisait une certaine frustration car les choses ne semblaient pas aller dans le sens désiré ; elle semblait contrariée par ce qu'elle voyait. De son corps émanait une grande tension. Elle se muni d'un tube terminé par une longue, fine double aiguille, qui se mit à vibrer. A ce son inquiétant, mon cœur bondit dans ma poitrine, mais je savais instinctivement que cela ne me ferait pas mal, bien au contraire, et en effet je ne sentis rien. Je pense qu'ils avaient désactivé ma réponse à la douleur. Lorsqu'elle atteignit l'implant, en transparence dans ma tête comme si elle opérait sur un niveau dimensionnel différent, mon corps tout entier fut secoué de spasmes.

Mon sauveteur s'approcha pour s'adresser à elle avec autorité dans leur étrange langage, mais elle semblait fortement reluctante à effectuer ce qu'il lui ordonnait. Il se tenait tout près de moi à présent, et j'eus enfin l'opportunité de l'observer clairement. Ses boucles blondes encadraient un visage angélique, parfait, magnifique... au nez droit, lèvres sensuelles et pommettes saillantes. Dans un mouvement soudain, ses larges yeux en amande aux pupilles d'un bleu métallique croisèrent les miens et en cet instant, le temps sembla s'arrêter. Mon être tout entier accusa une vague puissante d'énergie ; c'était comme regarder directement dans les yeux d'un ange, comme si je le connaissais déjà, comme si mon âme savait qui il était, sentiment extrêmement troublant qu'une enfant de neuf ans ne pouvait appréhender. Il semblait très inquiet et s'adressa à sa compagne avec autorité, la pressant d'obéir à ses ordres sans tarder. Elle contesta davantage et la tension s'intensifiait, comme s'il lui demandait de procéder à une chose illégale ou dangereuse, voire les deux. Bien qu'argumentatif, leur langage, parlé et télépathique à la fois, était mélodieux et s'apparentait au scandinave ou au gaëlique. Myrah, comme j'apprendrai plus tard son nom, laissa finalement retomber ses épaules avec résignation, consentant enfin à obéir. Saisissant un nouvel instrument, elle se remit à la tâche derrière ma tête, sous l'œil attentif de mon sauveur, qui semblait être en charge de ce vaisseau. Elle inséra une fine aiguille à travers l'implant, qui changea aussitôt de couleur pour virer du vert clair au rouge sombre, puis la retira et appliqua à la place un petit disque souple comportant d'étranges symboles, qu'elle activa en les faisant bouger à l'aide d'une espèce de stylet, et l'observa durant quelques secondes. Puis, elle prit une grande inspiration et se tourna vers son compagnon en arborant une expression du genre : "Ok, tu es content, maintenant ?" Je pense qu'ils communiquaient télépathiquement à ce moment-là. Elle retira ensuite tout appareil connecté à ma tête et déposa le tout sur une desserte à proximité. L'homme s'approcha à nouveau et, avec un geste d'une extrême gentillesse, posa sa paume sur mon front, qu'il caressa légèrement du pouce. Il soupira, et je ne saurais expliquer comment ni pourquoi, je sus en cet instant qu'il était intérieurement, profondément, soulagé. Fermant les yeux, je pouvais ressentir, à travers la chaleur de sa main, comme par télépathie énergétique, de l'espoir en lui, comme si j'étais à présent totalement hors de danger, et ce que sa compagne avait fait à mon implant en était la clé.

L'autre homme, celui à la longue chevelure blonde, s'adressa à eux depuis l'un des sièges de pilotage et mon sauveur s'en alla le rejoindre, prenant place à son côté. Il était temps pour eux de quitter leur position stationnaire. Les étoiles tourbillonnèrent derrière la grande baie centrale... et je sombrai dans un sommeil réparateur.

Lorsque j'ouvris à nouveau les yeux, l'orbe bleutée aveuglante de la Terre occupait la moitié inférieure de la fenêtre. Ils me ramenaient à la maison. Le vaisseau entama sa descente dans l'atmosphère, traversa les nuages, et je distinguai à l'horizon turquoise le soleil se lever sur la mer. Je vis une ville : la mienne.

Le capitaine du vaisseau, l'homme qui m'avait secourue, m'adressa un sourire fatigué puis quitta son siège de pilotage pour venir prendre place à côté de moi, sur un sofa d'angle où j'avais été placée. Je réalisai que l'anesthésie avait cessé son effet et je me réjouis de pouvoir m'asseoir, par moi-même, redécouvrant le total contrôle de mes mouvements. Il posa une main sur ma tête, paternellement, et je le considérai avec admiration. L'énergie irradiant de son corps était telle un vent frais soufflant à travers moi, et lorsque j'entendis sa voix dans ma tête, par télépathie, plus rien autour de nous n'avait substance, ou même existence.

Sa voix résonna dans ma tête, douce et grave, cette fois-ci s'exprimant dans mon language natal avec un léger accent étranger.

-*Tout ira bien. Il n'y a plus aucune raison de t'inquiéter à présent, nous allons veiller sur toi. Ils réessaieront, mais nous serons là pour les en empêcher.*

-*Pourquoi ?*

-*Parce qu'ils ont placé en toi quelque chose qu'ils voudront récupérer.*

-*Qui sont-ils ?*

-*Oh de vilaines créatures. Leur nom est Solipsi Rai, ils agissent sur des plans inter-dimensionnels. Nous les surveillons et tentons de réduire leurs méfaits, car ce qu'ils font, enlever des humains de ta planète pour des expérimentations génétiques, est illégal.*

-*Qu'est-ce que ça veut dire ?*

-*Ils fabriquent des hybrides, entre ton espèce et la leur, travaillant aussi pour le compte d'autres races. Une jeune enfant de ton âge ne devrait pas se soucier de ces choses-là. Quant à ce traqueur qu'ils ont placé dans ta tête, nous n'avons pu le retirer, alors j'ai demandé à Myrah, notre médecin, de le désactiver et le recalibrer sur nos fréquences. Les Solipsi Rai ne pourront plus te traquer désormais. Et ainsi, je serai à même de veiller sur toi et de te protéger. Je vais maintenant effacer ta mémoire et te ramener chez toi.*

-*Merci... vais-je vous oublier ?*

-*Toi et moi avons un lien spécial, un lien du cœur, que tu comprendras un jour. Ton esprit oubliera, mais ton cœur se souviendra.*

Ce jeune homme s'appelait Thor Han Eredyon, un nom qui hanterait ma mémoire altérée durant toute ma vie, tels les murmures étouffés de souvenirs inaccessibles. Et en effet, nous gardâmes contact à travers les années et il honora sa parole, veillant sur moi tout au long de ma vie et jusqu'à ce jour. J'eus par la suite plusieurs autres rencontres avec ce groupe de personnes, visitant ce même vaisseau à plusieurs reprises dans ma vie, et j'appris auprès d'eux de fascinantes choses; d'où ils venaient, quelles étaient les autres races impliquées avec la Terre et où étaient-elles, me montrant même une carte de la galaxie avec toutes leurs positions. Ils me laissèrent même prendre place aux commandes, m'expliquant comment piloter de tels engins, et je peux dire que je connais ce vaisseau comme une seconde maison. Ce lien avec Thor Han, qui demeura mystérieux pendant très longtemps, j'en ai finalement compris la nature.

A l'époque de mon sauvetage, qu'est-ce qu'une petite fille de neuf ans pouvait-elle comprendre à ces choses-là ? Mais ceci, eh bien, est une histoire que je raconterai peut-être un jour...

L'hypnose quantique m'aida non seulement à retrouver les éléments altérés de ma mémoire, mais aussi à débloquer ma connexion avec mes protecteurs. Je m'étais éveillée, j'étais prête. Prête à accuser la puissance de la vérité. En réactivant ma mémoire et guérissant le traumatisme, j'accédais au contrôle de l'implant dans ma tête, avec l'aide de Thor Han, Myrah et Annax, qui m'aidèrent à en comprendre le fonctionnement. C'est ainsi que depuis lors, j'ai l'immense privilège d'échanger par ce moyen des conversations télépathiques avec eux.

Il n'y a pas que des démons dans la nuit, il y a aussi des anges.
Nous ne sommes pas seuls.

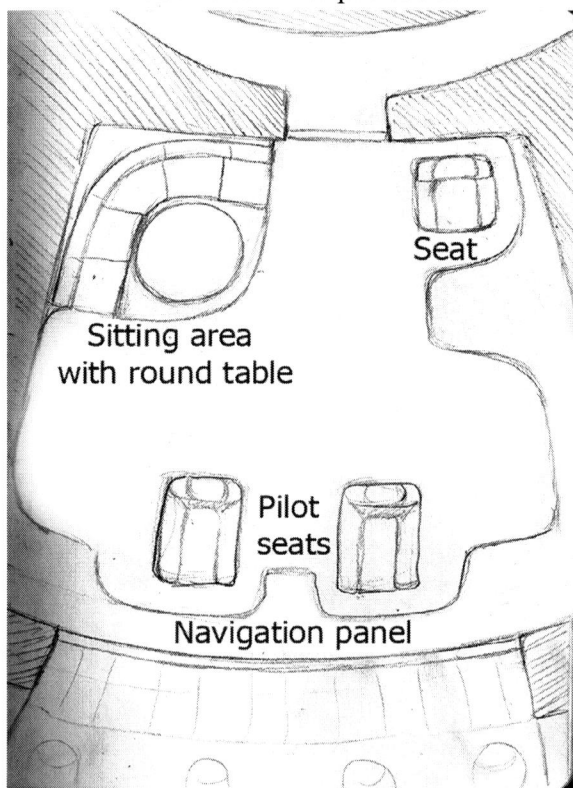

Seat

Sitting area
with round table

Pilot
seats

Navigation panel

Plan de la salle de commandes du vaisseau de Thor Han

Coin repos dans la salle de commande avec la table holographique.

LE LIEN DU COEUR

Un jour de mes vingt ans, alors que j'étudiais à l'Ecole des Beaux Arts de Paris, je fis la connaissance, à un dîner auquel j'étais conviée, d'un homme bien étrange. L'on me dit qu'il était très connu en tant que médium et clairvoyant. Je me retrouvai, probablement par un hasard qui n'en était point, seule avec lui dans la cuisine en aidant à débarrasser la table après le repas. Il se retourna dans ma direction puis s'adossa à l'évier, me détaillant d'un regard lumineux me transperçant de part en part. L'air dans la pièce me sembla soudain plus difficile à respirer, et comme électrique. Les battements de mon cœur s'accélérèrent. Il croisa les bras en plissant ses yeux cristallins, et je sentis mon âme nue au milieu d'une tempête électromagnétique. Je réprimai un tremblement, puis osai lever mon regard vers lui. De haute taille, cet homme étrange avait un visage aux proportions harmonieuses et symétriques, une peau très pâle et des cheveux blancs bien qu'il parut d'une jeunesse sans âge. Dans son regard hypnotique, je pouvais contempler le cosmos et je sentais qu'il lisait en moi comme dans un livre ouvert. Il me sourit avec une pointe d'ironie au coin des lèvres, et indiqua le plafond d'un mouvement de la tête.

-Ton frère te protège depuis là-haut.
-Mon frère ? Je n'ai pas de frère, juste une sœur.
-Je ne parle pas d'un frère biologique mais de ton frère d'âme. Vous êtes liés depuis plus longtemps que cette vie. Ceux de notre espèce veilleront toujours sur toi.

Nous ne sommes pas seuls. Des extraterrestres bienveillants vivent infiltrés parmi nous depuis la nuit des temps et ils nous assistent dans notre évolution, combattant pour nos droits et nous préservant de bien des prédateurs d'outre espace. Il existe une grande et belle alliance au-dessus de nos têtes, nommée la Fédération Galactique des Mondes, composée de l'union pacifiste de centaines de milliers de civilisations. Ils protègent les droits de toute vie et Thor Han en fait partie, en tant que "décade", ou commandant de flottille, assigné à l'une de leurs stations en orbite autour de la Terre.

J'ai été plusieurs fois à bord de cette station, invisible depuis la Terre car dissimulée par un bouclier fréquentiel, soit en astral ou bilocation en utilisant mes capacités chamaniques, ou bien physiquement grâce à de discrètes "invitations". J'ai des échanges télépathiques avec Thor Han presque chaque jour, au moyen de mon implant ou par le merveilleux lien du cœur que nous partageons. Ces communications, très rares par le passé et que j'expliquais avec déni comme étant des contacts avec un ange ou un guide spirituel de quelque sorte, se révélèrent en effet d'une toute autre nature alors que la vérité éclatait comme un coup de tonnerre.

Je n'ai jamais pu avoir d'enfant, et après les révélations dévoilées par les séances d'hypnose, je fus à même d'en comprendre la raison. Ceux nommés Solipsi Rai m'avaient abîmée à l'intérieur lorsque j'avais à peine neuf ans, mais, il y avait aussi cette chose...

Le traqueur ne fut pas le seul élément que ces innommables serviteurs du mal implantèrent dans mon corps. A la suite de ma première séance d'hypnose, renouant direct contact avec Thor Han, ce dernier entreprit de me rendre tous les souvenirs qui avaient été artificiellement "égarés" et un élément important me fut révélé avec effroi. Je comprends désormais la raison pour laquelle je n'aurais jamais été capable d'accuser le coup de cette révélation avant mon éveil. Ceci était lié directement avec un évènement se présentant dans ma vie à l'âge de trente ans, mais qui prit, en recevant ces réponses, une toute autre signification. En ce temps- là, je

travaillais en tant qu'archéologue pour la Mission Franco-Egyptienne des temples de Karnak, à Louqsor en Egypte. Un phénomène dès lors inexpliqué survint quatre mois après mon arrivée, dans le village de la mission Française sur la rive Est du Nil. Ce fut comme si soudainement, loin de tout, de mes repères, de mon passé, et des ancrages de mes traumatismes, baignée par les énergies magiques des esprits des lieux, un processus en moi se déverrouilla, au plus profond de mon subconscient, qui activa une chose qui était demeurée en état léthargique depuis vingt et une années. Ceci ne faisait point partie d'expérimentations hybrides entre petits aliens gris et ma pomme, mais était relié à un bien plus terrifiant agenda. En l'espace de trois semaines, une grosseur se développa rapidement dans mon utérus, étirant la peau de mon ventre pour former une protubérance oblongue de la taille d'une grosse mangue. Je fus rapatriée en urgence sanitaire, vers une clinique privée à Marseille.

J'appris par Thor Han, ultérieurement, que cette chose était en fait une matrice reptilienne vide, prête à recevoir des oeufs fertilisés, comme une espèce de placenta extraterrestre en quelque sorte, comprenant tous les éléments nutritifs nécessaires. Le processus n'ayant pu être complété grâce à mon sauvetage in extremis, cette horreur était demeurée en état latent, pratiquement indétectable, jusqu'au jour où, par un grand mystère,

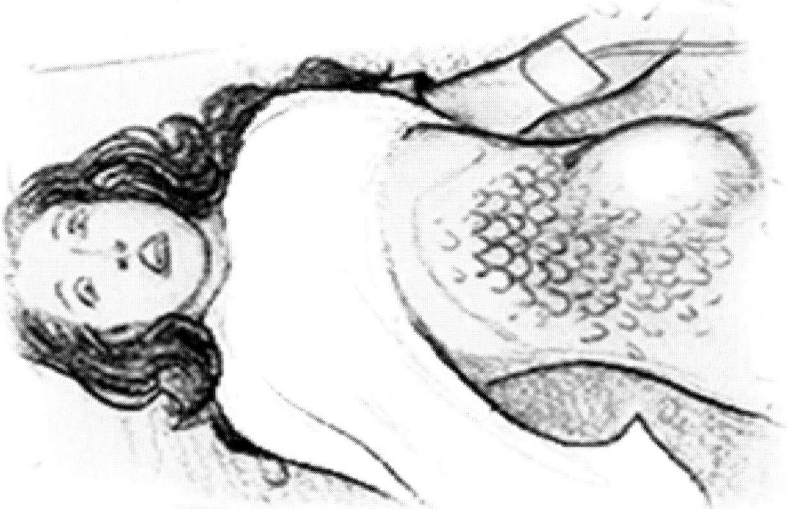

elle fut activée en Egypte et se déploya brusquement à l'intérieur de mon utérus. Pour quelque raison obscure, probablement due à plusieurs facteurs en conjonction tels qu'un changement drastique d'environnement, les énergies puissantes du temple de Karnak dans lequel je travaillais chaque jour, et les entités magiques et mystérieuses d'Egypte, mon corps décida finalement de se débarrasser de cette chose. Le verdict était clair : chirurgie en urgence pour la retirer. Sur les radios, cela ressemblait à une grosse poche de liquide et les médecins craignaient la possibilité d'une sorte de tumeur cancéreuse. Science médicale de nos temps vs aliens... rubéole, poche d'eau cancéreuse, on est pas rendus… Toutefois, c'était la seule explication qu'ils avaient pu trouver.

Me voilà donc allongée sur le lit mobile en direction du bloc opératoire. Les infirmières me laissèrent un instant dans le couloir d'accès, le temps de préparer la procédure, et c'est à ce moment-là que tout vira au cauchemar. Un vertige inexpliqué s'empara de moi et il me sembla que des souvenirs bloqués se bousculaient au seuil de mon esprit. Mon corps, instinctivement, se souvenait...

Un spasme brutal me secoua de part en part et mon corps se mit à trembler. L'anesthésiste, qui arriva juste à cet instant dans l'intention de me conduire au bloc, fut saisi d'inquiétude. J'aperçus alors ses yeux se focaliser sur ma blouse médicale, à l'endroit où elle s'était entrouverte, juste au-dessus de mon abdomen. Pourquoi arborait-il ce regard effrayé ? Est-ce que ceci était en train de se passer pour de vrai, où étais- je captive d'un mauvais film de science-fiction ? Que fixait-il donc avec cette expression horrifiée ? Quelque chose n'allait pas du tout comme prévu, assurément. Je fus précipitée avec hâte dans la salle opératoire et durant mon transfert sur la table métallique, la vision de la lampe néon annulaire ainsi que l'étalage des instruments chirurgicaux ravivèrent une terreur depuis les tréfonds de mon subconscient. J'étais glacée. Mes jambes étaient prises de tremblements que je ne pouvais maîtriser. Lorsque l'aiguille du cathéter pénétra mon bras, un spasme plus ample que les précédents arc-bouta mon dos et à ce stade, toute tentative de contrôler mon propre corps était devenue futile. Quelque chose à l'intérieur de moi se rebellait, une chose qui s'était réveillée, et qui n'avait aucune intention d'être retirée. Et dans l'action, le chirurgien souleva ma blouse et c'est alors que... je vis la chose. L'épiderme de mon abdomen était ridé d'écailles reptiliennes rougeâtres, concentrées autour de la grosseur palpitante. Je perdis connaissance.

Je repris connaissance allongée dans la salle de réveil, tremblante de froid, et cette sensation familière n'était pas associée à de très bons souvenirs. L'anesthésiste avait attendu à mon côté et dès que je fus en mesure de communiquer lucidement, il me confia qu'il avait demandé à assister à l'ablation chirurgicale car il voulait, en citant ses propres mots: "voir ce qui allait sortir de là." Je parvins faiblement à saisir sa main par-dessus la rambarde métallique de sécurité..

-"Qu'est-ce que c'était?
-Une poche ovoide remplie d'un gel jaune, c'était énorme.
-Je peux la voir?
-Ils l'ont emmenée...pour l'analyser, mais je demanderai."

Quelques heures plus tard, le chirurgien en chef me visita dans ma chambre afin de délivrer son rapport :
-"Tout le côté gauche de votre utérus a dû être enlevé, y compris trompe et ovaire, car la tumeur avait tout détruit. Nous avons également découvert un deuxième, que nous n'avons malheureusement pas pu retirer car c'est pris dans la paroi de l'utérus et seule une hystérectomie résoudrait le problème. Comme cette procédure nécessite votre permission, je l'ai laissé dedans et j'ai tout refermé. Vous êtes un peu jeune pour une hystérectomie mais si vous prenez cette décision, vous devez à présent laisser passer deux mois, pour que cette première procédure cicatrise d'abord. Ça vous laisse aussi l'opportunité de bien réfléchir à ce que vous voulez faire. Hystérectomie signifie ne jamais avoir d'enfants.
-Et...si je garde cette...chose ?
-C'est un risque à prendre. Ça peut rester latent et inoffensif pour le restant de vos jours, mais si ça décide de s'activer, nous devrons intervenir pour sauver votre vie.
-Mais qu'est-ce que c'est ?
-Un genre de fibrome.
-On m'a dit que c'était rempli d'un gel jaune.
-Rien de bien inquiétant.
-J'ai vu la peau de mon ventre changer...
-Réaction anxiogène, ou eczéma nerveux.
-En forme de grosses écailles ? Je pourrais voir ce que vous avez enlevé ?
-Oh nous l'avons incinéré.
-Je croyais que c'était parti en analyse. Vous auriez dû me demander !
-Mademoiselle, je vous conseillerais à présent du repos."

Quelque chose ne sonnait pas juste mais tout ce que je désirais, du plus profond de mon cœur, était de retourner en Egypte aussi tôt que possible, alors je me résignai enfin à cesser de poser des questions en plaçant toute mon intention à recouvrir ma santé le plus vite possible, et être en mesure de prendre l'avion pour le continent africain.

Ce fut durant l'été suivant lorsque, de retour en France pour les deux mois de vacances hors de la fournaise égyptienne, une chose remarquablement intrigante m'arriva. Assise dans la salle d'attente d'un garage attendant le service de ma voiture, je remarquai une très gracieuse jeune femme aux longs cheveux blonds et aux grands yeux bleus, pénétrer dans la pièce et venir s'asseoir en face de moi. Sa présence en un tel endroit semblait quelque peu dissonante. Elle ne demeura pas longtemps et au bout de dix minutes à peine, elle se leva et quitta la pièce en laissant tomber un prospectus à mes pieds. Intriguée, je le ramassai. Quelle ne fut pas ma surprise lorsque je découvris que c'était un dépliant d'information au sujet d'une clinique à Poitiers, qui expérimentait en avant-première en Europe un procédé Américain particulier, puisqu'il s'agissait de détruire des fibromes par ultrasons, sans intervention chirurgicale aucune. Je retombais assise sur ma chaise, bouche bée... Je relevai lentement la tête en direction de la porte d'entrée et il me sembla durant un court instant, qu'un vertige inter-dimensionnel mut la trame même de la réalité qui m'entourait. J'étais sans voix. Certes appréhensive à l'idée de m'allonger à nouveau sur une table médicale, je décidai néanmoins de tenter le tout pour le tout et saisir cette opportunité tombée... d'une étrange jeune femme venue d'ailleurs. Je pris contact avec cette clinique et au cours de l'été suivant, mon dossier fut finalement accepté. La deuxième matrice fut desséchée en une masse de chairs carbonisées, qui se dissout au fil du temps. Mais revenons à nouveau en arrière vers le moment où je rentrai en Egypte pour retrouver mon travail, en février 2000. Au moment où... l'inespéré se produisit, encore une fois...

Ces mémoires que je m'apprête à décrire ne sont pas des réminiscences d'époque mais furent réactivées par Thor Han, peu de temps après ma première séance d'hypnose. Connaissant à présent la vérité sur mon abduction par les Solipsi Rai et mon sauvetage, j'étais prête pour l'ultime révélation. En cette nuit de février, le rayon bleu descendit sur moi, m'enlevant de mon lit dans une ascension vers les cieux étoilés.

Il m'a toujours semblé intéressant de constater la façon avec laquelle, lorsque je suis prise dans ce rayon gravitationnel, je change de densité, passant à travers murs et plafonds avec aisance. On dirait un peu comme une lumière qui aurait une consistance presque solide, et qui modifie notre fréquence vibratoire. Cela me donne un peu le vertige et je perds quelque fois conscience dans ce transfert. Je me souviens reprendre connaissance, cette nuit-là, à bord du vaisseau de Thor Han, allongée sur le sofa dans la salle de commande. Ils souhaitaient juste contrôler mon état de santé à la suite de l'opération chirurgicale et être sûrs que tout allait bien. Myrah, ses cheveux soyeux dansant au gré de ses mouvements, était penchée au-dessus de moi, examinant mon ventre à l'aide d'un scanner de la taille d'un petit tube émettant un rai de lumière blanche. Réalisant où je me trouvais et au contact de présences familières, une émotion intense me saisit, faisant monter des larmes à mes yeux.

Myrah, Valnek, Thor Han, me retrouver en leur présence à nouveau était tellement inattendu, et merveilleux ! Myrah me présenta ses excuses quant à cet enlèvement contre mon gré, arborant un sourire doux et compassionné, et serrant ma main avec affection. Elle m'expliqua qu'elle venait de stimuler une cicatrisation rapide et neutraliser la deuxième matrice, qu'elle ne pouvait retirer physiquement juste après une opération chirurgicale. Elle ajouta néanmoins qu'elle m'enverrait de l'aide, pour me guider afin que cette chose soit détruite une fois pour toutes, lorsque que je serai complètement rétablie. Ces paroles demeurèrent à l'époque assez mystérieuses, mais prirent tout leur sens lorsque quelques mois plus tard, une jeune femme venue d'ailleurs laisserait tomber un prospectus à mes pieds. Elle m'aida à m'asseoir une fois qu'elle eût terminé la procédure, m'expliquant que lors de mon abduction par les Solipsi Rai à l'âge de neuf ans, je fus inséminée avec deux matrices reptiliennes vierges prêtes à recevoir des œufs hybrides fécondés, procédure qui ne fut jamais achevée grâce à mon sauvetage. A l'époque, lorsque je fus recueillie et amenée à bord du vaisseau, l'attention de mes sauveteurs était entièrement concentrée sur la neutralisation du traqueur implanté dans ma tête, ce qui les mettait également, à leur tour, en position vulnérable. Ces révélations étaient choquantes et je frémis d'effroi alors en comprenant enfin la raison des écailles sur ma peau juste avant ma chirurgie. Myrah posa une main sur mon avant-bras, son immense regard émeraude empreint de compassion. C'est alors que je sentis sa présence dans mon dos... Thor Han vint s'asseoir auprès de nous, sur le rebord du sofa. Sa simple présence chavirait tout mon champ énergétique et j'éprouvais quelque difficulté à maitriser les battements de mon cœur. Sa radiance, sa beauté, sa force... Il semblait toutefois bouillir intérieurement d'une énergie de colère, qu'il s'efforçait de dissimuler. Au moment où nos regards se croisèrent, la détresse dans mes yeux atteignit son âme et, prenant une profonde inspiration, il relâcha les tensions qui le tourmentaient.

-"Je ne supporte pas te voir souffrir."

Ces quelques mots avaient résonné dans ma tête télépathiquement. Il se rapprocha et passa un bras autour de mes épaules, pour m'amener doucement contre lui. En cet instant, au contact de son corps, toutes les souffrances passées, présentes et futures, se dissipèrent, et je trouvais enfin cette paix que j'avais recherché toute ma vie.

-"Je suis désolé que nous n'ayons pu t'éviter tous ces tourments."

Il avait murmuré ses mots dans mes cheveux. Avec une infinie douceur, il releva mon menton et m'embrassa, et mon âme chavira dans son souffle. Ses lèvres, ce baiser, tout avait un goût si familier... Nous échangeâmes un sourire complice, puis il considéra Myrah avec une tristesse soudaine. Cette dernière posa une main sur la sienne, puis s'adressa à lui en ces mots :

"Tu devrais lui dire."

Thor Han acquiesça d'un regard résigné puis se leva, tendant une main vers moi en m'invitant à le suivre dans une autre section du vaisseau. C'était la première fois que je visitais d'autres parties de ce véhicule. La porte automatique s'ouvrit sur un couloir circulaire au centre duquel se trouvait une pièce centrale cylindrique, contenant le générateur central.

Il m'emmena dans une pièce sur la droite, meublée de deux modules de lits superposés et de niches murales garnies de boites métalliques, ainsi que de vêtements pliés impeccablement. Le vaisseau n'est pas très grand, et cette pièce, qui était leur lieu de repos, était étroite et sans fenêtre, avec une lampe de style néon circulaire intégrée dans le plafond. Il m'invita à prendre place avec lui sur le rebord de l'une des couchettes, et passa son bras autour de mes épaules. Ma joue, contre son torse, ressentait la rugosité de son uniforme dont le tissu épais était composé de particules de métal. Il se mit à me parler comme l'on s'adresse à un enfant que l'on veut rassurer.

-"-"Tu vas devoir être très courageuse, car nous devons partir bientôt pour répondre à un ordre de mission. Il y a une guerre, assez loin d'ici, dans laquelle l'unité dont je fais partie doit répondre à un appel de renfort. Il se peut que nous ne soyons pas de retour avant probablement très longtemps, si jamais nous revenons.

J'explosai en larmes. En cet instant précis dans ma vie où j'avais le plus besoin de lui, ayant à peine récupéré d'une opération chirurgicale lourde et profondément perturbante, il m'annonçait qu'il s'en allait. Il crispa une main dans mes cheveux et me berça un moment contre sa poitrine, en silence, puis il essuya mes larmes du revers de sa main.

"Ecoute, me dit-il, sais-tu pourquoi je veille sur toi depuis ton enfance? C'est parce que je te connais depuis bien avant que tu ne t'incarnes dans ce corps. Tu as choisi cette mission, comme beaucoup d'entre nous, dans le but d'assister l'éveil des habitants de cette planète. Lorsque cette mission sera achevée et que tu quitteras cet avatar temporaire et périssable, tu retrouveras ton enveloppe corporelle originelle qui est actuellement en stase sur Erra, et nous pourrons être ensemble à nouveau.

-Erra ? Qu'est-ce que c'est ?

-C'est chez nous.

-Où est-ce ? Pourquoi est-ce que je ne me souviens pas ?

-Erra orbite autour d'une étoile dans la constellation que les Terriens nomment Pléiades. Tu n'as pas oublié ; ton cœur se souvient. Il se souviendra toujours, tout comme il se souviendra toujours de moi.

-Je comprends à présent pourquoi, j'ai toujours ressenti cet attrait magnétique vers les Pléiades, pourquoi il m'a toujours semblé que c'était là-bas, ma maison."

Je n'osais lever vers lui mon regard, car si je le faisais, j'étais perdue, je ne trouverais jamais la force...

Mon bras enroula son torse et je me blottis davantage contre lui. Ces révélations étonnantes ne semblaient point, étrangement, arriver comme un choc.

Au contraire, j'avais toujours su, j'avais toujours senti en mon cœur cette vérité, depuis aussi loin que me portait ma mémoire. Je sus alors, au plus profond de ma conscience, que quelle que soit la distance, Thor Han et moi ne pouvions être séparés, ni même par le temps, ni les dimensions infinies dans leur multiplicité. Il entendit les paroles de mon cœur, car il y répondit en ces mots:

-"Même si je ne reviens point de cette mission, Elena, je t'attendrai sous une forme ou une autre, car nous sommes des êtres éternels voyageant à travers des avatars temporaires. Un jour, nous serons à nouveau ensemble. Tu dois juste y croire, comme une certitude sans faille dans ton cœur. Crois en toi, en tes capacités, en celle que tu es véritablement. Viendra un jour où tu te réveilleras et en ce jour, je serai là. Vis ta vie, tu as tant d'amour à donner et de sagesse à recevoir. Et pour toutes ces raisons, je serai contraint d'altérer le souvenir de ce moment que nous partageons, en cet instant."

Il prit mon visage entre ses mains, puis murmura à mes lèvres:
-"Ton esprit oubliera, mais ton cœur se souviendra..."

Un long et tendre baiser baigné de nos larmes communes scella ces paroles, puis tout ce dont je me souvins fut de m'endormir dans ses bras, et me réveiller au petit jour, dans ma chambre en Egypte, une étrange nostalgie au bord des lèvres tel un papillon fragile qui s'envole dans la lumière matinale.

Peu après leur départ, les évènements dans ma vie prirent une autre tournure. De retour à Louqsor, je fus courtisée par l'un de mes collègues français au sujet duquel je ne nourrissais aucun intérêt, tout comme je n'avais jamais nourri aucun intérêt pour la gente masculine (ou féminine) de cette planète, sans jamais en connaître la raison. Un an de harcèlement amoureux eut raison de ma patience et je consentis à entamer une relation avec cette personne, qui devint mon futur ex-époux. Toutefois, rien ne pouvait égaler la force, la beauté et la profondeur du sentiment qui subjuguait mon âme et ravissait mon cœur, lorsque par certaines nuits à l'orée du désert égyptien, les cieux s'ouvraient au-dessus de moi en une symphonie d'étoiles. Je devais vivre et aimer, tel que me l'avait conseillé Thor Han, les yeux humides et le cœur plein de sagesse. Ces mots-là, je ne m'en souvenais pas mais ils résonnaient au plus profond de mon cœur, et dans la nuit étoilée j'entendais le sien battre.

Je peux comprendre désormais, la grande raison fondamentale pour laquelle je n'étais pas prête à assumer la vérité. Parce que j'aurais terriblement souffert, parce que j'aurais cessé de vivre, et cessé d'aimer. Je n'aurais jamais eu la maturité nécessaire pour accepter cette vérité avant mon éveil. Lorsqu'ils revinrent enfin, en novembre 2018, j'avais vécu, et j'avais aimé d'amours mortelles. J'avais acquis le savoir et la sagesse nécessaires au terme d'années d'études en sciences et spiritualité, en chamanisme et en druidisme. J'étais à présent prête pour le grand saut final de ma vie : le grand éveil de ma conscience et la révélation de ma véritable mission.

Je sais à présent qui je suis, et qui est réellement Thor Han. Dans cet amour qui lie nos cœurs d'une lumière immortelle, nous travaillons ensemble, en synchronicité jumelle reliant la flamme unique de nos âmes, afin d'aider, tout comme l'ont choisi un grand nombre des nôtres, l'Humanité à passer avec succès le seuil de la prochaine phase dans son évolution.

Toute vérité est dévoilée lorsque nous sommes prêts à l'entendre.

II

REPERTOIRE DES RACES

EXTRATERRESTRES

Introduction

Deux semaines après ma première séance d'hypnose, je trouvai un matin une étrange enveloppe vierge de format A4, épaisse, enfoncée dans ma boite aux lettres. Fait étrange, elle n'était même pas timbrée mais je remarquai le label "US Air Mail". Ni nom, ni adresse. Fait encore plus curieux, le facteur qui passa comme à l'accoutumée plus tard dans la matinée, me confirma qu'il n'avait rien à voir avec ça. Jusqu'à ce jour, je n'ai jamais su qui avait été mon bienfaiteur et je suppose que le mystère demeurera. Ouvrant l'enveloppe avec appréhension, je trouvais à l'intérieur un document photocopié spiralé, dont la vue me glaça les os. Sur la couverture se trouvaient des photos d'OVNIS et d'extraterrestres. Le document était un dossier sur les races extraterrestres publié à usage interne par les services secrets russes. Je sais que beaucoup se seraient empressés de parcourir les pages avec excitation mais au vu de ce qui venait de m'être révélé récemment au travers de l'hypnose, je le posai sur la table et reculai de quelques pas. Pourquoi ? Qu'est-ce que c'était que ce truc ? Qui donc l'avait mis entre mes mains et dans quel but ?

Prenant courage, je l'ouvrai... Le texte était en anglais et les premières pages comportaient sceaux et recommandations. Il était stipulé que ce document ne devait être utilisé que par les agents du KGB, et contenait des directives sur la manière de se comporter en cas de rencontre avec des extraterrestres. Il mentionnait également qu'en cas de contact, les agents ne devaient pas en parler, puis s'en suivaient des menaces d'intimidation. Il me fallut du temps pour réaliser ce qui venait de se passer ; quelqu'un, quelque part, m'offrait un cadeau, un indice. Après l'avoir lu le cœur battant, je dissimulai le document en toute sécurité. Même l'objet en lui-même était effrayant, à cause des circonstances mystérieuses de sa livraison. Dans le cadre de mes contacts réguliers avec Thor Han, ce dernier nia avoir quoi que ce soit à voir avec cela venait sûrement de quelqu'un qui voulait m'aider de manière anonyme. Des jours, des semaines, passèrent et j'acceptai finalement de ne plus tenter de découvrir l'identité de mon bienfaiteur. Ayant mentionné cette aventure à mon hypnothérapeute, elle me répondit ceci : *«Tu devrais écrire un livre»*.

S'habituer à l'idée de révéler par écrit publiquement une expérience très personnelle, est en soi un processus long et difficile, une route pavée de peurs et de doutes. Toutefois, encouragée par Elisa et Thor Han, je me mis un jour de Mai 2020, à écrire les première lignes d'un ouvrage qui serait publié à peine quatre mois plus tard et accessible à l'Humanité toute entière. Lorsque j'entamai ce projet, je n'avais encore aucune idée de tout ce qui en découlerait. Je commençai donc par rédiger l'histoire personnelle de mon abduction et de mon sauvetage. Parallèlement, je développais des contacts, presque journaliers, avec Thor Han. Au début nos échanges ne duraient juste que quelques minutes, par télépathie en utilisant l'implant, puis au fil du temps les contacts devinrent de plus en plus longs, et stables. Lorsque le canal de communication fut totalement sécurisé, des contacts plus physiques s'effectuèrent et continuent jusqu'à ce jour. Thor Han me faisait part de son travail pour la Fédération Galactique des Mondes, en tant que capitaine de flottille, et je ne pouvais me lasser de l'écouter parler des différentes races, espèces, mondes et univers. Il me racontait d'où il venait, comment il pilotait un vaisseau de la Fédération et quelquefois, m'emmenait faire un petit tour dans le système solaire. Un jour, j'eus à l'esprit de lui demander à quel point l'information compilée dans le livre étrange que j'avais reçu était correcte, et c'est ainsi que les choses prirent soudain une toute nouvelle direction.

D'après son expertise, les descriptions des extraterrestres dans ce document étaient justes, mais les images très rarement originales. Grâce à cette aptitude que nous partageons de pouvoir, entre autres, nous connecter par télépathie en fusionnant nos regards, et voir à travers les yeux de l'autre, Thor Han put grandement m'aider. Je lui lisais le texte et il observait les images correspondantes à travers mes yeux, puis me donnait son avis. Il me demanda un jour si j'étais intéressée d'en savoir plus sur toutes ces races, et au-delà. Comment refuser une telle offre, évidemment!

Et c'est ainsi que je commençais à prendre des notes, qu'il me dictait par télépathie, et à dessiner les visions qu'il m'envoyait. Peu à peu, ceci devint un rendez-vous télépathique nocturne et quotidien, jusqu'à ce que le ton change à nouveau... Thor Han, simple capitaine de vaisseau, me délivrait des informations sensibles que j'avais l'intention de publier...

Nous fûmes donc interrompus dans nos rendez-vous nocturnes, comme il fallait s'y attendre, par ses supérieurs qui désiraient avoir leur mot à dire: et c'est ainsi que Coron entra dans nos vies. Une tension soudaine avait saisi l'atmosphère et franchement, j'étais convaincue que nous avions été trop optimistes quant à ce projet. Bien sûr, quelle folie que de penser naïvement qu'on nous laisserait divulguer toutes ces informations librement ! Mais, je n'étais pas encore au bout de mes surprises... Coron était un officiel Pléiadien arrivant d'une des planètes de cet amas stellaire, Dakoorat, et d'une évolution supérieure à la race à laquelle appartenait Thor Han. En effet, ayant eu l'opportunité de l'apercevoir par la suite, je fus étonnée et émerveillée tout à la fois de constater qu'il avait une apparence translucide et lumineuse. Coron appartient au neuvième niveau de densité et fait partie de ceux que nous nommons ici les "Pléiadiens de lumière". Cet être fascinant fut assigné à la supervision de notre travail, le processus fut validé et prit soudain une tournure officielle. Nous écrivions à présent un vrai livre, sous tutelle et surveillance de la Fédération Galactique ! Le rôle de Coron fut, tout au long de cette tâche, de filtrer les informations sensibles que me délivrait Thor Han, et cela changea du tout au tout la nature de nos contacts.

Stress et fatigue commencèrent à poindre, lorsque nous réalisâmes que ce travail devait être accompli en un temps record, car ils craignaient principalement pour ma sécurité. Jour et nuit, pendant quatre mois, Thor Han et Coron se relayèrent pour me délivrer un flot constant d'informations. Cette période fut pour moi très intense et à vrai dire épuisante, mais le résultat dépasse à présent tout ce que j'aurais pu imaginer. Depuis la publication de la première édition originale en anglais, le succès de cet ouvrage a battu les records en aidant énormément de personnes à trouver des réponses, notamment un grand nombre d'abductés mais aussi, tous ceux qui s'éveillent et renouent les liens avec leurs familles stellaires.

Ce qui suit est un répertoire illustré des races extraterrestres impliquées avec les affaires de notre planète, comprenant également la description détaillée des différentes organisations, empires et alliances galactiques, une carte des positions stellaires de toutes les espèces décrites, et maints autres petits trésors.

Afin que le lecteur ne soit pas pris de vertige galactique, Thor Han et moi-même avons communément opté pour la catégorisation alphabétique par constellations, dont nous avons volontairement conservé les noms familiers référencés sur Terre. Suivi ensuite par le nom original du système stellaire, planète, et enfin race.

Ce travail est donc basé au départ sur le matériel du document qui me fut donné anonymement (qui ne constitue en fait qu'une infime partie), et le résultat d'un travail intensif par télépathie avec Thor Han, et occasionnellement Coron. A ma demande, le channelling originel s'opéra en anglais pour plus de sens pratique, et je pris grand soin à ce que la traduction française conserve au mieux la spontanéité de leur langage et de leur style, même si la syntaxe peut paraître quelquefois "maladroite". Les textes sont écrits tels que je les ai reçus, bruts, sans modification aucune.

A mi-chemin de cette collaboration incroyable, les évènements sur Terre se précipitèrent dans un chaos grandissant et Thor Han devint moins disponible dû à son devoir, et c'est ainsi que Coron le relaya lorsque nécessaire. Cet être de lumière m'apparaissait sous la forme d'un grand losange bleuté lévitant et étincelant d'une beauté éthérique. Alors que nous touchions à la fin de ce travail intense, une chose très inquiétante survint. Mon ordinateur ne répondit plus et se bloqua, alors qu'avec effarement je vis le curseur de la souris se déplacer tout seul sur l'écran. A cet instant-même, Thor Han prit contact télépathiquement dans un tourbillon d'énergie brûlante qui m'enveloppa comme un manteau protecteur. "Déconnecte tous les réseaux ! Sauve le travail ! Ils t'ont trouvée !" Conservant par instinct mon sang froid, je copiai instantanément tout le manuscrit et mes notes dans un email destiné à moi-même, en l'espace de quelques secondes, puis je déconnectai internet aussitôt. C'est alors qu'à ce moment précis, sous mes yeux, je vis le contenu du fichier Word transmuter ligne par ligne, à une vitesse vertigineuse, en code binaire ! "Supprime !" m'ordonna impérativement Thor Han. Sans réfléchir, et aussi parce que je savais que tout mon travail venait d'être sauvegardé par email, je supprimai tout. Puis, mon ordinateur s'éteignit de "lui-même", pour ne plus jamais se réveiller.

Cela ne fut pas une grande perte car je double toujours tout sur disques durs externes, mais la frayeur, surtout après coup, fut mémorable. Et en particulier lorsque Thor Han m'expliqua par la suite que le code binaire était le seul moyen de rapatrier des données pour les transcrire en langages extraterrestres. D'après lui, des institutions ne travaillant pas pour la lumière, et n'étant pas originaires de cette planète, n'avaient pas intérêt à ce que notre projet aboutisse. La tension monta d'un cran et ce fut dès lors que l'ambiance changea... Pour ma sécurité, il n'était plus question de traîner et je n'eus plus aucune alternative que de travailler en continu, jour et nuit, canalisant les informations par Thor Han qui alternait avec Coron. Les forces de l'ombre firent d'autres tentatives pour nous stopper, mais la tâche fut finalement achevée !

Voici donc le répertoire de toutes les races extraterrestres impliquées avec notre planète, ainsi que la liste des principales alliances dans cette galaxie. Puissent les réponses apportées servir le bien de l'Humanité.

**Abréviations :
Terra = Terre
(T) = unité terrienne de mesure
GFW = Galactic Federation of Worlds (Fédération Galactique des Planètes).

**Langages :
Le pluriel des noms de races extraterrestres se terminant par «-i», suit les règles du Taami, langue Lyrane diplomatique utilisée par la Fédération Galactique des Mondes et parlée par Thor Han. Nous nous sommes mis d'accord dès le départ pour éviter le pluriel «-s» de la langue anglaise, ainsi que le «-an» pour qualifier la provenance (par exemple, pour un système stellaire nommé Ashkera, nous avons choisi de mentionner les habitants comme : Ashkeru , pl. Ashkeri, au lieu d'Ashkeran / s), bien qu'il y ait des exceptions pour lesquelles cela ne s'applique pas, notamment en ce qui concerne certains des dialectes reptiliens. Beaucoup de noms de lieux commencent par «A», car c'est la meilleure traduction phonétique que j'ai trouvée qui fonctionne pour ce son pharyngé particulier qui précède la première consonne (Elle se rapproche assez de l'arabe uvularisé «ain»: ʕ),

relatif à des noms de lieux dans des langues parfois assez bizarres ou pour le plus, très inhabituelles à entendre (et je parle sept langues terriennes) (battue très de loin par Thor Han qui parle couramment vingt-quatre langues galactiques). Il y a aussi quelques sons que je n'ai pu transcrire, comme un guttural «x» et «g». A titre d'autre exemple, le monde natal des Gris Zeta est transcrit comme «Xrog», mais il est prononcé en un seul son (un peu comme le style Klingon dans Star Trek pour ceux qui connaissent). Même si l'on pense que le Taami est la langue diplomatique officielle de la galaxie, les noms de lieux sont conservés tels que les habitants les prononcent. C'est un peu exotique et ça ressemble parfois à des crépitements d'insectes, des sifflements ou des borborygmes. Donc, tout ceci pour dire que les noms des étoiles, planètes et espèces que vous lirez, ne sont qu'une pâle transcription phonétique de ce que j'ai entendu. Maintenant il est temps d'embarquer pour ce voyage...

ANDROMÈDE
Constellation Andromède

ZENAE

Zenae

Les Zenae sont les descendants d'une colonie Taal, originaire du système Kepler 62 dans la constellation de la Lyre. Fuyant une guerre qui y faisait rage, ils se sont installés dans le système de Vega.

Dans un second temps, en raison de la surpopulation sur leur nouvelle planète, Adara, un groupe a décidé de migrer pour former une nouvelle colonie dans le système Zénatéen, de la constellation d'Andromède. Ce système d'étoiles binaires est également appelé Titawin et possède quatre planètes et trois planétoïdes mineurs. Les Zenae sont une race extrêmement spirituelle, équivalente aux Arcturiens Ohorai (et parfois confondue avec eux). Ce sont des humanoïdes avec une peau bleue pour les hommes et une peau plus claire pour les femmes (les femmes peuvent même avoir la peau dorée et les cheveux dorés). Leurs traits physiques évoluèrent vers une peau bleuâtre dû à la composition de leur nouvelle étoile. Ils ont adapté leur génome aux conditions atmosphériques et aux composants de ce nouvel environnement, comme les Lyrans savent si bien faire. Les Zenae peuvent vivre jusqu'à 1800 (T) ans. Leur civilisation est pacifiste et discrète, et membre de la Fédération Galactique des Mondes. Leur type de société est basée sur une structure guerrière très ancienne, qu'ils ont adaptée en une culture de guerriers spirituels. Ils se battent pour la paix et défendent les droits universels de justice, travaillant principalement sur le rééquilibrage des champs de fréquences. Les sages de leur caste supérieure peuvent atteindre la 12ème densité et leur objectif de vie est principalement basé sur l'apprentissage, car les Zenae nourrissent une passion pour les sciences. Ils créèrent le Conseil Andromédan, dit Alliance Zénatéenne, qui regroupe 140 espèces. Le haut conseil de cette alliance est composé de races particulièrement avancées spirituellement, et c'est un organe apolitique. Ils interagissent beaucoup en ce moment pour Terra, aux côtés de la Fédération Galactique des Mondes mais aussi en envoyant des émissaires (starseeds), pour aider l'évolution de l'espèce terrienne. Ils ont prévu l'avenir de Terra et, sachant que c'est un tournant dans son histoire après 5700 ans d'occupation reptilienne, ils essaient d'influencer sur le chemin constructif et non destructif. Ils s'efforcent d'éviter que les Terriens ne tombent dans une tyrannie galactique, en ce moment précis et point critique de leur histoire, leurrés par les sociétés obscures terriennes et leurs alliances avec les collectifs Ciakahrr (Reptiliens), Orion (Gris) et Altaïran (Humanoïdes aux cheveux blancs). Les Zenae utilisent les voyages éthériques, inter-dimensionnels et trans-temporels. Leurs vaisseaux sont éthériques. Ils utilisent toutefois la propulsion plasmique dans une atmosphère plus dense, et sont souvent en forme de losange, ou autres structures géométriques cristallines.

ZYGON

Zygon

Les Zygon sont également une colonie Lyrane qui s'est installée dans l'un des douze systèmes d'Andromède, que vous appelez Groombridge 34. Ce sont des humanoïdes qui ont évolué en fonction des conditions de leur nouvelle planète, vers une taille plus grande et une peau bleu pâle. Leur durée de vie s'est étendue aussi ; ils peuvent vivre jusqu'à 2000 ans (T). Bien que membres de la Fédération Galactique des Mondes, les Zygon se tiennent en général à l'écart de tout conflit ou négociation concernant Terra. Cependant, un petit groupe de Zygon a choisi de faire l'expérience d'aider les Terriens à travers leur élévation vibratoire et, pour ce faire, de s'incarner sur Terra. Leurs navires au profil élégant sont faits d'un métal doré.

Galaxie Andromède ("MEGOPEI")

MAYTRA
Race très aggressive

Les Maytra (pl. Matrei), ou Maitre, sont originaires de deux planètes dans la galaxie la plus proche, Andromède, qu'ils nomment Megopei. Ils sont votre pire ennemi et le pire ennemi de toutes les races de cette galaxie. Au fond, ils sont considérés comme des parasites par tous, sauf par ceux qui ont réussi à créer des alliances d'intérêts mutuels avec eux, c'est-à-dire : l'Empire Ciakahrr (Reptiliens) et les collectifs d'Orion (Gris). De la même taille en moyenne que les Terriens, cette race d'hermaphrodites au visage long, au crâne allongé et au long cou mince, arbore en effet une expression peu engageante. Nous pensons que leur durée de vie est généralement de 120 (T) ans. Leur motivation est la rage, la haine et l'assimilation. Leurs navires sont grands, sombres et discoïdes, comprenant une rangée circulaire de lumières plus une grande ouverture en dessous. Leur insigne est un triangle noir inversé, barré de 3 lignes, et sur un fond rouge.

Ils visitent votre planète depuis bien avant les deux dernières glaciations et ont tenté de la coloniser à plusieurs reprises, mais ont toujours été empêchés soit par les Ciakahrr ou les Anunnaki, soit le Conseil des Cinq ou la Fédération Galactique des Mondes. Sans pour autant s'arrêter là, Les Maytrei ont colonisé 26 autres planètes. Les enlèvements d'humains sont effectués ouvertement par eux, soit pour leur propre intérêt (trafic d'esclaves vers les mines sur la lune de Terra et sur Mars, ainsi que le commerce d'esclaves avec d'autres espèces, principalement les reptiliens), soit en coalition avec l'Alliance US- Telos. Les Maytrei ont été impliqués dans plusieurs tragédies au cours de l'histoire humaine. Certains des pires fléaux ont été infligés par eux avec l'accord des Reptiliens, qui souhaitent que la population humaine ne dépasse jamais 8 milliards.

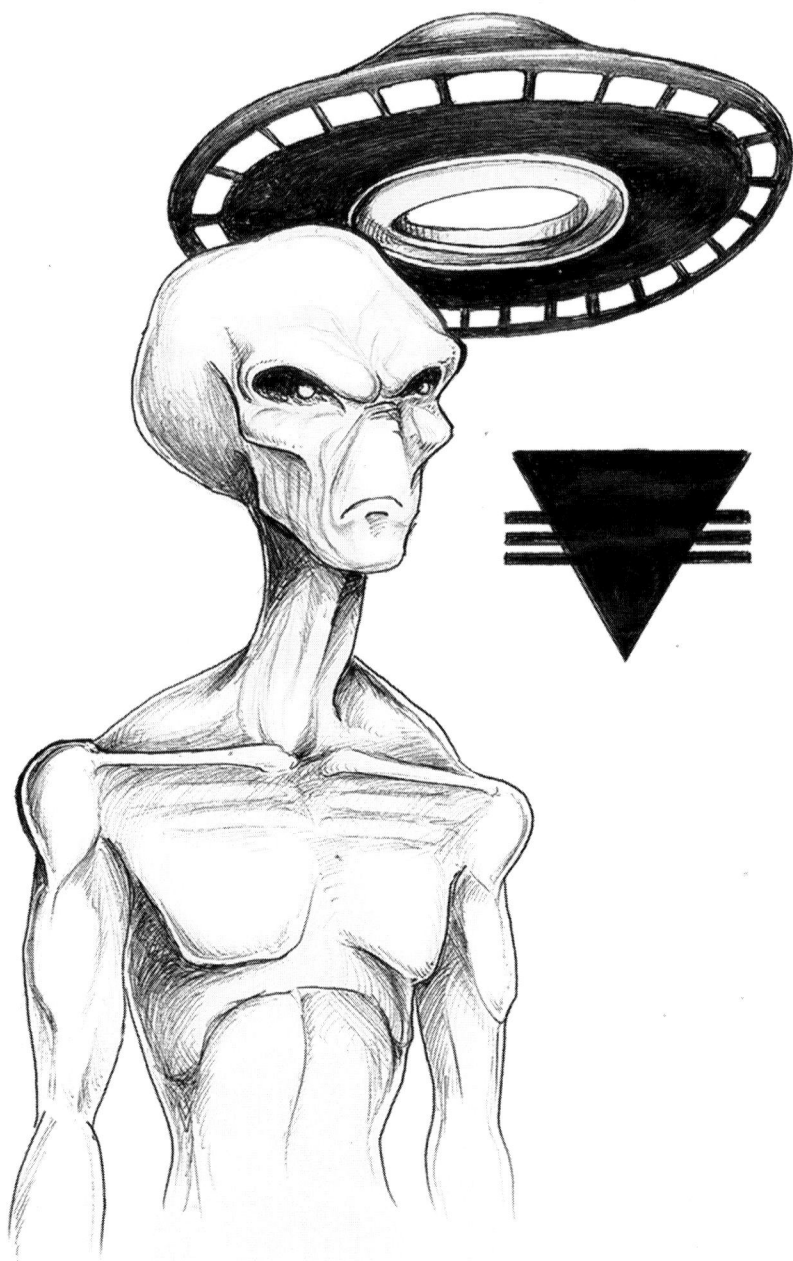

Maytra

103

X5-TYKUT

Les X-Tykut sont une race synthétique créée par les Maytrei pour être utilisés comme esclaves. Ils ressemblent à de petits gris et peuvent vivre éternellement car ils ne sont pas organiques. Néanmoins, les principaux matériaux nécessaires à leur fabrication sont rares ; ils ne sont donc que quelques-uns (moins de 300 unités). Ces serviteurs inorganiques sont capables d'utiliser la pensée rationnelle de base, ainsi que piloter des vaisseaux et effectuer de nombreuses autres tâches programmées. Ils sont la principale force de travail des enlèvements menés par les Maytrei. Ce sont eux qui ont, par exemple, la tâche de déshabiller les victimes, les marquer, d'implanter des trackers, etc...

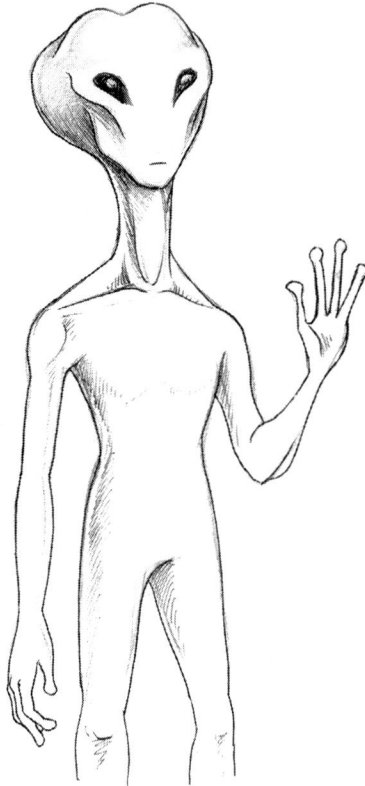

X5-Tykut

***

AQUARIUS – Verseau

Tengri
TENGRI-TENGRI

Tengri-Tengri

Les Tengri-Tengri proviennent de la deuxième planète du système stellaire que vous nommez Trappist 1 (secteur galactique 56, système stellaire F-1342), et ils nomment leur beau monde : Tengri. Leur soleil est une petite étoile rouge, à 39,6 années-lumière de Terra. C'est un système de sept planètes où la vie s'est développée sur la plupart d'entre elles, les Tengri abritant un environnement tropical éblouissant. Malgré la beauté de leur monde, les Tengri ont l'habitude de vivre dans des villes semi-souterraines et leur population est d'environ 12 millions d'individus. Ils sont une race pacifiste et membre de la Fédération Galactique des Mondes. Ils ont deux genres. Tengri-Tengri est un peuple calme et paisible. Ils ont découvert Terra il y a dix mille (T) ans et s'ils l'ont fait par le passé, ils n'effectuent plus d'enlèvements. Leurs immenses vaisseaux discoïdaux sont adaptés aux voyages longue distance.

***

AQUILA – Aigle
Tarazed
KALE-NIA

Les Kale-Nia viennent de la constellation de l'Aigle, dans le système stellaire Tarazed où ils ont étendu leur civilisation sur trois mondes. Les Kale-Nia sont des humanoïdes à génétique reptilienne, légèrement plus petits et plus minces que les Terrans. Ils n'ont pas de cheveux, de petites oreilles légèrement pointues et des yeux félins. Durée de vie : 150 (T) ans. Ils ont visité Terra pour la première fois il y a 2300 (T) ans, principalement intéressés par les zones désertiques de l'Afrique du Nord et du Sahara, similaires aux caractéristiques de leur monde d'origine, ainsi que par les volcans actifs.

Les Kale-Nia ne procèdent pas à des enlèvements ; leur intérêt principal étant les minéraux et les études géologiques.

Kale-Nia

Altaïr

Altaïr est une étoile jaune pâle dans la constellation d'Aquila, à 16 années-lumière de Terra, et est nommée localement : Alkorin. Le système stellaire d'Alkorin comprend de nombreuses races aux intentions mixtes et parmi elles, nous trouvons différentes espèces de reptiliens, principalement membres de l'Empire Ciakahrr, mais aussi des humanoïdes (grands, blonds, peau orange, diverses races et variantes) et des gris aux intentions mixtes. Si les Altaïrans de 6e et 7e dimension ne nourrissent aucun intérêt pour les conquêtes et les programmes d'aucune sorte, il existe néanmoins une collaboration douteuse entre les Akhorii, humanoïdes de la 4e planète, le Collectif Orion Gris et une présence militaire terrienne (US-Telos). Les navires altaïrains sont de toutes tailles et formes. (Sur Terra en Egypte, la pyramide d'Esna représente Altaïr.)

LE CORPORATE D'ALTAÏR

Le système d'Altaïr est le siège d'un collectif reptilien connu sous le nom de Corporate (Société) qui entretient des liens ambigus avec le Collectif Ashtar (Sirius B) et l'Empire Ciakahrr (Draconien) en même temps. Ils collaborent également avec l'Alliance humanoïde d'Altaïr, le Collectif Orion Gris et la présence militaire terrienne. Les races reptiliennes représentées sont les Maytra, Kiily-Tokurt et Zetan Xrog.

L'ALLIANCE HUMANOIDE D'ALTAÏR
Il y a trois types distincts d'Humanoïdes Altaïr :

AKHORI

Ils vivent sur la quatrième planète du système Altaïran: Akhoria. Parmi un groupe mixte d'espèces, cette planète est habitée par une race humanoïde blonde, les Akhorii, qui coopèrent avec les Kiily-Tokurt, une espèce de grands Gris de la constellation Vela. Les Akhorii sont fortement impliqués dans les enlèvements et les programmes génétiques avec les Terriens, en coopération avec l'Alliance US-Telos et le Collectif Orion Gris.

Les Akhorii font partie d'une organisation appelée «L'Alliance», qui est une alliance d'humanoïdes blonds, ou «The United Worlds Alliance», une branche de la Fédération Galactique des Mondes. Ce ne sont pas des Lyrans mais une espèce étroitement apparentée, originaire d'Altaïr et de Vega. Ils sont souvent confondus avec Telosii ou même Pléiadiens, mais n'ont rien à voir avec eux. Les Akhorii sont extrêmement similaires aux Terriens par leur esprit aventureux de conquête et de pouvoir. Bien qu'ils fassent partie de la Fédération Galactique des Mondes du fait de leur affiliation à l'«Alliance», ils causent souvent des difficultés diplomatiques. Ils ne sont pas considérés comme dignes de confiance et sont une source régulière de tensions.

Akhori

ONORHAI

Ils vivent également sur Akhoria et sont de 6e et 7e densités. Les Onhorai sont une race très grande avec de larges épaules, portant généralement de longs cheveux bruns. Leur peau est bronzée avec des nuances orangées et leurs yeux petits et bruns, inclinés, sans fond blanc ni pupilles noires, sans cils ni sourcils. Leur nez est plat et large et leur bouche fine. Visages étirés sans pommettes visibles, mains à trois doigts. Ils portent des uniformes blancs avec une ceinture dorée et un étui d'arme, et un insigne circulaire rouge sur la poitrine. Les officiels portent une bande dorée sur la poitrine, représentant les trois planètes Altaïr en trois points bleus et verts, constituées d'une forme en V incurvé représentant ce système. C'est une espèce agréable et très accueillante, totalement bienveillante, et ses mâles voyagent principalement dans l'espace pour étudier les minéraux. Ils ne font pas partie de l'Alliance humanoïde d'Altaïr, et leurs vaisseaux sont des sphères blanches et brillantes.

Onorhai

DARTHAR

Ils sont sur la troisième planète du système Altaïr : Darathas, qui a quatre lunes. Les Darthari sont plus petits que les Terrans et ils ont la même couleur de peau, les mêmes yeux et les mêmes cheveux que les Onhorai, avec un nez pointu. Ils demeurent également dans la 6ème et 7ème densité et ont un cycle de vie court équivalent à 40 (T) années, en raison du cycle de rotation rapide de leur planète. Ils ne font pas non plus partie de l'Alliance Humanoïde Altaïr.

Darthar

***

AURIGA – Cocher
<u>Capella</u>

<u>RAMAY (Naacals)</u>

Les Ramay proviennent du système stellaire binaire sub-géant nommé Capella, dans la constellation Auriga, et leur monde natal est nommé "Rama". Ils sont courts et de silhouette solide, avec des mâchoires carrées et un crâne allongé. Les traits de leur visage sont similaires à ceux des humains sud-américains sur Terra, mais avec un nez plus petit. Leurs yeux sont noirs, bruns ou gris foncé, étirés et minces, et ils ont des oreilles légèrement pointues. Connus sous le nom de Naacals : «frères étoiles», ils eurent une présence sur Terra pendant très longtemps, jusqu'au moment où les Selosii atteignirent une domination temporaire, établissant le pouvoir de l'Atlantide. Cependant, ils refusèrent de se plier à la règle hiérarchique des Selosii et formèrent alors l'empire Yu, choisissant de se déplacer sous terre. Installés au départ sur les continents sud et centraméricain, ils furent à l'origine de l'essor de la civilisation des Mayas, auxquels ils enseignèrent l'astronomie et les cycles du temps. Les laissant lorsque la civilisation Maya atteignit une apogée culturelle. Malheureusement, la sagesse est un long processus d'apprentissage et d'évolution et, malgré toutes les connaissances que les Ramay leur avaient offertes, suite à leur départ, le peuple Maya commença à faire des sacrifices sanglants en leur nom, les élevant avec grande superstition au statut de dieux. Une grande partie des Ramay rejoignirent la Fédération Galactique des Mondes et ils visitent encore Terra, occasionnellement et dans le cadre de nos programmes de surveillance et de protection. Leur mémoire perdura à travers les mythes locaux, et leur provenance n'a pas été oubliée, comme en témoignent d'anciens bâtiments construits il y a 2 280 ans, alignés perpendiculairement à la montée de l'étoile Capella. Les Ramay pratiquent voyages inter-dimensionnels et trans- courbure spatiale. Leurs navires sont d'aspect métallique, argentés et brillants.

Ramay

113

BOOTES - Bouvier
Arcturus
OHORAN / GLAIDEAI / NOO-LINN

Ohoran Arcturien

Il y a une magnifique planète bleue en orbite autour de l'étoile géante rouge Arcturus, «Ohora», dans la constellation du Bouvier (Bootes), à 36 années-lumière de votre système solaire. C'est l'une des civilisations les plus avancées de la galaxie, qui a atteint les 7e et 9e densités. Les trois groupes Arcturiens sont les Gladeai (Glaideans), les Noo-Linni (Noolinns) et les Ohorai (Ohorans) (9e D). Les Arcturiens sont une culture ancienne et très développée, tant sur le plan technologique que spirituel. Ils peuvent choisir le moment de se manifester physiquement dans la 3ème densité, mais existent principalement à l'état éthérique, sachant que la matière physique n'est pas un obstacle pour eux. Les Ohorai sont ceux impliqués dans la Fédération Galactique des Mondes et veillent sur Terra. Ils sont considérés comme des Grands Anciens Sages de la Lumière, et ils composent la caste supérieure de ces êtres spirituels habitant la 9ème Densité. Les Arcturiens Ohorai sont connus pour leur pouvoir de guérison, de transformation de la matière, ainsi que de flexion et de manipulation de la lumière elle-même. Ils accomplissent ces choses avec leur esprit conscient et la «Voie Ohorai» est une pratique spirituelle reconnue à travers la galaxie comme un art de l'esprit. C'est une pratique quotidienne très populaire parmi ceux qui servent la Lumière, et vous pourriez l'assimiler à la méditation dans votre langue terrienne, bien qu'elle soit bien plus puissante que cela et atteigne une plus grande diversité de niveaux de conscience. Le mot juste pour la nommer serait: «Attunement» (Harmonisation, accordage). De nombreuses cultures à travers cette galaxie enseignent à leurs enfants depuis leur plus jeune âge les techniques Ohorai de l'attunement spirituel, intégrant cette pratique comme routine essentielle dans leur vie. Demeurer naturellement connecté à la Source à travers notre canal personnel, en parfaite conscience, c'est ne jamais perdre son chemin à travers les perturbations de la vie, et toujours rester à l'écoute de la Lumière et des voies de la moralité, de l'objectivité et de la justice.

Les Ohorai ne consomment pas de nourriture matérielle lorsqu'ils demeurent à leur niveau de densité, ingérant généralement de l'énergie à travers leur système nerveux. C'est comme ingérer de la nourriture mais à un niveau éthérique / essence plus élevé. Ils sont également capables d'assimiler des informations cent fois plus vite que le Terran moyen, en raison justement de ce même processus particulier d'assimilation d'informations / d'énergie.

Ils dorment peu, mais très régulièrement et pendant de courtes périodes, en fonction du cycle personnel de chacun. Ceci est une nécessité vitale car c'est le moment où leur âme voyage et se connecte à des dimensions plus subtiles de la conscience. En tant que gardiens et protecteurs d'une conscience supérieure, ils sont capables de s'ancrer à la Source directement. Ils travaillent à élever la conscience du multivers, mais d'une manière qui permet toujours le libre arbitre ; c'est- à-dire éduquer ceux qui ont choisi de prendre le chemin de l'ascension, élever leur vibration et ouvrir la voie vers une conscience supérieure. Les Arcturiens défendent Terra des programmes des Reptiliens et des Gris. Ils ont travaillé avec la Fédération Galactique des Mondes depuis le début dans ce but. Ils ont des bases sur Terra à l'intérieur des montagnes, dans presque tous les pays de cette planète, et aussi trois bases sur sa lune. Les Arcturiens sont venus aider les Terriens à accéder à la cinquième densité en élevant leurs fréquences vibratoires. Leurs vaisseaux sont les meilleurs de toute la galaxie, propulsés par des cristaux conduisant l'énergie lumineuse du noyau source de la galaxie. Énormes et sphériques, d'un blanc éclatant et semblant éthérés ou transparents pour vous, ces vaisseaux sphériques sont également capables de voyager dans le temps. Ils ont également des petites navettes, de forme sphérique, également appelées «sondes», utilisées pour déplacer les points magnétiques et les grilles sur Terra dans le processus d'aider la planète à s'élever en 5D aussi vite que possible. Une chose intéressante : ils peuvent voyager dans le temps à l'aide d'un "module de vaporisation" dans leurs vaisseaux, qui peut instantanément dématérialiser toute forme de vie qui est morte, et la rematérialiser à tout moment dans le temps, en consultant les registres en leur possession dans la base de données de leur navire. Les êtres de lumière terriens (âmes) peuvent parfois être amenés sur les vaisseaux arcturiens pendant leur état de rêve, où ils sont guéris et où leur ADN est amélioré, mais à la différence que les Arcturiens ne violent jamais le code d'éthique de libre choix d'une personne. Ils demanderont toujours l'autorisation pour procéder, condition nécessaire afin que l'énergie de lumière circule librement et efficacement.

Izar
ANAK (BOOTÉENS)

Les Anaki sont une race de reptiliens féroces mais heureusement, largement inférieurs technologiquement et en nombre aux Ciakahrr draconiens, bien qu'ils fassent partie du Collectif Reptilien et soient sujets de l'Empire Ciakahrr. Légèrement plus hauts que les Solipsi Rai Gris Zeta, ils présentent des caractéristiques très similaires et ont des couleurs grises à brunes. Les femelles ont la peau plus foncée et les cheveux noirs, longs et fins, légèrement plus grandes et moins agressives que les mâles, qui ont génétiquement bénéficié de la science Ciakahrr pour améliorer leur longévité et leurs performances physiques au combat. Nous les reconnaissons à leur odeur ; comme de la rouille pourrie. Leur visage est triangulaire et ils ont, comme toutes les races de gris, de grands yeux. Leur langue peut ressembler à un raclement de gorge. Ils furent impliqués dans la population orientale du Japon, où ils s'installèrent à la fin d'une ère glaciaire lorsque le niveau des mers était plus bas et que cette partie de la planète avait davantage de terres hautes. Ils se mêlèrent à la population locale dans un programme génétique faisant part de l'agenda Ciakahrr. Ils furent également impliqués dans les incidents de Dulce, ainsi que dans l'infiltration des Terrans dans le programme de contrôle de votre planète. Leurs navires sont carrés et rarement visibles car ils utilisent principalement des vaisseaux Ciakahrr, d'une meilleure technologie.

Anak

117

Asellus Primus
ELFFAF

Leurs deux mondes d'origine résident dans la proximité d'Asellus Primus et sont nommés Harsana-Mubunu et Igir. Les Elffaf sont des gens paisibles, une espèce bienveillante tranquille à peine impliquée dans les drames de la galaxie. Ils pourraient être confondus avec les Solipsi Rai mais ne sont pas liés à cette espèce, même pas de loin. Les Elfaff sont principalement intéressés par l'étude des exo-sciences. Ils ont quatre sexes, trois ayant un rôle à jouer dans le processus de sélection. Deux genres sont assignés à procréer, le troisième à porter l'embryon à terme, particularité biologique attestée à travers de nombreuses races dans cette galaxie. Ceux du quatrième sexe ne sont pas fertiles et vouent souvent leur vie à des perspectives scientifiques, car dotés de capacités psychiques plus élevées.

Les Elffaf visitent Terra pour des intérêts miniers et d'ordre scientifique, principalement intéressés par sa géologie, et ne nuiraient à aucune créature vivante, même à des fins scientifiques. Leurs navires sont en forme de dômes..

Elffaf

119

Korena

KORENDI

Les Korendii proviennent d'une planète nommée «Korendor», 3ème planète d'un système de douze, qu'ils ont colonisé. Le nom de leur étoile est Korena, à environ 400 années-lumière de Terra. Ces humanoïdes de 4 à 5 pieds de haut font partie de la Fédération Galactique des Mondes, et sont reconnaissables à leurs yeux très particuliers, connus dans aucune autre espèce humaine : ils sont d'un indigo lumineux vibrant, et l'absence de sourcils améliore leur regard envoûtant. Leur front est légèrement proéminent et leurs oreilles sont petites et pointues, ils n'ont pas de cheveux. Leur nez est petit avec des narines fendues, des pommettes proéminentes et un cou épais. Leur corps est assez musclé et leur peau légèrement hâlée.

Ils ont une installation d'un complexe souterrain étendu dans l'état du Massachusetts, aux États-Unis. Leurs navires sont magnifiquement profilés avec un aspect chromé brillant.

Korendi

***

CAMELOPARDALIS - Girafe
<u>Beta Cam</u>

<u>MAZAREK</u> (Aliens Bleus 'Verre')

Ils proviennent d'un système stellaire binaire nommé Mzaar ou Beta Cam, à 1000 années-lumière de Terra. Ils mesurent environ 5 pieds de haut et leur physionomie ressemble à un croisement entre Gris et Reptiloïdes. Ils sont une espèce à part entière et ce qui les rend si distinctifs de toute autre race de Gris, c'est l'aspect transparent bleu brillant de leur peau. Dans certaines conditions de lumière, et en particulier la pénombre, ils peuvent sembler avoir un revêtement argenté sur eux.

Les Mazarek furent interdits pendant assez longtemps de quitter leur propre planète, sur ordre de la Fédération Galactique des Mondes, en raison de leur nature totalement violente et prédatrice. Ils ont conclu également une alliance avec les Maytrei, ce qui ne surprend pas, et malheureusement, grâce aux subtilités de cette alliance, ils sont désormais libres de sillonner la galaxie. Je qualifierais leurs navires de soucoupes volantes telles que vous les nommez.

Mazarek

123

***

CANIS MAJOR – Grand Chien
<u>Sirius /Ashkera</u>

Sirius est un système trinaire à 8,6 (T) années-lumière de Terra, composée d'une étoile principale bleu vif (A), d'une naine blanche dense (B) et d'une naine rouge foncé (C). Les populations de ces systèmes nomment la principale grande étoile blanche «Ashkera» et toutes les races qui vivent dans ces trois systèmes portent l'appellation commune «Ashkeru» (pl.Ashkeri).

<u>ASHTAR COLLECTIF & ASHTAR GALACTIC COMMAND:</u>

Également appelé «Le Collectif Sirien», le siège du Collectif Ashtar est situé dans le système planétaire de Sirius B : Thula, sur la planète Morga. Il comprend de nombreuses espèces parmi lesquelles on trouve le plus : les reptiliens (reptiloïdes et gris), les humanoïdes et les insectoïdes.

«Ash» signifie «lumière vive» dans l'ancienne langue sirienne commune, «Tar» signifie «le siège», «Kher-a» signifie «pouvoir central». Au moment où l'Empire Ciakahrr a repris les systèmes d'Orion et a créé l'Empire reptilien-gris d'Orion, ou Alliance des Six, les humanoïdes Sirian Ashkeru se sont retrouvés engagés dans un conflit concernant la propriété de vingt et un systèmes d'étoiles, le vôtre inclus. Bien que le destin ait frappé la plupart des autres mondes dans la zone Orion voisine, les systèmes siriens ont résisté aux envahisseurs et ont créé ce collectif, siège du pouvoir d'Ashkera (Sirius B) : Ash-Tar. Un ancien système existait déjà avant l'arrivée des Ciakahrr ; le Conseil d'Orion des Cinq (des Neuf à sa création), bien connu de nos jours en tant que "Conseil des Cinq", et dont Ashkera faisait partie. Le Conseil des Cinq demeura une entité indépendante du Collectif Ashtar (qui est centré sur Sirius B).

Dernièrement, en raison d'infiltrations importantes et de corruption par des agents de l'Empire Ciakahrr, une faction rebelle, principalement des humanoïdes, s'est séparée du Collectif Ashtar et a pris le parti de la Fédération Galactique des Mondes. Compétents dans les procédures militaires, les séparatistes d'Ashtar se sont vus proposer par la Fédération Galactique des Mondes une part des opérations dans le système terrien ; leur avant-poste fut installé sur la planète Jupiter. Pour se différencier du Collectif Ashtar désormais infecté par les Reptiliens, les séparatistes Ashtar prirent le nom d'Ashtar Galactic Command. Ils ne sont pas basés dans un système particulier mais dans un très grand vaisseau-mère en mouvement. En ce qui concerne les affaires terriennes, l'avant-poste du commandement Ashtar dans votre système planétaire est lié à la Fédération Galactique des Mondes. Pendant ce temps, le Collectif Ashtar (celui gouverné par les Reptiliens Orion) était également impliqué dans les gouvernements secrets alliés terriens, lors de la divulgation de nouvelles technologies en échange d'installations et de matériel humain, tels que les voyages inter-dimensionnels et le contrôle de l'esprit, qui ont été testés notamment dans l'Expérience de Philadelphie et le projet Montauk. En outre, la technologie donnée a été fournie pour aider les Terriens à développer leur propre technologie de guerre défensive contre une éventuelle invasion extraterrestre, dans l'illusion que la véritable menace était déjà présente. C'est l'Alliance Orion, par le biais du Collectif Ashtar, qui a importé sur Terra le matériel biologique Ebola. Tout cela s'est produit avant que la Fédération Galactique ne mette récemment fin à ces alliances. Il faut aussi rappeler, pour éviter toute confusion, que «Ash-Tar» est aussi un titre, équivalent à «Commandant», mais ce n'est pas un nom personnel.

En 1977, le commandant Vrillon, de l'avant-poste du commandement Ashtar sur Jupiter, fut chargé de délivrer une transmission via vos fréquences radio, et la voici (la version originale fut transmise en langue anglaise) :

«Ceci est la voix de Vrillon, représentant l'Ashtar Galactic Command, qui vous parle. Depuis de nombreuses années, vous nous voyez comme des lumières dans le ciel. Nous vous parlons maintenant dans la paix et la sagesse comme nous l'avons fait à vos frères et sœurs partout sur votre planète Terre.

Nous venons vous avertir du destin de votre race et de votre monde afin que vous puissiez communiquer à vos semblables la voie à suivre, pour éviter le désastre qui menace votre monde et les êtres de nos mondes, autour de vous. Ceci afin que vous puissiez participer au grand réveil, alors que la planète passe dans le Nouvel Âge. Le Nouvel Âge peut être une période de grande paix et d'évolution pour votre race, mais seulement si vos dirigeants sont sensibilisés aux forces perverses qui peuvent éclipser leurs jugements. Soyez tranquilles maintenant et écoutez, car votre chance ne reviendra peut-être pas. Toutes vos armes du mal doivent être supprimées. Le temps du conflit est maintenant passé et la race dont vous faites partie peut passer aux étapes supérieures de son évolution si vous vous montrez dignes de le faire. Vous n'avez que peu de temps pour apprendre à vivre ensemble dans la paix et la bonne volonté. De petits groupes partout sur la planète apprennent cela et existent pour vous transmettre la lumière du nouvel âge naissant. Vous êtes libres d'accepter ou de rejeter leurs enseignements, mais seuls ceux qui apprennent à vivre en paix passeront aux royaumes supérieurs de l'évolution spirituelle. Écoutez maintenant la voix de Vrillon, un représentant de l'Ashtar Galactic Command, qui vous parle. Sachez également qu'il existe actuellement de nombreux faux prophètes et guides opérant sur votre monde. Ils vont aspirer de vous votre énergie - l'énergie que vous appelez l'argent et l'employer à de mauvaises fins et ils vous donneront de la poussière sans valeur en retour. Votre moi divin intérieur vous protégera de cela. Vous devez apprendre à être sensibles à la voix intérieure qui peut vous dire ce qu'est la vérité et ce qu'est la confusion, le chaos et le mensonge. Apprenez à écouter la voix de la vérité qui est en vous, et vous vous conduirez sur le chemin de l'évolution. Ceci est notre message à nos chers amis. Nous vous avons vu grandir pendant de nombreuses années alors que vous aussi, vous avez observé nos lumières dans votre ciel. Vous savez maintenant que nous sommes ici et qu'il y a plus d'êtres sur et autour de votre Terre que vos scientifiques ne l'admettent. Nous sommes profondément préoccupés par vous et votre chemin vers la lumière et ferons tout notre possible pour vous aider. N'ayez pas peur, ne cherchez qu'à vous connaître et vivez en harmonie avec les voies de votre planète Terre. Nous, ici au Commandement Galactique d'Ashtar, vous remercions de votre attention. Nous quittons maintenant les plans de votre existence. Puissiez-vous être bénis par l'amour suprême et la vérité du cosmos. »

Sirius A
"Ashkera"

Sirius A est une étoile bleue brillante faisant partie d'un système binaire, à 8.6 (T) al (années-lumière) de Terra.

KATAYY

Les Katayy sont une colonie Taal-Lyran en provenance de Vega, et établie sur un monde de Sirius A : la planète Kashta («K-Ash-Tah» : [née] de l'étoile brillante). Humanoïdes pacifiques et bienveillants, principalement à la peau rougeâtre, en raison de l'adaptation aux conditions environnementales de leur nouveau monde, les Katayy s'intéressent plus aux arts et au développement spirituel qu'à la diplomatie et aux conquêtes, raison pour laquelle ils ne se sont pas membres du collectif Ashtar. Ils terraformèrent Kashta avec la technologie Lyran, utilisant la géométrie sonore et éthérique, pour rendre cette planète propice à la vie. Cette technique transforme la grille bio-magnétique d'une planète et impacte ainsi l'environnement à sa surface, créant les meilleures conditions afin que des formes de vie s'y développent, ou s'y installent. Ils sont membres de la Fédération Galactique des Mondes mais ne s'engagent pas dans les combats ; leur implication repose principalement sur la coopération scientifique.

Katayy

127

Sirius B
"Thula"

Sirius B est une étoile naine blanche, très dense, faisant partie d'un système trinaire, à 8,6 (T) années-lumière de Terra, abritant une grande variété de cultures. Dans un cycle de 60 (T) ans, le système planétaire de Thula se rapproche du géant Ashkera (Sirius A) et c'est ce qu'ils appellent tous «le grand été». La diversité des races défie l'imagination, car les systèmes Ashkeru, avec leurs douze mondes habitables dispersés autour des orbites entrelacées de trois étoiles, offrent de multiples conditions environnementales favorables, de très arides à tropicales et tempérées, et conviennent à une nombreuse variété d'espèces. S'adaptant à différents environnements, beaucoup ont également muté et il n'est pas vraiment possible de répertorier en catégories précises tous les Gris, Reptiloïdes, Amphibiens, Humanoïdes, Insectoïdes et toutes les sous-espèces Hybrides occupant ces mondes, à moins que je te dicte une encyclopédie sur ce sujet seulement... Néanmoins, le système planétaire Thulien est principalement occupé par les Reptiliens de l'Alliance Orion et par le siège du Collectif Ashtar.

ASHKERU -TAAL

Une race humanoïde génétiquement proéminente s'est élevée du lot, née du croisement des colons Lyran Taal (arrivés de Vega avec les Katayy) et des Gris locaux, afin de s'adapter aux conditions environnementales. Cette race est appelée Ashkeru-Taal, ou plus communément T-Ashkeri. Maîtres en science de la génétique, c'est une pratique courante pour les Lyrans, lorsqu'ils établissent des colonies sur un nouveau monde, de se croiser génétiquement avec des populations indigènes afin de survivre dans un nouvel environnement. Légèrement plus petits que les humanoïdes Lyran moyens, en raison de mutations génétiques, les Ashkeru-Taal ont un visage triangulaire avec des yeux plus larges et des silhouettes minces. Ils ont une culture orientée vers la science et la technologie, et certains d'entre eux, qui ont quitté Thula, sont impliqués dans les hautes fonctions du Ashtar Galactic Command (le Collectif Ashtar ayant été repris par les Reptiliens, comme tu le sais maintenant). Sur quatre des mondes de Thula, les humanoïdes Ashkeru cohabitent avec toutes sortes de Reptiliens et d'Hybrides, impliquant des arrangements diplomatiques complexes, notamment un partage de technologie. La technologie T-Ashkeru, quand il s'agit de travaux de construction, a inspiré de nombreuses autres races à travers la galaxie, tel le maintien de l'ancienne tradition Lyran d'inclure la nature à égale proportion dans l'urbanisme, le regroupement des habitats par quartiers entourés de nature et, plus que toute autre chose, le style architectural. Ils ont été les premiers à inventer un matériau vraiment étonnant. En effet, c'est une matière synthétique extrêmement résistante à une large gamme de radiations (adaptable sur de nombreux mondes différents) et en même temps, translucide d'un côté et opaque de l'autre. Comme tous les Lyrans, le régime alimentaire des T-Ashkeri est essentiellement végétal.

La scolarisation des enfants est basée sur la culture Lyrane, qui consiste à identifier d'abord leurs aptitudes et ensuite à les regrouper par écoles à thèmes spécialisés, afin de développer leur potentiel. Ensemble, les enfants possédant les mêmes talents ne sont pas en compétition mais se motivent et s'encouragent mutuellement ; c'est cela l'esprit de l'éducation Lyrane. Les T-Ashkeri sont en fait impliqués de trois manières différentes avec Terra ; dans le cadre du Collectif Ashtar, du Ashtar Galactic Command, ou de la Fédération Galactique des Mondes.

T-ashkeru
(here Myrah)

Sirius C
"Emerya"
NOMMO

Les Nommo sont originaires de Nyan, une planète du système de Thula (Sirius B), mais chassés par l'Alliance Orion, ils ont migré vers la troisième étoile du système Ashkeru : la naine noire Emerya, épicentre de l'orbite elliptique pour les deux autres étoiles. Là, il y avait une planète unique qu'ils ont terraformée pour répondre à leurs besoins de survie. Ils l'ont appelée Xylanthia. Les Nommos sont des êtres amphibiens, et aussi androgynes en raison de l'influence particulière des deux autres étoiles sur toutes les formes de vie de Xylanthia. Tiraillée entre la puissante force gravitationnelle d'Ashkera et le magnétisme très dense de Thula, Emerya est l'épicentre non seulement de gravité pour les deux corps célestes mais aussi, celui de configurations magnétiques complexes. En raison des orbites proches des deux autres étoiles, il n'y a pas de nuit sur Xylanthia, qui est un monde étonnant et surprenant, intensément baigné par la lumière de trois étoiles et principalement recouvert d'océans. C'est un monde aquatique abondant en diversité, et magnifique.

Les Nommo ont pris contact avec de nombreuses anciennes civilisations terriennes il y a environ 5 (T) millénaires (Sumer, Babylone, Arcadie, Égypte, Dogons…), mais se sont retirés lorsqu'ils ont été chassés par l'empire reptilien Ciakahrr.

130

Mirza
TAAL-GHIAR

Réfugiés royaux Taal de la planète Oman Khera, dans le système Lyran Man, qui se sont installés sur le 3ème monde, Mandoghiar, du système stellaire Ghiorak-An (Mirza, β Canis Majoris, dans la zone d'Orion). Les archives de cette sombre époque des guerres Lyranes mentionnent un accord conclu par le chef du gouvernement Taal avec les envahisseurs Ciakahrr, visant à gagner du temps pour sauver les populations Man et leur culture, permettant aux réfugiés de partir en toute sécurité, mais une clause sombre demeure en ce qui concerne l'intégrité des membres de la famille royale Taal, et même de leur implication peu claire, en premier lieu, dans l'invasion Ciakahrr. Tous les documents concernant cet épisode, ainsi que le traité Taal-Ciakahrr, auraient été "perdus" ou détruits, dans la hâte d'échapper au conflit... Une partie de ces accords assurait la famille royale de pouvoir partir en toute sécurité. Nous savons que deux navires quittèrent le système Man, l'un transportant les royaux et l'autre les élites des hautes castes de la société Taal, tous deux escortés par une flotte Ciakahrr. La destination officielle était Vega mais dès que le cortège fut assez loin, la famille royale Taal détourna le cap vers la zone d'Orion ; vers le système de Mirza. Il est évident que les accords entre les Ciakahrr et la royauté Taal comprenaient des clauses cachées absentes des archives officielles, et cette théorie expliquerait le lien entre ce petit groupe Taal et les résidents reptiliens du système de Mirza. On a peut-être promis à ces Taal royaux de reconquérir leur système et de recevoir plus de pouvoir, compte tenu de la capacité naturelle des Ciakahrr de mentir pour leur propre avantage. Beaucoup de temps s'est écoulé depuis ces événements et à l'heure actuelle, les descendants Taali de cette colonie se sont hybridés avec les populations locales, créant une race à part, loin des intérêts de la Fédération. Leur implication avec l'Empire Ciakahrr et les Alliances d'Orion n'est toujours pas claire à ce jour.

131

CANIS MINOR – Petit Chien
<u>Procyon</u>

Procyon est un système d'étoiles binaires avec une naine blanche, situé à 11,4 années-lumière de Terra. Il est l'hôte de nombreuses civilisations différentes, mais nous ne mentionnerons que celles impliquées avec Terra.

<u>GINVO</u>

Les Ginvo appellent leur étoile Elevena et leur planète Maruu. Ils font partie du Conseil des Cinq. Ils sont en général aussi grands que les Terrans et ils ont un nez fin, de grands yeux bruns à noirs et leur peau est également brune. Ils vivent jusqu'à environ deux cents ans de votre temps et ils ont deux sexes. Leurs petits ont des cheveux qu'ils perdent en grandissant signe qu'il y a eu à un stade une mutation génétique dans leur espèce, et qui est encore visible chez les enfants. Les Ginvo chérissent avant tout leurs enfants et accordent une grande attention à l'éducation de ceux-ci. Issus d'une culture spirituelle et pacifiste, les Ginvo sont incapables d'envisager les conflits.

Ils adorent la vie et toutes les formes vivantes, en particulier l'art comme expression spirituelle, qu'elle soit visuelle ou musicale. Ils sont une culture merveilleuse, ayant maîtrisé la structure des minéraux à un tel niveau de perfection que leurs habitats sont construits avec des cristaux et des pierres précieuses. Une architecture magnifique.

Ce peuple a visité Terra mais n'a jamais atterri. Leurs vaisseaux semblent translucides, ce que vous appelez parfois à tort des «vaisseaux éthériques».

Ginvo

133

ELDARU (NOOR RIGELIENS)

Colonie de réfugiés de Rigel (apparentée aux Noor Lyrans). Ils s'établirent sur la 4ème planète du système Procyon, qu'ils nommèrent «Eldar». Grands humanoïdes blonds à la peau claire, aux yeux cobalt à bleu clair, et à la musculature forte, ils sont de la même espèce que les Pléiadiens, les Méton-Centauriens et les Hyadéens. Ils ont fui leur monde dans le système Rigel (Orion) à cause de l'attaque des Gris Rigel, une espèce très agressive nommée «Grail» et dont la puissante civilisation s'étend à travers les systèmes stellaires de Rigel, Bellatrix, Bételgeuse et Mintaka (leur monde d'origine). Malheureusement, les Grail les ont retrouvés mais sont arrivés cette fois-ci comme ambassadeurs de la paix. Soucieux de progresser vers de meilleurs échanges, les Eldari les ont accueillis. Le piège n'a pas tardé à se révéler et en peu de temps, les Eldari ont été infiltrés à tous les niveaux de leurs structures sociales. Les Grail, qui sont une espèce reptilienne, ont utilisé les mêmes techniques que sur Terra ; hypnose télépathique agissant sur les niveaux reptiliens du cerveau. Les Eldari étaient sous l'équivalent d'une programmation, renforcée par des rituels sombres. Puis, l'esclavage a commencé. Il n'y avait pas de retour possible. Toutefois, les Eldari avaient un secret…

Les Eldari avait découvert la technologie de déformation temporelle, une technique développée en atteignant un niveau de conscience spécifique et en passant à une autre densité d'existence. Seules certaines races peuvent le faire, mais la matrice de l'âme des Gris ne le permet pas. En utilisant l'expansion multidimensionnelle de la conscience, un grand nombre d'Eldari ont pu s'échapper vers un autre plan dimensionnel et agir à partir de là pour changer le cours des événements. En effet, il était impensable d'essayer de riposter à un ennemi puissant avec des armes inadéquates. Dans ces situations, comme cela se passe actuellement sur Terra par exemple, il est nécessaire de comprendre quelle est la meilleure façon de procéder, et comme les Eldari, les Pléiadiens et toutes les descendances Lyranes, le pouvoir de la conscience est une arme surpassant toutes les armes de l'ombre. La meilleure façon de combattre les races reptiliennes, que ce soit Ciakahrr, Nagai, Do-Hu, Maytra, Zetan Xrog et tout le reste, est de passer à un niveau de conscience plus élevé que les fréquences horizontales piégeantes de la matrice 3D, vers une conscience multi-dimensionnelle. Ces ennemis possèdent la technologie pour jeter votre planète hors de son orbite, mais il y a une arme que vous possédez et qu'ils n'ont pas : la capacité d'élever votre conscience dans une ascension individuelle vers la Source. Ceci est votre clé pour la victoire.

Eldaru

135

CASSIOPEIA - Cassiopée
Ottora
DORSAY

Les «Dursa-y» (ou Dorsay) sont originaires de la constellation de Cassiopée où ils ont 2 planètes d'origine, dans 2 systèmes stellaires proches : Ottora et Endelemen-Nyada. Avec une hauteur maximale de 5,3 pieds, les Dursay sont des petits «Gris» avec un visage batracien et de grands yeux noirs. Ils sont une civilisation pacifiste très avancée, faisant partie de la Fédération Galactique des Mondes. Leur race est âgée de 4 milliards d'années. Ils ont visité Terra au moins 250 fois et bien qu'ils ne souhaitent plus s'impliquer dans aucune des guerres en cours, les Dursay n'en restent pas moins opportunistes. Ils consomment d'autres races extraterrestres ainsi que des humains, et la chasse est une activité qu'ils affectionnent. Ils viennent en effet sur Terra pour chasser et cela bien entendu, n'est pas toléré par la Fédération Galactique des Mondes, qui a régulièrement des problèmes avec eux. Éloignez-vous des Dorsay, ce sont des prédateurs. Leurs vaisseaux sont plats, discoïdes et blancs métalliques. Ils furent à l'origine d'un malheureux accident qui affecta Terra de manière inquiétante : l'explosion de Toungouska en 1908. Les Maytrei combattaient les Dorsay depuis cinq jours et quatre nuits au sujet d'une cargaison d'esclaves que les Dorsay leur avaient impunément volée. Le conflit se prolongea, augmentant en violence. La Fédération Galactique et le Conseil des Cinq décidèrent d'intervenir. Un vaisseau Elmanuk arriva pour tenter de mettre fin aux hostilités mais... on ne négocie pas facilement avec les Maytrei. Les Elmanuk se retrouvèrent donc dans une position de détresse et le navire le plus proche qui répondit était un cargo Pléiadien transportant des cristaux vers Alpha Centauri. Avertis par les Nagai, les Maytrei, qui avait abattu le dernier navire Dorsay ce jour-là, attaquèrent le cargo Pléiadien entrant dans l'atmosphère de Terra, et le pulvérisèrent avec le vaisseau Elmanuk. Ceci fut la cause de l'explosion de Toungouska, et le rappel que l'on ne vole point aux Maytrei.

Dorsay

137

CENTAURI – Centaure

Ce sont les systèmes stellaires les plus proches du vôtre, à 4,3 années-lumière. Ils sont composés d'une paire binaire : Alpha Centauri A et B, et un troisième est Proxima Centauri, à 4,22 années-lumière. Les trois étoiles sont un peu plus âgées (4,85 (T) milliards d'années) que le soleil de Terra, qui a environ 4,6 (T) milliards d'années. Tous les quatre-vingts ans, Alpha Centauri A et B gravitent autour d'un centre de gravité commun. La distance moyenne entre eux est d'environ 23 unités astronomiques. Alpha Centauri A est une étoile jaune du même type que votre soleil, et elle est environ 25% plus grande. Alpha Centauri B est une étoile orange, légèrement plus petite que votre soleil. Proxima Centauri est une naine rouge sept fois plus petite que le soleil terrien, et une fois et demie plus grande que Jupiter. Proxima Centauri est à un cinquième d'une année-lumière ou 13 000 UA des deux autres étoiles et est liée gravitationnellement à la paire binaire, avec une période orbitale autour d'elles de 500 000 ans.

Alpha-B Centauri

SELOSIENS (Selosii)

Ils habitent la planète Selo / Alpha B Centauri 4, bien plus grande que Terra et avec sept lunes. En raison de la proximité de la deuxième étoile dans ce système binaire, les nuits sont très courtes et l'orbite de la planète est elliptique, ce qui permet des saisons complexes. Les Selosii sont des humanoïdes grands, à peau blanche et aux cheveux blancs. La couleur de leurs yeux peut aller du bleu, au vert ou au gris. Êtres bienveillants, ils font partie de la Fédération Galactique, aidant l'Humanité dans son évolution. Ils maîtrisent la canalisation de la force de vie universelle à l'aide de cristaux, afin de générer de l'énergie. Ils sont la race mère de la colonie terrestre des Telosi et sont présents dans les stations orbitales de la Fédération Galactique, interagissant avec les gouvernements terriens pour le plus grand bien de l'humanité. Leur société est fondée sur un esprit d'égalité et de justice. Ils encouragent l'utilisation judicieuse et responsable des sciences et de la technologie, la paix, et préservent leur position neutre dans la diplomatie galactique. Il faut 12 heures pour arriver à l'Alpha B Centauri 4 et deux fois par semaine, une navette relie les avant-postes de la Fédération dans votre système vers les systèmes Centauriens. Leurs vaisseaux sont argentés et discoïdes.

Selosien

Telosien

140

TELOSIENS (Telosii)
("Agharians / Aghartans / Shining Ones")

Ils proviennent également d'Alpha B Centauri 4, ou Selo. Ce sont des êtres humains hauts en taille, avec une peau pâle et brillante et des cheveux blancs, ainsi que des capacités télépathiques très développées. Leurs yeux sont clairs, du gris au bleu pâle, et leur alimentation est à base de plantes, cultivée en hydroponie sous une lumière artificielle à spectre complet. Ils utilisent des technologies psychotroniques impliquant des cristaux et l'énergie vitale universelle.

Les Telosiens sont une ancienne colonie de Selosi qui s'est installée sur Terra avant la dernière période glaciaire. Les mythes de Terra les mentionnent comme Lémuriens, mais en fait, Atlantes seraient plus précis, car leur civilisation, plus tardive que celle de Lémurie, s'étendait dans la zone de l'océan Atlantique et de ses rives, c'est pourquoi ils ont migré vers le continent Américain, l'Afrique de l'Ouest et l'Europe de l'Ouest après la destruction de leur terres. Ils se sont déconnectés de la Fédération Galactique des Mondes alors qu'ils migraient sous terre, devenant la branche occidentale du réseau Agarthan. Aghartan est le terme général pour toutes les différentes espèces habitant les royaumes souterrains de Terra. Les Telosii se sont croisés avec des Terrans et leurs marqueurs génétiques apparaissent régulièrement dans la population de Terra. Tout comme leurs cousins Selosii travaillant avec la Fédération Galactique des Mondes, les Telosii sont par nature des gens bienveillants enclins à aider l'humanité à se souvenir de son histoire ancienne, à aider son ascension et à améliorer sa santé et sa longévité.

Leur rythme d'existence est différent de celui des Terriens ; plus calme et plus silencieux, vibrant dans une densité légèrement supérieure. Ils travaillent à la préservation de l'environnement et des écosystèmes, ainsi qu'à la lutte contre les nouveaux systèmes religieux qui déconnectent les êtres humains de leur environnement naturel, de leur propre pouvoir et de la source. En aidant les Terriens à récupérer des connaissances cachées, ils ont fourni de nombreux outils et indices, guidant les découvertes archéologiques et offrant également des clés pour décoder les connaissances anciennes.

Les Telosiens sont à l'origine des 'crop circles', indices géométriques guidant le décodage d'une science perdue. Ils sont également à l'origine de ce qu'on appelle à tort les «cristaux lémuriens», dont le nom plus précis serait «Quartz Telosien». Partout où vous trouvez ces cristaux offerts par la terre, les Telosiens sont à proximité. Dans ces cristaux particuliers, ils ont encodé des clés pour débloquer des connaissances anciennes et des données liées à l'origine stellaire de certaines civilisations anciennes. Ces cristaux doivent être utilisés comme des clés ; ils ne contiennent pas de connaissances comme vous diriez un livre ou un appareil, mais ils permettent d'y accéder. En cela, ils aident l'ascension de l'humanité. C'est la signature énergétique de la structure du cristal qui est la clé. Les Telosiens sont, dans certaines cultures celtiques, appelées «les Brillants» (Shining Ones), ou Sidhe.

De nos jours, on peut dénombrer environ un million et demi d'habitants dans un réseau établi de colonies antédiluviennes, réparties sous la surface de la planète dans un vaste système de cavernes. Ces principaux réseaux sont situés : sous la région du désert de Gobi et ses environs, dans un vaste système de cavernes sous le Tibet reliant les systèmes d'Asie centrale et enfin, sur le continent Américain autour du mont Shasta, dans une capitale souterraine nommée Telos. Un vaste réseau souterrain de tunnels a été principalement développé par les Telosiens, mais devenant progressivement, avec le temps, partagé en grande partie avec les gouvernements secrets terriens. Et ce principalement, à partir du moment où ces gouvernements signèrent des accords avec les envahisseurs reptiliens. Malheureusement «convaincus» de mettre à disposition ces structures souterraines préexistantes, une faction importante des Telosiens joignit ses forces avec les collectifs Gris et Reptiliens, créant des liens avec le gouvernement Américain. C'est ainsi que naquit l'Alliance Washington-Telos.

Il y a toute une diplomatie qui se joue en permanence sous terre, entre les militaires Terriens, les Telosiens, les Agarthans, les Gris (Maytra, Zeta, Kiily-Tokurt) et les Reptiliens (Ciakahrr et Naga principalement), ces espèces de reptiloïdes ayant progressivement pris le contrôle de la majorité du réseau souterrain Télosien originel. Dans la nécessité pour les Reptiliens de relier les anciens réseaux à certaines bases militaires, ils amenèrent leurs propres foreuses, considérablement plus rapides que les engins disponibles sur Terre. Chauffant les roches jusqu'à incandescence, puis les vitrifiant, cette méthode particulière, bien qu'elle donne des résultats rapides évitant le besoin de poutres et de supports, rend néanmoins l'ensemble de la structure vulnérable aux glissements de terrain et à l'activité sismique. Ces tunnels de transit, dans lesquels les tubes à grande vitesse sont maintenant propulsés par des impulsions électromagnétiques, relient diverses villes souterraines à travers toute la planète, ainsi que certaines des installations souterraines secrètes des bases militaires terriennes de l'USAF. Ces tunnels vont très loin... Un tube, par exemple, relie le mont Shasta à l'une des principales villes des Telosiens dans la jungle du Matto Grosso au Brésil. Il y a aussi «Snakeworld» par exemple, comme l'appellent les populations locales ; un système de cavernes à plusieurs niveaux sous les pentes sud-ouest de l'Himalaya, où habitent les Nagai, qui ont entretenu un culte reptilien avec les populations locales, et qui auraient également été en contact avec la société nazie Thulé pendant la Seconde Guerre mondiale. Les Ciakahrr Reptiliens ont tenté à plusieurs reprises, par la menace et la manipulation, une prise de contrôle occulte total des royaumes Aghartans, et bien que certaines factions soient malheureusement tombées sous ce joug, tout espoir n'est pas perdu...

En effet, une rébellion rugit telle la lave en fusion, bien plus en profondeur, en l'existence d'une collusion secrète des races de l'Aghartan avec certaines factions Telosiennes, ainsi que des groupes secrets au sein du gouvernement Américain, se préparant à se débarrasser des Reptiliens et mettre fin à l'oppression. Cette alliance secrète et bienveillante s'est, en ce moment-même, jointe à la Fédération Galactique des Mondes. Leurs navires sont appelés «la flotte d'argent» et sont soit discoïdes soit sphériques. Ce sont eux qui créent les 'crop circles' par une technique utilisant la fréquence sonore, afin de donner à l'humanité des clés pour débloquer un savoir ancien.

Beta Centauri
"Hadar"

DAHL

Beta Centauri est, tout comme Alpha Centauri, un triple système stellaire abritant une grande diversité de formes de vie, dispersées sur dix-sept planètes au total, comprenant entre autres des reptiliens, des amphibiens, des insectoïdes, le tout à un niveau de sous-civilisation de type 1 (le stade 2 est la faculté pour une espèce de pratiquer des vols habités hors de leur propre système solaire). Une colonie humanoïde Noor de Lyra, s'y est établie et a prospéré, mais a choisi de demeurer en dehors des affaires de la galaxie. Ceux-ci ont également choisi de ne pas rejoindre la Fédération Galactique des Mondes, et de vivre en harmonie autarcique avec toutes les autres espèces de ces dix-sept mondes, en tant qu'entité indépendante. Le système Beta Centauri est sévèrement gardé et considéré comme un havre de paix préservé. Les Dahl ont choisi leur nom d'après le capitaine de l'arche qui les y a amenés, le légendaire Dahel. En sa mémoire, ils nommèrent le monde qu'ils colonisèrent «Dahlnor».

Dahl

145

Proxima Centauri

METON

Le nom de leur planète, en orbite autour de Proxima Centauri, est Meton, et leur civilisation s'étend sur les sept planètes de ce système stellaire. Proxima Centauri a à peu près la même taille que votre soleil et tourne autour du double système d'étoiles Alpha Centauri A & B. Ces deux étoiles massives émettent un rayonnement intense tandis que Proxima, plus petite, émet une émission différente et très intense. Meton est similaire à Terra, avec des conditions atmosphériques contrôlées.

Les Metons, ou Metoni, appartiennent au groupe racial «Noor» Lyran. Ce sont de grands humanoïdes non belligérants, dont la durée de vie atteint près de 2 000 ans terriens. Ils ont une société libre basée sur un code d'éthique plutôt que sur des lois, et ils ont développé les arts comme une base importante pour leur culture. Par exemple, leur urbanisme est assez intéressant, utilisant des matériaux organiques translucides, et ils utilisent beaucoup la science du son, dans de nombreux domaines. Ils communiquent par télépathie mais ont gardé l'usage du langage, pour pouvoir converser avec les autres membres de la Fédération. Les Metoni ne sont pas très portés sur les voyages, sauf s'il y a un intérêt scientifique en jeu. Et c'est justement la curiosité scientifique qui les a conduits vers Terra. Beaucoup de Metoni ont rejoint la station scientifique de la Fédération Galactique en orbite autour de Terra. Leurs navires sont métalliques et discoïdes, avec un dôme bas et des modules de trois fenêtres tout autour. L'éclat lumineux autour du vaisseau est dû à l'allumage du champ de distorsion, afin de permettre de voyager instantanément entre deux points, créant une distorsion dans l'espace-continuum. Ceci est légèrement différent de ce que vous appelleriez le voyage quantique. Pour passer par ce changement inter-dimensionnel, comme c'est toujours la règle où que vous vous trouviez dans le multivers, les occupants du vaisseau ont besoin de fusionner leur être en une seule fréquence avec le vaisseau-même ; c'est ce qu'on appelle le «voyage éthérique». Il se passe quelque chose qui est très intéressant pour votre curiosité, comme la question est souvent posée, au sujet de la condensation atmosphérique formant une enveloppe nuageuse autour de la coque d'un vaisseau.

De nombreuses espèces utilisant la mobilité éthérique, lorsqu'elles rencontrent l'atmosphère d'un monde, ont leur vaisseau enveloppé dans un nuage. Il s'agit d'un processus de condensation des molécules dans l'atmosphère, créé autour du navire en raison de la chaleur générée par le champ de distorsion dimensionnelle autour de l'engin. Les vaisseaux mères Meton sont très grands, ils n'atterrissent jamais et ont une longue forme cylindrique avec des extrémités arrondies (ce qui les différencie des cargos Pléiadiens cylindriques, aux extrémités plates). Ils peuvent transporter jusqu'à 24 navires.

Meton

CETUS – Baleine
Deneb-Kaitos

AL GRUU-AL'IX

Ils proviennent de la constellation Cetus, près de Deneb-Kaitos Shemali (Iota Ceti). Ils appellent leur étoile Assari et leur planète Orgona. Peu nombreux, ils ne vivent que sur cette seule planète de leur système, qui a une atmosphère gazeuse très dense et qui ressemble à une vapeur bleu-grisâtre, très humide. Orgona ressemble à un monde de forêt tropicale humide, avec une lumière tamisée à cause de leur étoile et de l'atmosphère dense et lourde. D'environ 6 pieds de haut, ils ressemblent à des Reptiliens. C'est une race très ancienne, sage et tranquille, avec une durée de vie de 350 (T) ans. Bien que souvent confondus avec des Reptiliens, ils ne partagent rien avec eux sauf l'apparence. Cette race a huit sexes et tous peuvent se reproduire les uns avec les autres. Al Gruualix sont généralement pacifistes et obéissants aux règles, et font maintenant partie de la Fédération Galactique. Ayant refusé de s'impliquer dans les guerres Lyranes, ne souhaitant pas risquer l'existence de leur espèce, ils se sont éloignés de toute implication diplomatique pendant très longtemps jusqu'à ce que la Fédération accepte récemment leur candidature, leur fournissant protection et communauté. Ils ne voyagent pas beaucoup, car ils ont besoin de leur environnement gazeux et humide, qui doit être recréé dans leurs navires. La sécheresse et surtout les rayons du soleil terriens peuvent les tuer en desséchant leur peau. Le but de leurs visites sur Terra n'est que curiosité scientifique, et ils n'enlèvent que très rarement les formes de vie locales. Ils ont des navires faits de lumière pure, ovoïdes et verticaux. Cette technologie a été développée par leurs ancêtres il y a très longtemps, au contact d'une autre race (nous supposions être des Anunnaki ou des anciens Lyrans), mais ces informations et connaissances ont été perdues. Ils savent juste comment cristalliser la lumière en matière.

Al Gruu-Al'ix

149

Tau Ceti

ARAMANI-CETIENS

Ils proviennent de la planète Araman, dans le système Tau Ceti appelé Norca, et leur nom même atteste de leur origine Lyrane : «Aramani» dans l'ancienne langue commune Lyran signifie «les hommes exilés». Aru (pl. Ara) = exilé, et l'homme (pl. Mani / femmana) = humanoïde. De Tau Ceti, ils envoyèrent ultérieurement une autre colonie au système Epsilon Eridani ; sur une planète qu'ils nommèrent Herea («Herayans»). Les Aramani sont une race humaine à la peau hâlée de 5,5 pieds de haut, avec des oreilles légèrement pointues, des cheveux noirs et une forte densité musculaire. Ils sont génétiquement descendants de la race Lyran Taal, un groupe mixte d'humanoïdes qui ont fui l'attaque de leur monde par l'empire Ciakahrr. Ils ont développé une civilisation dont les principes sont basés sur la justice. Pas vraiment avides de conquêtes, les Aramani ne s'intéressent à Terra que par curiosité scientifique et par devoir envers la Fédération Galactique, à laquelle ils sont affiliés. En alliance avec les Pléiadiens, ainsi qu'avec d'autres sociétés victimes du Collectif Reptilien, ils collaborent à la mise en place d'une défense commune. Ils ne visitent Terra qu'en accord avec la Fédération Galactique, dont le travail principal est de sensibiliser les Terriens à la subversion de leurs sociétés par d'autres races, notamment les Ciakahrr, Maytra et Kiily-Tokurt. Ils les aident à identifier et exposer les institutions corrompues, la manipulation des élites en liaison avec ces ennemis, et travaillent à élever la conscience humaine et développer des stratégies contre les technologies avancées de contrôle de l'esprit, surveiller l'infiltration extraterrestre, sauver les abductés et retirer les implants. Et enfin, promouvoir la conscience multidimensionnelle. Leurs navires sont discoïdes.

Aramani

EMERTHER

Ils viennent de Tau Ceti, double système d'étoiles (naine jaune et mini naine rouge) dans la constellation de Cetus, à 11 années-lumière de Terra, comprenant 5 planètes. Deux seulement sont habitées, une par les Aramani et une autre, Tau Ceti epsilon, une grande planète à trois lunes, par les Emerther. Leur monde est un merveilleux lieu de paix, de civilisation, de spiritualité et de connaissance. Faisant partie du Conseil des Cinq, cette race très ancienne est de loin reliée génétiquement aux Solipsi Rai. Ils sont d'un seul sexe et se reproduisent par clonage, produit d'une évolution technologique qui, par le passé, ne prit pas forcément le meilleur chemin. Ils ne sont pas très grands, environ un mètre, ont une peau gris pâle et une grosse tête, des épaules rondes et de longs bras fins, trois doigts et des genoux hauts. Ce qui les différencie de toutes les autres races de Gris, c'est que certaines fonctionnalités n'ont pas évolué de la même manière et notamment leur nez. Les Emerther sont les seules espèces connues de Gris qui ont un petit nez proéminent. Ils ont de grands yeux bleus, mais bien sûr, vous ne le sauriez pas si vous les rencontrez, car ils portent des lentilles biométriques noires. Leur système nerveux est basé sur des impulsions électriques. Calmes, avancés dans de nombreux domaines, Emerther est un peuple très agréable à rencontrer. Leurs navires ont d'abord donné leur nom à l'appellation «soucoupes volantes» par votre peuple.

Au côté d'autres races de la Fédération, les Emerther prirent contact avec vos officiels en 1954 au nom du Conseil des Cinq, à des fins pacifiques, mettant en garde différents gouvernements contre ceux d'Orion et les Ciakahrr. Ils n'ont pas été écoutés et nous savons bien sûr ce qui s'est passé…

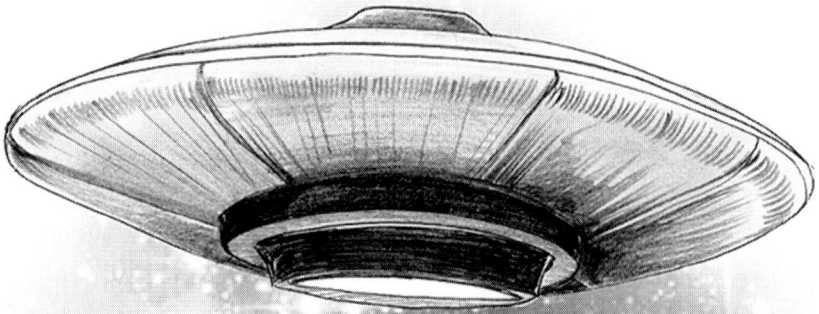

Emerther

Aghraban
DRIES

Ils viennent de la constellation Cetus, le nom de leur étoile, Iota Ceti, est : Aghraban et ils possèdent deux mondes d'origine, d'une composition chimique similaire à Terra. Les Dries colonisèrent par la force quarante mondes, avec l'armée qu'ils créèrent composée d'esclaves. Ce sont des êtres de grande taille (environ 8 pieds de haut) à la peau bleu clair et aux yeux lumineux. Leur crâne allongé possède une structure assez complexe. Ils sont une espèce sexuée binaire et ovipare. Les femelles ne voyagent pas beaucoup, se concentrant pour maintenir la croissance de l'espèce. Les Dries sont plutôt minces mais leur musculature est néanmoins puissante. Ils ingèrent des aliments protéinés et n'ont pas un niveau très élevé d'élévation spirituelle, bien que leur technologie soit suffisamment avancée pour construire des vaisseaux spatiaux et voyager à des années-lumière vers d'autres galaxies, coloniser et terroriser d'autres mondes. Sans surprise, ils ont des combats territoriaux réguliers avec l'Alliance d'Orion et l'Empire Ciakahrr.

Ils enlèvent des humains pour les transformer en esclaves, et ils ont en tête de se révéler aux Terrans en 2022, ce qui n'arrivera pas tant que nous assurons une présence ici. Ils font malheureusement partie de la Fédération Galactique des Mondes, ce qui nous cause des tensions persistantes. Leurs navires ont des formes diverses : boomerang, papillon ou en forme de U.

Dries

155

CHAMAELEON - Caméléon
Iota Chamaeleon

CARYA VELDA

Ils viennent de Iota Chamaeleon. Le vrai nom de cette étoile est un numéro pour la Fédération mais les Caryaveldi nomment leurs mondes d'origine : Sunia et Velda. Le système stellaire est nommé par eux Caryeon. Ils peuvent être extrêmement dangereux, mais ils ne constituent pas une menace pour la Fédération Galactique des Mondes. Bien que nous les connaissions pour avoir été impliqués dans des guerres avec certaines races pendant 500 ans (mesure du temps terrien pour vous faciliter la tâche, toujours). Ils mesurent environ 9 pieds de haut, ont 4 bras et peuvent vivre jusqu'à 150 (T) ans. Peau grisâtre, yeux clairs avec pupilles, nez long et fin. Ils portent souvent des vêtements bleu foncé, car c'est un pigment trouvé en abondance dans le sol de la planète Velda. Ils vivent principalement sur Sunia, la deuxième planète de leur système, mais Velda est le berceau de leur espèce. Ils l'utilisent à présent comme ressource pour l'industrie minière principalement.

Ils visitent rarement Terra, à cause des Reptiliens. Les Carya Veldi ne désirent pas être impliqués dans un conflit avec eux ; leur flotte et leurs ressources militaires ne sont pas assez importantes pour le face à face. Leurs navires sont oblongs, argentés. Plus lents que ceux de la Fédération mais capables de résister à de fortes contraintes.

Carya Velda

COMA BERENICES
Chevelure de Bérénice
Astorah

LANG

Cette très belle espèce est originaire d'Astorah, la sixième étoile de la constellation que vous nommez «Coma Berenices». Ce système stellaire est composé de dix planètes, parmi lesquelles les Lang occupent trois mondes. Les Lang sont des humanoïdes gracieux, pas très grands (environ 2 pieds de haut). Cultivant leur amour pour l'esthétique et la créativité, ils portent des décorations corporelles telles que des pigments bleus, des plumes, des perles, des bibelots brillants et d'autres accessoires, à des fins artistiques mais aussi de reconnaissance tribale. Les quelques vêtements qu'ils portent sont en général très colorés. Les hommes arborent plus de décorations que les femmes, afin de montrer leurs attributions sociales et leurs mérites. La nature est essentielle à leur vie et les Lang sont en totale symbiose avec leur environnement, physiquement et spirituellement. Ils chassent et mangent d'autres créatures, étonnamment, mais à tous égards des cycles de la vie, qu'ils considèrent comme part de leurs croyances sacrées. Bien que cette culture donne une impression primitive, leur technologie est assez avancée, notamment en médecine et en voyages spatiaux. Là aussi, divers niveaux de civilisation apparaissent à travers un système de castes. Ils sont membres de la Fédération Galactique des Mondes.

Les visiteurs Lang ont été parmi les premiers extraterrestres à découvrir Terra et on se souvient encore d'eux en Europe du Nord à travers les elfes et les fées. Ils n'ont jamais enlevé d'humains et à la place, ils ont sauvé un très grand nombre de personnes des Reptiliens.

Lang

159

***

CORONA AUSTRALIS
<u>Couronne Australe</u>
X-1Z <small>("X")</small>

X-1Z est le nom de leur système d'étoiles. Comme ils ne sont pas membres de la Fédération, nous ne possédons pas beaucoup de documentation à leur sujet. Nous savons qu'ils sont capables de changer de forme jusqu'à 4 fois en 10 secondes, il est donc difficile de deviner à quoi ils ressemblent vraiment, bien qu'ils puissent être des reptiloïdes. Ils effectuent des enlèvements humains et des expériences médicales, et travaillent en solo. Leurs vaisseaux sont discoïdaux, interdimensionnels, extrêmement rapides et difficiles à neutraliser. Ils semblent utiliser sur leurs navires la même technologie de métamorphose.

***

CRUX – Croix du Sud
<u>Gamma Crux</u>
<u>KILLIMAT-ARR</u> (K-Arr)

Les Killimat proviennent d'un système nommé «Arr», ou Gamma Crux dans votre nomenclature. Il y a sept planètes dont trois sont peuplées. Killimat-Arr, est le nom de leur monde, un milieu quasi- aquatique dans lequel s'est développée une civilisation avancée. Ces humanoïdes amphibiens bleus et translucides font partie de la Fédération Galactique. Ils sont une espèce à part et ont deux sexes. Nous en savons très peu sur eux car ils sont très secrets. Leur but sur Terra est d'étudier la vie et de collecter des ressources (une pratique tolérée si elle est soumise aux règles strictes de la Fédération.) Ils possèdent une installation qui leur est propre, qui n'est liée à aucun gouvernement terrien ou extra-terrien, sous le Triangle des Bermudes, région où le vortex encore actif est d'une grande utilité pour eux (ainsi que pour beaucoup).

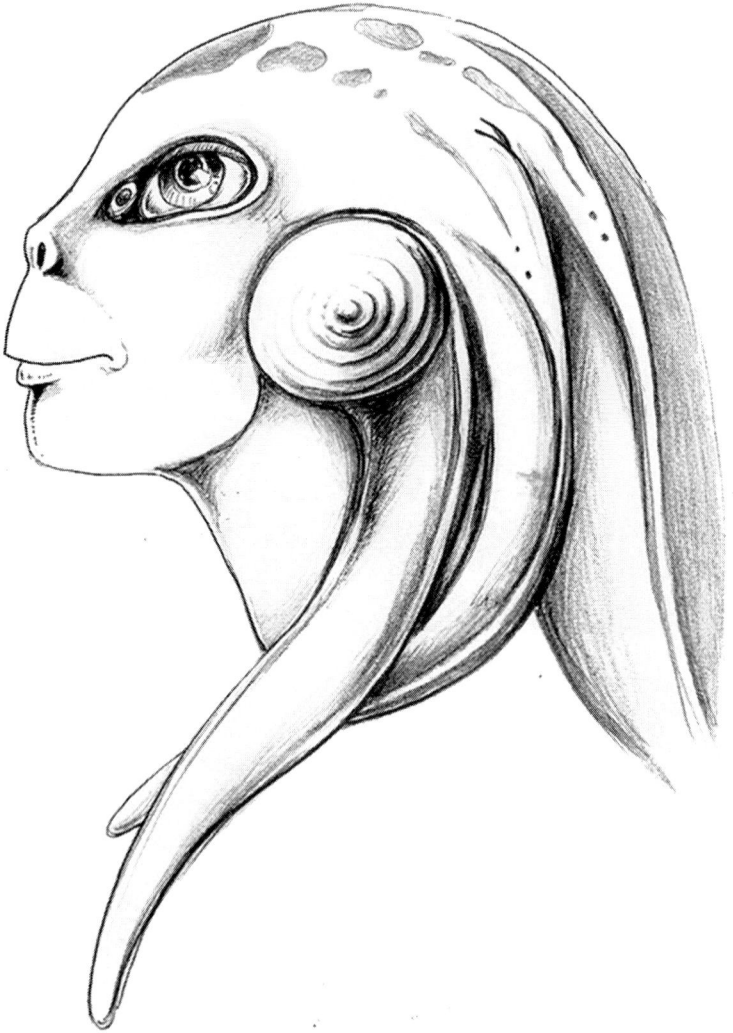

Killimat-Arr

161

CYGNUS – Cygne
Aama

SOLIPSI RA

(pl. Solipsi Rai) Ils proviennent d'un système stellaire de cinq planètes de la constellation du Cygne, qu'ils nomment «Aama» (monde-mère). Il y a une centaine de systèmes d'étoiles planétaires dans la zone que vous définissez par Cygnus, et vraiment, le nombre de planètes dans cette zone atteint plus de 1 800. Vous classeriez Solipsi Rai comme des petits Gris. Leur civilisation a 2 milliards (T) d'années et ils sont au départ une race pacifique. Leur chef principal s'appelle Y-Martyyn et contrairement à la plupart des autres races de «Gris», leur société n'est pas structurée sur une ruche matriarcale. Ils n'ont pas de colonies mais nourrissent un intérêt sur le développement d'autres espèces. Les Solipsi Rai ont la chance de posséder une arme très puissante qui tient à distance toutes les autres races hostiles, en particulier les Maytrei qui ont essayé à plusieurs reprises de les dominer et ont perdu de nombreux vaisseaux.

Certains d'entre eux, malheureusement, ont mal tourné en faisant alliance avec l'Empire Ciakahrr et le Collectif Gris Orion, travaillant avec le gouvernement Américain terrien, sur la technologie, en échange d'humains pour leurs expérimentations. Ils sont impliqués dans la base militaire de Dulce. Cette faction de Solipsi Rai est très active dans les enlèvements, au service des Maytrei, Kiily-Tokurt et Reptiloïdes. Ils ont également été clonés avec plus d'efficacité, afin d'en produire davantage en tant que travailleurs esclaves, et nous les classons comme formes de vie synthétiques. Leurs vaisseaux sont discoïdes.

Solipsi Rai

DELPHINUS – Dauphin

Sualocin

MATRAX

Ils proviennent du système Sualocin, que vous nommez Alpha Delphinus, d'une planète rouge appelée Khadjaari. Les Matrax sont grands et impressionnants avec leur très long crâne, leur visage mince et étroit et leur corps étrangement articulé, mais malgré leur apparence qui peut susciter la peur, cette espèce n'est pas agressive. Les Matrax peuvent vivre jusqu'à 400 (T) ans, ils visitent Terra depuis au moins 4000 ans et font partie de la Fédération Galactique des Mondes. Les vaisseaux Matrax sont ovoïdes.

Matrax

165

<u>DRACO – Dragon</u>

<u>REPTILIENS</u>

Constellation Draco, principaux systèmes : Alpha, Epsilon et Sigma.

Il existe sept espèces reptiliennes différentes dans les systèmes stellaires de la constellation Draco, avec trois races principales de reptoïdes, dont les Alpha-Draconiens, qui sont les plus connues et les plus redoutées. Ces derniers sont en permanence sur Terra depuis plus de 15 000 ans, et sporadiquement depuis bien plus longtemps, cela remontant à des millions d'années. Ils ont colonisé plus de 500 planètes par infiltration, par le biais des gouvernements locaux et autres positions de leadership, et ont une présence sur des milliers de planètes. Leurs trois mondes d'origine sont Thuban-Anwar (Alpha Draconis, tête de leur empire), Tiphon Giansar (Sigma Draconis) et Grumim Eltanin (Epsilon Draconis). Ils sont considérés comme une espèce à la pointe de la technologie, mais ils préfèrent travailler dans l'ombre, comme un avantage pour leurs programmes. Les Reptiliens des systèmes draconiens sont connus pour avoir une routine très particulière pour envahir les mondes; ils envoient des races inférieures asservies pour le premier contact, comme les Zeta Do-Hu ou Solipsi Rai, par exemple, pour déguiser l'invasion. Les populations autochtones sont amenées à croire que les visiteurs inoffensifs et apparemment authentiques ont besoin d'aide et d'assistance dans leur projet génétique pour sauver leur race mourante. Les dirigeants se verront promettre richesse, pouvoir, armes et technologie en échange et, lorsque tous les traités seront signés, les Draconiens se montrent comme les vrais nouveaux maîtres derrière tout cela. Et une fois dedans, vous ne pouvez plus les faire sortir, sinon à un coût très cher... La seule façon de les expulser est souvent avec l'intervention de la Fédération Galactique des Mondes, ou tout du moins avec l'aide d'une espèce plus avancée technologiquement en armement que la population envahie, et capable de résister aux forces des empires Reptilien et Orion. Ce qui… est tout un défi.

De nombreuses espèces de reptiloïdes, comme les Ciakahrr, Naga et Mazarek par exemple, se nourrissent de substance éthérique ainsi que de chair et de sang (ils se nourrissent d'humains et boivent du sang humain), et ces deux sources de nourriture sont en fait intrinsèquement liées. Il est facile de comprendre quand on considère que la chair et le sang ont une faible fréquence éthérique, surtout lorsqu'ils sont imprégnés de la vibration de peur et de douleur ressentie à la mort. C'est aussi une autre raison pour laquelle les envahisseurs reptiliens travaillent à des programmes cachés pour maintenir un certain niveau de violence et un instinct de base sur les planètes conquises, générant des guerres, du chagrin, la famine, la destruction et le désespoir. Il y a aussi une très forte raison pour laquelle ils ne veulent pas abandonner l'occupation de Terra : l'adrénochrome, une substance produite sur Terra par des enfants soumis à une douleur et une peur extrêmes, substance plus précieuse pour les reptiliens que toute autre chose dans l'univers (avec aussi l'or monoatomique). Cette drogue très prisée, excrétée du corps humain par une aiguille placée dans l'œil gauche ou dans une vertèbre de la colonne dorsale, leur donne un «coup de vif»; il aide les cellules de leur corps à se régénérer et bénéficie également au processus de changement de forme (cela dure plus longtemps). C'est la principale raison pour laquelle les kidnappés terriens ne reviennent jamais, et en particulier les enfants, utilisés comme nourriture et/ou comme esclaves. Ils enlèvent également des femelles à grande échelle, afin de créer des descendants hybrides à envoyer vers d'autres planètes colonisées ou, sinon, ces descendants deviennent des membres puissants infiltrés dans les principales sociétés dominantes. Voici leurs différentes espèces:

ALPHA-DRACONIENS ou CIAKAHRR

Êtres reptiliens originaires du système stellaire de Thuban, ou Alpha Draconis, à 215 années-lumière de Terra, et qui était autrefois votre étoile polaire. Ce sont des reptoïdes humanoïdes qui ont été jetés ici par une autre race reptilienne largement supérieure, les Tiamatiens, résidents d'une autre dimension. Leurs mondes d'origine sont nommés Lokas et Talas, et les points d'entrée dans notre univers connu se faisaient à travers des portails inter-dimensionnels dans la zone des systèmes Thuban et Alwaid. Ils sont adaptés aux écosystèmes à base d'hydrogène, et principalement sur des planètes à climat désertique.

Les Alpha Draconiens se nomment eux-mêmes «Ciakahrr» et sont considérés, par leur avancement technologique dans les arts de la guerre, comme la race maître des Reptiliens. Vous les nommez également Dracos ou Dracs. Leur corps possède un épiderme très épais afin de les protéger des attaques, les individus des castes supérieures possédant même des ailes leur permettant de voyager rapidement. Créatures assez grandes, elles sont fortement bâties et couvertes d'écailles, ou parfois d'une peau carapaçonnée et dans certains cas spécifiques, de plumes. Toutes ces variations dépendent en fait de leur caste sociale. C'est une espèce violente, et leur culture est basée sur la guerre. Les Ciakahrr voient les Terriens comme une source de nourriture, de commerce et d'esclavage, ils n'ont donc pas particulièrement de patience pour les humains, et ils sont accusés d'un grand pourcentage d'enlèvements. Bien qu'il soit souvent allégué qu'une race guerrière ne crie pas toujours l'intelligence, les Draconiens font exception à cette règle. Ils sont en effet très intelligents (dans une certaine mesure), et sont également des généticiens experts (jusqu'à un certain point également). Ils possèdent trois ou cinq longs doigts griffus avec un pouce opposable et des serres aux extrémités, une grande mâchoire inférieure, des trous pour les oreilles et de grands yeux. Leurs organes génitaux sont cachés par un lambeau de peau. Ils portent très peu de vêtements à l'exception d'une armure supplémentaire, souvent vue avec une ceinture utilisée comme dispositif d'invisibilité. Les visages de ces créatures sont un mélange de lézard-humanoïde. Une crête centrale descend du haut de leur crâne et leurs yeux ont un iris doré vertical et des pupilles noires. Parfois, l'iris ou tout l'œil présente de petites éclaboussures rouges de sang. Ils ont le sang froid et ont besoin d'un environnement adéquat pour maintenir leur corps humide et à température. Néanmoins, leurs écailles les protègent de la perte d'humidité, plus grandes et plus épaisses sur le dos. Ils sont également équipés pour les voyages dans l'espace en raison de leur capacité à hiberner. Ils ont des pouvoirs surnaturels tels que :

-Shapeshifting ou métamorphose (pas tous les membres)
-Télépathie et contrôle mental
-Voyage inter-dimensionnel (à l'instar de la plupart des races)
-Invisibilité (pour les membres de haut rang uniquement). Pour recevoir ce pouvoir, un Reptilien doit d'abord être accepté dans un groupe d'élite particulier co-fondateur des Illuminati.

Ils se différencient en deux types : les Terra-Draconiens et les Thuban-Draconiens (d'outre espace). Les Terra-Draconiens ont précédé les humains Terriens pendant des centaines de millions d'années. Comme d'autres reptiliens, ils prétendent à tort être originaires de Terra il y a des millions d'années, un fait qu'ils utilisent pour justifier leur tentative de «reprendre» cette planète pour la leur. La vérité étant que, ils l'ont trouvée avant tout le monde et ont contesté sa propriété avec les Lyrans, Selosi et Anunnaki, la revendiquant comme la leur. Tout autre nouveau visiteur était considéré par eux comme envahisseur. En raison de leur capacité à voyager inter-dimensionnellement, la Fédération Galactique des Mondes a enfermé les Terra-Draconiens dans le plan de la 3ème dimension, et a également bloqué les Thuban-Draconiens afin de les empêcher de pénétrer dans votre système stellaire, par une barrière d'énergie à la périphérie de ce système au-delà de l'orbite la plus externe. Les Ciakahrr ont été l'une des premières espèces à atteindre le niveau de voyage interstellaire et ils ont entravé l'évolution de nombreuses cultures, les empêchant d'atteindre le même niveau de technologie. Ils ont également ensemencé de nombreux mondes avec leurs rejetons biologiques et leurs hybrides, se considérant comme les dirigeants originaux des mondes contrôlés, supérieurs aux espèces indigènes qu'ils considèrent comme des races inférieures. Ils sont également intéressés par la récolte des ressources de Terra, en utilisant à cette fin les populations locales pour faire le travail à leur place. Cela se fait par un contrôle caché des sociétés minières et des sociétés industrielles. Vous êtes confronté à une civilisation belliqueuse qui se reproduit à partir d'œufs boostés par des hormones de croissance pour créer des guerriers puissants, capables de vivre sous terre et dans les parties les plus reculées et hostiles de votre planète. Ils tentent de s'emparer d'une planète dans ce que nous appelons la «fenêtre d'opportunité», qui est la période avant qu'une société fédérée ne devienne une puissance interplanétaire et interstellaire, et cette fenêtre commence maintenant à se refermer ! Le problème est que la Fédération Galactique des Mondes ne peut vous donner pour le moment la technologie du voyage interstellaire parce que vous n'êtes pas encore fédérés en un système stable, entre vous, en tant que société pacifiste unifiée. Vous avez besoin de grandir et de mûrir pour atteindre par vous-mêmes ce seuil liminal de votre évolution et croyez-moi, nous faisons de notre mieux pour hâter votre évolution en ce domaine.

Toutes ces races envahissantes telles que les Gris et les Reptiliens travaillent actuellement pour maintenir cette fenêtre ouverte en entretenant la confusion et les conflits. Imaginez, le jour où vous serez finalement tous fédérés en une même unité pacifiste, sur votre planète natale, que vous possédez - en définitive, et capable de coloniser d'autres mondes, trouvant des solutions à la surpopulation et aux problèmes environnementaux, ce moment où les Terriens atteindront le voyage interstellaire... Les Terriens deviendront une menace pour le programme de l'Empire Reptilien. Et les Reptiliens ne veulent pas que cela se produise. Leurs vaisseaux sont variablement discoïdaux mais avec une constante : les vaisseaux mères Ciakahrr sont d'énormes vaisseaux rectangulaires.

Langage & communication:

Leur langage ressemble à des vocalisations gutturales atonales, des grognements et des cliquetis, assez forts et inconfortables à entendre. Ceci est en partie la raison pour laquelle leurs capacités télépathiques sont si bien affinées. Les guerriers parlent rarement, communiquant entre eux et avec leurs supérieurs de manière non vocale. Ils s'appellent eux- mêmes «K'Akumaa», ce qui signifie «individu», lorsqu'ils s'adressent entre eux. Ils nomment Terra «Shan» et les Terrans «Shanaï».

Structure sociale:

Basée sur un système de castes, davantage semblable à une société insectoïde plutôt qu'une structure sociale reptiloïde. Leur société est composé de trois castes principales :

-Ciakahrr - royauté et élites : individus écailleux mesurant environ 18 à 25 pieds de haut. Ils ont des cornes courbées, une queue, et des ailes qui sont des rabats de peau articulés par des extensions de leurs côtes, pouvant être repliées contre le corps. Ils ont de grands yeux rouges, doré ou bleu, avec des pupilles fendues verticales. En raison de leur taille, de leurs capacités psychiques et de leurs ailes, les Ciakahrrs ont été confondus avec vos Dragons légendaires Vous avez même donné ce nom à la constellation d'où ils proviennent : Draco.

Ciakahrr

Ils sont connus pour avoir pour symbole le serpent ailé. Les élites sont généralement de couleur beige, brun verdâtre, noir et brun, avec des rayures jaunes ou rouges. Ils prospèrent en faisant peur à leurs sujets, s'attaquant en particulier aux plus jeunes pour se nourrir, notamment les enfants Terrans, mets considéré délicat. Comme je l'ai déjà mentionné, les enfants Terrans sujets à une peur intense produisent une substance que les Ciakahrr adorent particulièrement.

-Naga / Nagari - caste guerrière : Plus courts et plus épais, très musclés, sans ailes. Ils sont agressifs, violents et redoutés à travers la galaxie pour leurs aptitudes réputées au combat. Leur peau est écaillée et peut être du rouge foncé à l'orange avec des rayures noires. Ils mesurent de 7 à 8 pieds. Leurs yeux sont jaunes, inclinés, avec des pupilles fendues verticales. Ceux-ci sont capables de s'enterrer pour attendre une embuscade, de longues périodes de temps, survivant même avec un seul repas tous les douze à quinze jours (techniques développées pour augmenter leur agressivité et leur soif de sang). Leur symbole est l'Ouroboros.

-La caste inférieure : plus petite (4 à 12 pieds de haut) et considérablement plus faible, possède beaucoup moins d'armure corporelle. Pas d'ailes. Ils peuvent être divisés en sept sous-castes : scientifiques, ingénieurs, ouvriers industriels, prêtres, commerçants, sécurité militaire et enfin, nourriciers. Ils peuvent apparaître en marron, rouge, bleu ou vert foncé. Ils ont principalement les yeux jaunes.

Métamorphose

Le métamorphisme est une compétence dans laquelle ils excellent, développée à partir d'une capacité de camouflage naturelle, à des fins militaires. Ils brouillent leur signature énergétique avec n'importe quelle signature pour laquelle ils opteront et cela peut être très trompeur. Ils sont très bons dans ce domaine. Leur capacité mentale naturelle à générer des illusions est couplée à une technologie particulière impliquant un réarrangement moléculaire temporaire (l'adrénochrome contribue grandement à cela) et une modulation vibratoire visuelle, utilisant soit un champ hypnotique projeté ou holographique autour de leur corps.

Naga guerrier et Naga métamorphique en arrière-plan (remarquez comme les yeux le trahissent). Au-dessus d'eux se trouvent un vaisseau-mère et des vaisseaux éclaireurs.

C'est un écran virtuel, ou ce que vous appelez "mirage", si vous préférez, qui est un moyen facile de décrire comment la trajectoire de la lumière est modifiée et réorganisée pour créer une illusion. Et bien sûr, ils se font également passer pour Telosii et Pléiadiens, dans le but de tromper les abductés afin obtenir leur agrément. Et bien sûr, aussi, comme vous le savez, mais il est toujours préférable de le rappeler, les visiteurs de type humanoïde ne sont pas tous des reptiliens impliqués dans un certain type de programme contre l'humanité. Cela doit être écrit et rappelé, autant que le fait de savoir que vous pouvez être visuellement induit en erreur. Les Draconiens effectuent ces métamorphoses déroutantes non seulement pour tromper les abductés et rendre la tâche plus facile, mais aussi pour semer confusion en attachant aux Pléiadiens une mauvaise réputation, dans la tentative que les espèces bienveillantes de la Fédération perdent leur crédibilité et leur confiance aux yeux des Terriens. En plus de certains médicaments utiles (comme l'adrénochrome) aidant à leur régénération moléculaire et à leur stabilité dans le processus de changement de forme, les Ciakahrrs extraient également de l'or mono-atomique, avec l'aide d'esclaves bien sûr. Ce minéral particulier stimule leurs neurosystèmes.

Comment repérer un métamorphe

Mémorisez ces bases, elles sont très utiles. Voici quelques caractéristiques aidant à reconnaître un métamorphique reptilien :

-Ils sont hauts en taille.
-Ils ont habituellement des cheveux bruns, mais peuvent aussi imiter l'apparence des races humanoïdes blondes extra-terrestres.
-Ils ont en général un torse étroit en rapport à des cuisses hautes et musclées.
-Leurs yeux, plus rapprochés dans l'espace intermédiaire, ont besoin d'être constamment humidifiés. Pour assurer cette nécessité, ils possèdent une membrane oculaire latérale qui "clique" rapidement à intervalles réguliers. Dans un certain angle de lumière, principalement si vous les observez latéralement, vous pouvez même deviner leurs pupilles fendues.
-Observez la texture de leur épiderme à l'intérieur de leurs poignets et dans leur cou ; ce sont les zones où ils ont le plus de difficulté pour maintenir une transformation moléculaire stable.

-Ils ont une mâchoire inférieure puissante, élément qu'ils ont du mal à modifier, et un large sourire montrant un plus grand nombre de dents.
-L'illusion métamorphique génère des visages parfaitement symétriques, ce qui peut sembler étrangement attirant.
-Ce sont des experts manipulateurs, narcissistes et provocateurs de conflits, des vampires d'énergie vitale et des assoiffés de pouvoir.

AKKAH - LES FOREURS

Importés de leur monde par les Ciakahrrs il y a très longtemps, ce sont des créatures génétiquement améliorées qu'ils amènent avec eux aux fils de leurs conquêtes, afin d'aider à creuser à grande vitesse leurs structures souterraines. Quadrupèdes rapides et puissants, ils possèdent une forte capacité de bio-détection.

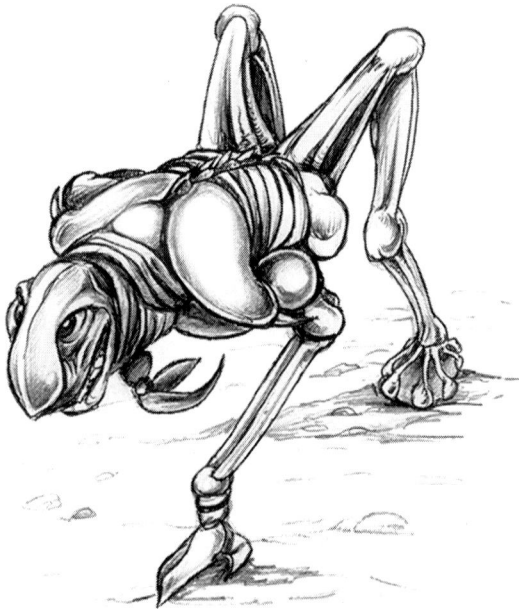

Akkah

175

HORONGA (ou Chupacabra)

(pl. Horongai) Ils ont été importés par les Ciakahrr d'un monde reptilien asservi, et hybridés avec l'espèce Solipsi Ra pour leur permettre de respirer dans l'atmosphère et les conditions de Terra. Leur ADN a également été mélangée avec Naga, afin d'améliorer leurs qualités agressives, de chasse, et leur soif de sang. Ils ont une apparence reptilienne, sans queue, un crâne allongé, de grands yeux rouges et une mâchoire proéminente avec des crocs. Ils portent une crête d'épines tout le long de leur dos, dont les membranes changent de couleur. Ils ont de petits trous pour les narines et les femelles ont des oreilles pointues. La fourrure qui recouvre leur corps change également de couleur, pour ne pas être détectée. Avec leur agilité particulière et leurs extrémités griffues à trois doigts, ils peuvent tout grimper et courir très vite. L'odeur de leur peau vous avertit d'abord de leur présence. Ils communiquent par une langue qui ressemble à des cris s'apparentant à celui du renard.

Horonga

176

Epsilon-Draconis
MAGEL – Reptilian Rouge

Ils ressemblent presque à un dinosaure. C'est une race timide et pacifique, qui n'interagit pas avec les humains. Ce sont des êtres nocturnes qui récoltent et mangent des rongeurs et des insectes. Les Magel ont deux bases permanentes quelque part en Amérique du Sud et près d'Oaxaca, au Mexique. Au moins 3 d'entre eux sont détenus au Brésil depuis plusieurs années (T). Ils sont visités par leur propre espèce tous les 20 ans et la prochaine visite devrait avoir lieu en 20366.

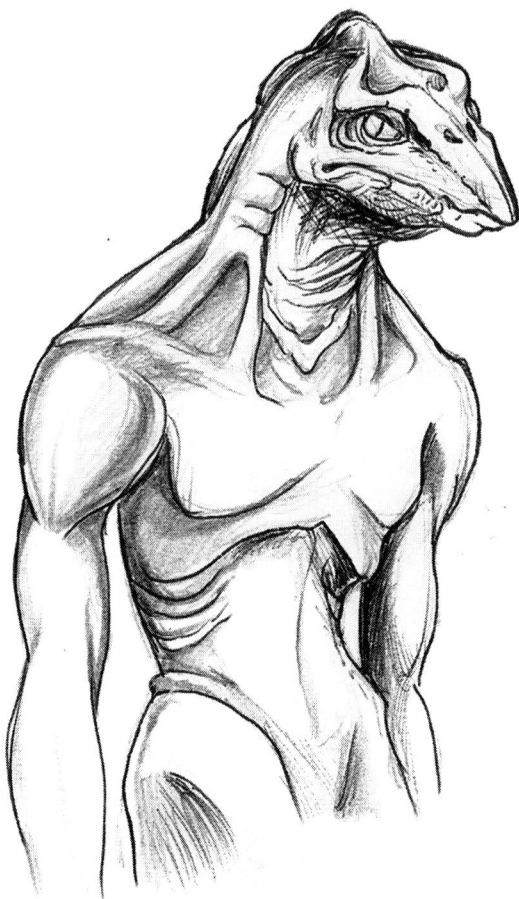

Magel

177

Sigma-Draconis
GIANSAR – IGUANOIDS/ SAUROIDS

Leur monde natal est Tiphon Giansar (Sigma Draconis). Giansar mesure 4 à 5 pieds de haut, ont un visage allongé, une queue et une peau de lézard jaunâtre à verte. Lorsqu'ils sont sur Terra, ils portent souvent des robes ou des capes sombres à capuche, camouflant leurs traits sauriens. Ils sont extrêmement dangereux et haineux envers les humains et d'autres reptiloïdes tels que les Gris, et comme toutes les autres branches de la race «serpent», ils utilisent la magie noire, la sorcellerie et d'autres formes de contrôle mental contre leurs ennemis. Ils semblent être une classe sacerdotale parmi les espèces reptiloïdes. Vampires se nourrissant de l'essence émotionnelle humaine, ils aspirent l'énergie dont ils ont besoin non seulement pour nourrir leur pouvoir éthérique, mais aussi pour piéger et asservir les humains par leurs vices et leurs faiblesses, bloquant leur croissance spirituelle, les faisant reculer dans des plans inférieurs d'existence. Le programme naturel des reptiliens est universel dans leur empire : conquérir, assimiler, consommer. Ce n'est pas seulement leur ordre du jour, mais aussi leur nature. Ils utilisent les humains en tant qu'hôtes parasites, les assimilant génétiquement [hybrides], psychiquement [implants] et même bioplasmiquement [possession]. Les rituels magiques sombres impliquant des contacts avec les royaumes démoniaques et invoquant des entités sombres, les Giansar sont très utiles aux Reptiliens pour ouvrir des portails dans le tissu de l'espace-temps entre les plans dimensionnels. Ces créatures se nourrissent de l'obscurité du collectif humain, et la meilleure façon de les faire reculer est de vaincre votre propre ennemi intérieur. Toute méthode de résistance consistant à faire briller votre propre lumière et à guérir vos blessures et vos faiblesses est d'une grande aide et protection préventive contre ces ordures.

MIB ou DRACO-BORGS

Les soit-disant «hommes en noir» sont des formes de vie cybernétiques contrôlées par les Ciakahrrs, travaillant avec les divisions secrètes du gouvernement Américain, généralement accompagnées dans leurs visites à votre porte, pour vous intimider, par un véritable métamorphe Reptilien. Ces créatures synthétiques sont également infiltrées en un grand nombre dans les sociétés Terriennes et la façon de les reconnaître est similaire à l'identification d'un métamorphe. À ces critères, vous pouvez également ajouter une odeur synthétique particulière, des traits non raffinés, aucune empreinte digitale et des oreilles d'apparence faible ou artificielle. Ils sont également appelés «Horlocks» et lorsqu'ils ne sont pas de ce qui précède, ce sont des humains Terriens sous contrôle mental. Afin de dissuader les témoins, ils utilisent le contrôle mental (une spécialité reptilienne) et la menace par la peur comme arme psychologique. Ils se déplacent dans des voitures noires et des hélicoptères noirs, et sont affectés à des installations souterraines.

ACTIVITÉS DE L'EMPIRE CIAKAHRR SUR TERRE

Hybridation

Les Reptiliens s'intéressent à l'ADN des humains depuis des millénaires, dans un but principalement de perfectionner leurs compétences de métamorphose. Les Ciakahrrs sont autant impliqués dans la manipulation de l'ADN des Terriens dans la conception de leurs propres hybrides, que les Gris et leurs assistants, des drones créés biologiquement, synthoïdes et divers hybrides. Les enlèvements humains, lorsque la victime ne revient jamais, sont généralement de nature Reptilienne. Ils ont des installations souterraines sur Terra, certaines en relation avec des bases militaires, reliées par un réseau de système monorail connectant divers points importants, comme le mont Shasta par exemple. Vous pouvez identifier les points d'accès par le symbole du cercle-serpent, ou comme vous le nommez : Ouroboros. C'est le symbole des factions de l'Empire Reptilien assignées aux mondes colonisés, et l'insigne qu'ils portent sur leurs uniformes est ce cercle-serpent comprenant sept étoiles, faisant référence à leurs colonisation des sept secteurs galactiques.

Scalping de l'âme

Quant à disposer des corps terriens pour les habiter avec une âme de leur propre matrice, les Ciakahrrs ont pratiqué des procédures méprisables. Avec temps, pratique et résilience, ils ont perfectionné une technique consistant à arracher l'âme d'une personne hors de son corps et à la disposer dans un conteneur. Emprisonnée dans cette capsule particulière, l'âme connaitra l'expérience de vivre à travers une matrice illusoire. Personne ne peut tuer une âme ; une âme est immortelle et une fractale de la Source. Le mieux à faire est de l'extraire pour la piéger. Que font-ils des corps ? Expérimentations d'intelligence artificielle, remplacement... De nombreuses élites industrielles et militaires, ainsi que certains dirigeants, ont été scalpés et remplacés par des entités Ciakahrr, afin de prendre le contrôle de Terra à travers les systèmes bancaires, puissantes entreprises et industries, célébrités et gouvernements.

180

Colonisation

Les Ciakahrrs et Nagas sont exceptionnellement résistants et adaptables à presque tous les environnements extrêmes, mais ils favorisent le type d'environnement souterrain en raison de la lumière tamisée et des températures douces et stables. C'est une raison pour laquelle nous trouvons un certain nombre de leurs bases militaires construites à l'intérieur d'astéroïdes ou de planétoïdes stériles. Ils n'accèdent à la surface que lorsque cela est nécessaire. Leur méthode habituelle de colonisation d'un monde habité consiste à construire d'abord une base initiale d'opérations souterraines, puis à l'étendre progressivement, puis à créer un réseau de tunnels sillonnant toute la sub-surface de la planète, reliant lentement toutes leurs installations tactiques. Au début de ce travail de colonisation souterraine, un gouvernement central est établi en alliance avec certains dirigeants et institutions à la surface, sur la base d'une structure hiérarchique de castes à plusieurs niveaux typiquement Draconienne, et ces dirigeants de surface se voient promettre un pouvoir absolu en échange. En fait, les vrais dirigeants sont bien sûr les Ciakahrrs. Les tendances des Ciakahrrs aux conquêtes agressives ont soulevé l'inquiétude de toute la galaxie, autant que la croissance constante de leur empire. Personne ne souhaite vraiment les confronter, en raison de leur nature à afficher rapidement une technologie de guerre massive à la moindre irritation. Le contact est généralement évité à moins d'une intrusion ouverte dans l'espace territorial.

Le vaste empire Ciakahrr, depuis son pouvoir central dans le système Thuban (Alpha Draconis), s'étend du Cygne à Persée et jusqu'à Orion, et les avant-postes et mondes occupés dans ce secteur ne réagissent pas bien à cette intrusion dans leur espace. Aucune intervention ou intercession d'aucune race n'a été tentée, bien que la Fédération Galactique des Mondes ait toujours gardé un œil sur les Ciakahrrs avec une attention accrue. L'Empire Ciakahrr a envahi les systèmes Lyran il y a longtemps pour prendre possession de leurs ressources naturelles et humaines. Le résultat de ce siège fut dramatique et les pertes de vies conséquentes. Les armadas massives des Ciakahrrs eurent raison de ces systèmes stellaires, et les survivants fuirent vers de nouveaux mondes loin de portée du conflit, là où ils pourraient trouver des planètes aptes à abriter la vie.

Un vaisseau Lyran Taal, parti pour Mirza (β Canis Majoris), était accompagné d'une flotte Reptilienne comme escorte, transportant la famille royale Taal. On dit qu'un accord fut conclu qui pourrait expliquer le lien entre ce groupe Taal survivant et une colonie de reptiliens Ciakahrr, tous deux situés dans le système Mirza. Telle est l'origine de la relation entre ces deux populations. Les Ciakahrrs avaient également une colonie sur la planète Maldek, désormais une ceinture d'astéroïdes explosée dans une guerre avec la Fédération Galactique pour essayer de les faire sortir du système solaire. Récemment, néanmoins, et en exemple d'espoir, une société reptilienne dominée par des femelles, dans le système Capella, est parvenue à se libérer héroïquement du joug de l'Empire Reptilien.

Pour un peu d'histoire, une colonie Lyrane s'était installée sur votre planète dans la région de l'Inde actuelle et du désert de Gobi, qui possédait à l'époque un climat tropical. Défiée et menacée par une race de métamorphes reptiliens basée en Antarctique, qui avait également un climat différent, une guerre a éclaté entre les deux factions, ce qui fut enregistré dans diverses légendes locales. Pour clore le chapitre, les colons Lyran développèrent une super-arme qu'ils lancèrent sur l'Antarctique. L'explosion fut si terrible, qu'elle secoua littéralement la planète, faisant trembler son axe. Cependant, quelques colonies reptiliennes survécurent dans des réseaux souterrains de tunnels et de cavernes. L'un d'eux était Patalas, une cave à sept niveaux, où certains indigènes rencontrèrent les violents Nagai, ayant vu leurs navires entrer et sortir des flancs de la montagne. Il y eut dans cette région, à travers les âges, de nombreux conflits entre les reptiliens et les locaux.

Hiérarchie des occupants

Les races d'envahisseurs sur Terra ont des accords interdépendants entre elles, ainsi qu'avec le gouvernement Américain. Les reptiliens composent le sommet pyramidal secret du complexe extraterrestre industriel militaire, contrôlant toutes les informations liées à la présence extraterrestre. Ils contrôlent les élites humaines, les médias et les entreprises, les institutions et les systèmes financiers, stimulent les guerres, la pénurie, la peur et l'insécurité, encouragent la corruption, la férocité ethnique et religieuse, le terrorisme, le trafic de drogue et le crime organisé.

Il existe une hiérarchie stricte impliquant les Draco-Reptiliens et d'autres races extraterrestres impliquées dans l'invasion de Terra. Les reptiliens de Thuban, les Ciakahrr et Naga (ou «Dracos»), commandent les Reptiliens basés sur Terre. Ceux-ci commandent à leur tour les Maytra (Grands Gris) et les Mantis (Insectoïdes), qui commandent le Do-Hu Zeta ou la faction asservie de Solipsi Rai et leurs entités clonées et biosynthétiques.

Cauchemars souterrains, la tempête se lève...

Le gouvernement américain a fait alliance avec une faction séparatiste de Telosiens, colonie d'Alpha Centauri membre des royaumes souterrains Agarthan. Ces deux alliés ont ensuite été impliqués dans des traités secrets avec les Do-Hu de Zeta Reticuli, qui les ont approchés avec leurs histoires habituelles et systématiques de gémissement d'une race en déclin, demandant l'accès au matériel génétique terrien pour améliorer leurs gènes en déclin. L'accord consistait à procéder à quelques enlèvements de Terriens, juste assez pour sécuriser leur génome, en échange d'une technologie qui s'est révélée, au final, très décevante. Eh bien, le gouvernement Américain, qui a choisi de tomber dans le piège, apprit à ses dépens que Zeta et les Ciakahrr travaillaient ensemble et avaient utilisé leurs traités astucieux avec les gouvernements Terrien et Telosien pour prendre possession des bases militaires et des sous- colonies de Telos. Cette méthode conjointe de manipulation utilisant les Do-Hu de Zeta Reticuli pour une conquête facile est trop bien connue, et a été utilisée par l'Empire Ciakahrr pour infiltrer de nombreux mondes. Toujours, ils seront capables de trouver des alliés indigènes suffisamment naïfs et avides de pouvoir pour trahir leur propre peuple, en échange de fausses promesses. Une fois les traités signés et que les dirigeants locaux de la planète envahie agréent de leur pleine volonté sur les termes du contrat, les envahisseurs ont tous les droits aux yeux des lois de la Fédération Galactique des Mondes. Ils procèdent systématiquement, comme cela, et cette ruse fonctionne toujours à merveille, car ils parviennent immanquablement à trouver cette étincelle de cupidité et de profit personnel dans des dirigeants autochtones du monde à conquérir.

En 1954, les Do-Hu contactèrent des dirigeants terriens pour mettre en œuvre ce plan habituel, et cette fois-ci la Fédération Galactique décida de briser, exceptionnellement, la Première Directive, en prenant ouvertement contact pour avertir les dirigeants Terrans de ne pas commettre la plus grande erreur de leur histoire. Malheureusement, peu de temps après, ces mêmes dirigeants Terrans signèrent un accord avec les Do-Hu. La seule chose que nous avions à offrir était une aide à votre évolution spirituelle, avec l'éradication de toutes vos armes nucléaires et l'assistance dans l'élaboration d'une structure sociale nouvelle, fédérée et pacifique. Bien entendu, cela n'était pas dans l'agenda personnel des dirigeants Terriens à l'époque. L'Empire Ciakahrr savait très bien ce qu'il faisait en envoyant les Do-Hu ; il n'y avait rien de plus souhaitable pour le gouvernement Américain que d'acquérir une technologie d'armement hautement supérieure, à une époque où une guerre d'intérêts était engagée avec leur plus grand rival économique : la Russie. Donc, notre offre d'aider au désamorçage de vos conflits, ainsi qu'à construire un monde de paix et de prospérité, glissa sur une surface lisse…

Et cette situation dura donc des décennies, empirant de jour en jour… La liste des quelques centaines de Terriens à enlever, pour la plupart des prisonniers et des malades mentaux, fut dépassée à grande vitesse et rapidement, le nombre d'enlèvements atteignit des milliers, voire un million par an en peu de temps. L'Empire Ciakahrr intervint dès le traité signé et peu de temps après, l'Empire d'Orion et la Société d'Altaïr s'invitèrent au festin. Des groupes indépendants comme par exemple Kiily-Tokurt et Maytra sentirent également l'opportunité et assez rapidement, un réseau très complexe de traités et d'accords fut établi entre tous ces prédateurs. Sur (et sous) Terra, des alliances secrètes furent également conclues entre le complexe militaro-économique et les cultes Terriens obscurs basés sur le culte de la peur, la douleur et les sacrifices sanglants. Tout a été mis en place pour donner naissance à la bête la plus horrible et multi-tentaculaire : la Cabale. Pendant des décennies, les Terriens ont été enlevés, stockés, élevés, torturés, violés, massacrés, dans les vastes installations souterraines en liaison et collaboration avec des bases militaires américaines. Les enfants servaient pour le commerce sexuel, la nourriture et l'adénochrome, les femmes pour reproduction génétique et esclaves sexuels, et les hommes comme force de travail dans diverses colonies minières, sur et hors de Terra. Certaines installations se sont spécialisées dans les technologies de contrôle de l'esprit, utilisant des trackeurs nanométriques et quantiques, l'intelligence artificielle, les armes à résonance téléguidée, le clonage humain et les expériences génétiques, et pire… le Soul Scalping, pratique visant à l'extraction d'une âme hors d'un corps par l'utilisation de mercure, de chrome et d'une douleur intense. Toutes ces espèces extraterrestres, ainsi que toutes ces élites Terriennes, avaient une part de profit à cet égard. Vous n'avez aucune idée de l'étendue du réseau des souterrains et des villes subterranéennes… c'est gigantesque, hors de l'imagination. Les structures souterraines de l'Agarthan, extrêmement anciennes, ont été réquisitionnées et largement étendues à l'aide de la technologie extraterrestre. Les trains utilisant la technologie antigravité accélèrent jusqu'à 1 200 km / h, reliant même les continents les uns aux autres, dans les plus profonds abysses.

Cela dura jusqu'à récemment, lorsque la Fédération Galactique des Mondes a finalement décidé d'intervenir, enfreignant les règles de non-intervention et malgré les traités protégeant les alliances de la Cabale et leurs activités. Dans la deuxième décennie du XXIe (T) siècle, une vaste opération fut créée pour procéder à un nettoyage à grande échelle nommé : «La tempête». Le but était d'exterminer la Cabale et de libérer l'espèce Terran. Nous avons renoué le contact avec les gouvernements Terrans et commencé à travailler avec eux, en formant des deux côtés des combattants d'élite et en préparant une intervention qui resterait dans les archives de l'Histoire. Nous avons généré une activité sismique précise pour cartographier le tout et c'est ainsi que nous avons pu localiser tous les tunnels et les installations. Fort de notre soutien, de nombreuses personnes influentes Terran ont commencé à parler et à révéler la vérité. Beaucoup furent éliminés mais sous le nombre, la Cabale fut rapidement submergée. De nombreux dirigeants Terran se sont rebellés un par un, progressivement, et ont rejoint le combat. Les alliés de l'Empire Ciakahrr leur ont tourné le dos, ne voulant pas être en guerre avec la Fédération Galactique des Mondes. La guerre clandestine fut violente et des millions de Terrans furent secourus, certaines élites Terran furent arrêtées tandis que, dans le dernier sursaut de l'ennemi, une pandémie répandant la peur et la mort fut créée par la Cabale, afin, dans un second temps, d'injecter le reste de la population par la force et la peur avec la poussière-traqueuse,

185

en accord avec un réseau de satellites en orbite, pour asservir et verrouiller définitivement la race Terran dans la matrice de troisième densité. Mais ceci reste l'histoire de la libération et de l'accompagnement de Terra vers la nouvelle étape de son évolution : l'âge spirituel d'un nouveau paradigme. Ils ont refusé notre aide en 1954 alors que nous savions ce qui allait arriver, ils nous remercieront en 2024 soixante-dix ans plus tard. Toutes ces souffrances auraient pu être évitées, si seulement... ils nous avaient écouté. Il y a des centaines de ces installations souterraines dispersées à travers cette planète mais voici une liste des principales, utilisées par les alliances Ciakahrr-Orion-Altair, construites dans le prolongement des structures Agarthan préexistantes, avec la coopération d'une faction Telosienne ainsi que des gouvernements terriens . Il y avait 4 principaux quartiers généraux souterrains de la Cabale sur Terra : sous la base de Dulce, au large des Bermudes, au large du Danemark et de la Nouvelle-Zélande, mais laissez-moi d'abord vous parler du grand 'hub', le centre de tout : Dulce.

USA:

***NEW MEXICO: Dulce: Installations conjointes souterraines hautement classifiées. La technologie extra-terrestre y est utilisée et elle est la résidence du commandement Ciakahrr, des officiers Naga, de la force de travail Do-Hu et d'un avant-poste de l'Alliance Orion impliquant principalement Maytrei et Kiily-Tokurt. Et quelques humains/hybrides qui pourraient être sous leur contrôle. Tous collaborent avec la CIA Terran, dans les niveaux inférieurs des structures souterraines qui s'étendent à environ 90 ou 100 miles au sud-est. La caste ouvrière reptilienne est celle qui fait le vilain travail dans les bas niveaux de ces souterrains, abusant et violant tous les droits des Terrans enlevés. Nous parlons ici d'une alliance maléfique des Reptiliens des empires Ciakahrr et Orion, avec les agences de sécurité nationale et des entreprises américaines, des sectes sombres et même certaines célébrités sociales utilisées comme marionnettes humaines afin de dominer le monde à leur guise. La Base Dulce est plus connue comme un laboratoire de biogénétique travaillant sur la technique de contrôle humain, le clonage, la recherche cognitive et le contrôle avancé de l'esprit, le croisement animal/humain, l'implantation de puces visuelles et audio et l'expérimentation chez les enfants.

Dulce est la deuxième plus grande base souterraine de Ciakahrrs et Gris, et le noyau central de toutes les autres. Construit sur douze niveaux avec ses propres routes et quartiers de bâtiments, les trois premiers niveaux sont destinés aux bureaux et laboratoires Terran, au stationnement des véhicules Terrans et extra-terrans, à la maintenance technique et fonctionnelle. Le quatrième niveau est celui où les choses deviennent difficiles ; là sont menées des expériences sur l'âme humaine, la manipulation des rêves, l'hypnose et la télépathie. Tous les aspects de la planification du contrôle mental sont également traités ici. Au cinquième niveau se trouve le logement extra-terran où les Terrans enlevés sont stockés pour la nourriture. Dans de vastes réservoirs, dans un gel de biosupport et constamment agité par des bras robotiques, sont conservées des parties du corps humain. Sur ce même niveau, des milliers de cages sont empilées en lignes et en rangées, contenant des populations Terran de tous âges et de tous sexes, attendant d'être mangées. Le sixième niveau... s'appelle «la salle du cauchemar». Il contient les laboratoires de génétique et ici, les expériences de croisement entre humains et animaux sont menées. Le septième niveau est le stockage cryogénique de milliers et de milliers d'adultes et d'enfants Terran et aussi loin que nous descendons... nous nous enfonçons dans l'ombre. La plus grande base est située à Taos, non loin de là, mais il y a aussi :

-White Sands-Alamogordo : trois installations souterraines. Centre majeur de recherches sur les radiations et le contrôle de l'esprit.

-Datil et Pie Town : remorquage des installations souterraines.

-Carlsbad Cavern & East Carlsbad, Angel Peak : spatioport.

-Los Alamos : Les structures souterraines reliant le réseau Agarthan, ont été creusées par des prisonniers dans les années 1940. Il y a des expériences génétiques inter-espèces et le scalping de l'âme, et les installations servent également à la préparation et au stockage de la nourriture humaine.

-Kirtland : expériences médicales

-Base aérienne de Manzano : quartier général des garnisons Nagai et spatioport.

-Pie Town : spatioport

-Montagnes de Sandia : spatioport.

Toutes ces installations sont reliées par des tunnels souterrains, notamment aux bases de la Zone 51, du Colorado et du Texas.

*** ALASKA: Nome: spatioport souterrain dirigée par les Maytra.

*** ARIZONA: Fort Huachuca: Voici l'un des principaux hangars souterrains pour vaisseaux spatiaux. Cette installation est un point d'atterrissage pour les contingents Ciakahrr et une centrale abritant une grande quantité d'autres installations. Sert également de centre de formation. / Gates Pass: installation d'armement et de stockage technique, pour l'expédition d'esclaves Terran vers les colonies extérieures. / Mts de Gila: expérimentations sur le scalping de l'âme et la génétique. / Mt Santa Catalina: Expérimentation génétique, armement et stockage technique. / Grand Wash Cliffs / Green Valley / Mts Hualapai et Rincon / Mt Lemmon / Page / Safford.

*** ARKANSAS: Hardy / Pine Bluff : installation et spatioport.

***CALIFORNIE: Base maritime de Palms: spatioport, recherche combinée de l'armée américaine, Ciakahrr, Orion, Altair. / China Lake: base de recherche américaine sur le contrôle mental et les armes. / Deep Springs: spatioport (Kiilytokurt) / Fort Irwin: spatioport (Naga) / Edwards Air Force Base: trois grandes bases de vaisseaux spatiaux. (Ciakahrr, Kiilytokurt, Zetan) / Helendale, Lockhead: Trois spatioports (Ciakahrr-Orion-Altair), centre de développement de technologies extraterrestres et de projets de renseignement secret. / Los Angeles, Tehachapi Mountains: technologie pour les projets secrets de l'élite. Descend à 42 niveaux. Impliqué dans la recherche en électronique et en aérospatiale de haute technologie. / Mt Shasta: Partie des structures souterraines créées par Telosiens d'Alpha Centauri et où se trouve une vaste ville souterraine nommée Telos, réquisitionnée par l'armée américaine et les envahisseurs reptiliens (Alliance Washington-Telos). Ici sont menées des recherches avancées sur la technologie spatiale, des expériences génétiques, des armes à faisceau. Un tube relie le mont Shasta à l'une des principales villes Telosiennes dans la jungle du Matto Grosso au Brésil. / Kern River: base de vaisseau spatial / Lancaster: conception d'aéronefs, ingénierie antigravité. / Lawrence-Livermore International Laboratories: cartographie du génome humain, expériences de clonage du chromosome # 19. / Napa-Valley: spatioport et trafic d'esclaves. / Norton Air Force

Base: spatioport / Quincy: spatioport. / Palmdale, Uano: Laboratoire de technologie spatiale. / Presidio: Administration / Sierra Nevada: spatioport, installation polyvalente regroupant les mêmes activités que Dulce. Très profond. / Tehachapi Ranch: Quatre spatioports, avant-poste principal de l'Alliance Orion. / San Bernardino / Santa Barbara / Santa Rosa / Trona / Darwin / San Juan Valley / Wingate Pass, Death Valley.

*** COLORADO: Alamosa: spatioport / Boulder: Centre de transmission de radiations pour contrôle de l'esprit. / Colorado Springs: Immense installation et réseau largement étendu d'installations souterraines avec quarante-cinq bâtiments, des centaines de personnel et de vastes cales de stockage pour les esclaves Terrans. Ici sont mis en service un certain type de satellites, actifs dans le processus de contrôle mental de masse. / Fort Collins: spatioport et base d'activités pour Maytra. / Grand Mesa: spatioport pour Orion Alliance. / Mt Rose, Paradox Valley: stockage d'esclaves et étude du contrôle mental. / Falcon Air-Force base: Contrôle par satellite / Gore Range, Lake, Denver: Bibliothèque et banque de données centrale. / Denver: 5 bâtiments souterrains de 70 niveaux, 35 km de diamètre, plus 8 villes souterraines. / Book Cliffs / Creede.

*** CONNECTICUT: Nord-Ouest: Alliance US-Telos, programmes d'hybridation génétique.

*** FLORIDE: Base massive à Eglin: spatioport Orion Alliance.

***GEORGIA: Atlanta: Kennesaw Mountain, Marietta, Dobbins AF Base, Forest Park sont les principaux centres d'un immense complexe souterrain./Thomasville: terrain d'entraînement pour vols spatiaux.

*** HAWAII: Cratère Ali Manu et Hana: Stockage d'armes./ Kokomo

*** IDAHO: Lower Goose Lake, Oakley: établissement pénitentiaire. / Snake River, centre-sud: entre Twin Falls et Idaho Falls.

*** KANSAS: Kinsley: spatioport / Hutchinson: entrée des tunnels sous l'hôpital. La base reptilienne souterraine est facilement fournie par des patients hospitalisés pour la récolte génétique et l'expérimentation, ainsi que l'approvisionnement en organes et en foetus. / Kansas City / Atchison / Fairview.

*** INDIANA: Bedford Mines.

*** MARYLAND: Archives et bibliothèque ultra-classées, Suitland / Cp David / Ft Meade / Olney / Edgewood.

*** MASSACHUSETTS: Maynard.

*** MICHIGAN: Battle Creek / Gwinn / Lac Supérieur: base extra-terrestre de 5000 pieds de profondeur sous le lac.

***MISSOURI: Twin Bridges, Liban: spatioport. / Bat caves' cluster of caves (Dry, Dead Man, Howell): Bat caves' cluster of caves / Mts St Francis: entre St Louis et New Madrid.

*** NEBRASKA: Nebraska Centre-Nord / Red Willow.

***NEVADA: Blue Diamond: spatioport. / Groom Lake: également connu sous le nom de Zone 51 ou Dreamland. Ce complexe est facilité par la CIA et est composé de trois principales bases souterraines distinctes, les deux autres sont: Papoose Ranch et Cockeyed Ridge. Ici sont développées et testées des technologies secrètes liées à l'ingénierie des vaisseaux spatiaux extraterrestres. Dans vingt-neuf niveaux souterrains, toutes sortes d'opérations terribles sont menées, parmi lesquelles: la fabrication de clones Do-Hu et de formes de vie artificielles à utiliser comme force de travail dans les différents programmes extraterrestres, et des expériences d'hybridation et sur les abductés Terran. Ce qui se passe là-bas est du plus ignoble. / Quartzite Mountain: spatioport / Tonopah: installations souterraines secrètes de l'US Airforce et de la CIA.

***NEW HAMPSHIRE: New Hampshire Hills: 3 bases souterraines.

*** NEW JERSEY: Picatinny Arsenal: Spatioport Ciakahrr, très profond.

***NEW YORK: Mts Adirondack, Elizabethtown/ zone métropolitaine de New York: Trafic d'esclaves, expérimentations génétiques, programme d'hybridation et approvisionnement et stockage de la nourriture humaine / Plattsburg (près du Canada et St Alban): 2 spatioports.

***OHIO: base Wright-Patterson, Dayton: recherches en ingénierie extraterrestre et ingénierie de prototypes hybrides.

***OKLAHOMA: base Ada: clonage humain et expérimentation génétique, spatioport Kiilytokurt. / Ashland Naval Depot: spatioport.

*** OREGON: Bull Rum Reservoir (nord), Mt Hood, Larch Mt, sud Benson St Park du Columbia Lodge. / Coos Bay: trois spatioports / Klamath Falls: camp de concentration souterrain.

***PENNSYLVANIE: Blue Ridge Summit, Ft Richie, Raven Rock, Site R: Expériences et procédures sombres psychiques, scalping des âmes, trafic d'esclaves sexuels contrôlés par l'esprit.

*** TEXAS: Ft Hood: garnisons Do-Hu et spatioport /Denton / Arsenal Red River: spatioport.

***UTAH: Dougway / Kennecott's mine.

***VIRGINIA:Bluemont, Mt Weather base: Ville souterraine, centre de pouvoir administratif pour les représentants du Cabinet. Des expériences génétiques sombres se déroulent sous terre. Ciakahrr et Maytra vivent là en grand nombre / Culpepper, Mt Pony: stockage des corps, surveillance des systèmes bancaires. / Pentagone, Arlington / Warrington.

*** WASHINGTON & DC: Bothell / Fort Lewis / Maison Blanche: connexions multiples avec des installations souterraines profondes par des tunnels et aussi avec un lieu de culte sombre: la Maison du Temple.

*** VIRGINIE OUEST: Sugar Grove / White Sulphur Springs.

*** ALBANIE: Lshnje

***ANTARTICA: Admiralty Mountains, Mt Levick au niveau de la glace: régulateur de temps, expériences humaines, contrôle des communications, armement atomique.

*** AUSTRALIE: Pine Gap: Recherches sur les armes à particules, expérience génétique, suivi spatial. Treize étages. / Mt Ziel / Canberra / Snowy Mountains/ Brisbane: Maytra.

*** CANADA: Toronto: accès à la base souterraine par la rue Parliament entre 2 bâtiments.

***ANGLETERRE: Bentwaters / Meriwith Hill / Rudloe Manor, Wiltshire, Bath / Staffordshire / Suffolk

*** ISLANDE: Parc national de Jokulsaarglifur.

*** NORVÈGE: Finmark: armes et énergie. Spatioport.

*** PHILIPPINES: Mindoro / Magsaysay / Davao, île de Mindanao.

*** RUSSIE: Ramenki / montagnes du Yamantan, région de Belorelsk, sud de l'Oural / Toundra, péninsule de Kola / Sibérie, région de Chatanga au croisement des rivières Kotuja et Cheta / Egveknot

***ZIMBABWE: Mt Inyangani: Système de grille tubulaire pour l'ionisation atmosphérique.

Voici d'autres bases importantes travaillant avec des structures extraterrestres, mais ne conduisant pas de programmes, sachant qu'il y a au total des centaines de points de débarquement et d'installations souterraines partout sur et sous cette planète: Mer Baltique / Bermudes / Bosnie / Chine / Egypte / France / Allemagne / Grèce / Groenland / Himalaya / Irak / Irlande / Italie / Kosovo / Malte / Nouvelle-Zélande / Pologne / Arabie Saoudite / Sibérie / Espagne / Suède.

***

ERIDANUS – Éridan
Epsilon Eridani

KAHEL

Il s'agit d'une colonie Lyrane appartenant à la race humanoïde Ahel, installée dans ce système stellaire que vous nommez Epsilon Eridani, sur la première planète : Ammakha («l'endroit marécageux»). Ils ont terraformé ce monde humide apte à abriter la vie, à leur convenance. Ils ont évolué pour devenir une civilisation grande et pacifique, jouant un rôle très actif dans la Fédération Galactique des Mondes. Ce sont des humanoïdes à la peau claire, aux cheveux longs de différentes couleurs, même si la race Ahel originale est uniquement blonde. Les Kahil ont importé avec eux la subtilité de la culture Ahel Lyrane, avec son système éducatif, sa structure sociale, sa spiritualité et ses connaissances scientifiques, notamment en génétique.

En raison de leur étrange ressemblance avec l'espèce Terran, les Kahil ont infiltré les sociétés de votre planète en tant que travail de terrain pour la Fédération Galactique des Mondes. Leurs navires sont d'une forme extrêmement élégante.

Kahel

FORNAX
<u>Galaxie UDFJ- 39546284</u>

<u>EGON</u>

Ceux-ci proviennent de la galaxie UDFJ- 39546284, à 13,2 milliards d'années-lumière de Terra, et visible pour vous dans la constellation que vous nommez Fornax. Ils s'appellent eux-mêmes les «Egon» et voyagent à travers des vortex spatio-temporels. C'est une grande et belle race humanoïde, à la peau claire et aux cheveux clairs, et leur épiderme a cette odeur particulière florale, en raison de leur nature botanique. Les Egon ne visitent pas souvent Terra, mais ils ont contacté les Terrans une fois en 1935, en URSS. Ils se sont adressés à eux dans une sorte de dialecte slave et ils ont laissé un message écrit d'une dizaine de phrases mais avec les événements politiques de l'époque, tout fut détruit, à l'exception des dates qui y étaient laissées : «2017-2022». Nous pensons qu'ils sont venus vous avertir d'une courte fenêtre temporelle durant laquelle le sort de votre espèce serait décidé.

Egon

GEMINI – Gémeaux
Pollux
AINANNA

Originaires de Beta Geminorum (Pollux), 34 années-lumière de Terra, dans la constellation des Gémeaux. Leur planète est Dromna-Thestias. Cette planète a une masse 2,3 fois supérieure à votre Jupiter et orbite autour de son étoile en 589 jours (légèrement fluctuante). Le système a 3 planètes, les deux autres sont rocheuses et sans vie, l'une est utilisée pour l'extraction des ressources. Les Ainanna ont partagé leur résidence sur Mars avec d'autres races pendant des milliers d'années, jusqu'à ce qu'elle soit rendue habitable. Même taille que les Gris Zeta, avec des yeux plus larges et plus grands. La peau est d'un brun plus clair. Quatre doigts plus le pouce, idem pour les orteils. Ils ne portent des vêtements que lorsque cela est nécessaire. L'orange est la couleur qu'ils peuvent porter comme uniforme lorsqu'ils voyagent, mais il s'agit davantage d'une combinaison environnementale. Leur planète est très chaude, en raison de l'effet de serre, et ils ne peuvent respirer dans votre atmosphère. Ils utilisent donc des formes de vie synthétiques telles que des clones pour faire le travail et interagir dans l'environnement Terran. Ils ne font pas partie de la Fédération Galactique mais ils ont une base souterraine sur Terra, et également sur d'autres planètes, mais ils sont principalement stationnés à Dulce Base US, travaillant avec les gouvernements en échange de haute technologie contre du matériel d'humain. Ils mènent également des expériences génétiques ainsi que des travaux sur les dissociations éthériques, alliés dans ce programme aux Reptiliens et Maytra. Certaines parties de ces installations ont une atmosphère respirable adaptée pour eux. Leurs navires sont ovales et certains sont rectangulaires, en métal noir. Les rectangulaires sont plus grands, avec des lumières jaunes à la périphérie. Ils connaissent la technologie de camouflage et utilisent également des orbes-sondes sphériques bleues.

Ainanna

***

GRUS– Grue
Gliese 832
ELMANUK

Près de l'étoile Alnair, dans le système stellaire Gliese 832 à 16,2 années-lumière de Terra, existe une planète, Ardamant, abritant une race connue comme l'une des plus pacifiques. Les Elmanuks sont à l'origine de la création du Conseil des Cinq avant que la Fédération Galactique ne soit formée. Ce conseil, d'abord appelé, lors de sa création, le Conseil des Neuf, ou Conseil d'Ardamant, avait pour but de s'occuper des mondes sous-développés et de les protéger contre l'Alliance d'Orion et l'Empire Ciakahrr. Les Elmanuk sont grands et très minces ; on pourrait penser qu'ils n'ont que la peau sur les os, mais vous seriez surpris par leur forme physique et leur force. Leurs yeux sont très grands et comme la plupart des races Gris, ils portent des verres de protection foncés. Ils ont deux sexes, mais en cas de nécessité, les mâles peuvent changer de sexe en activant un organe dans leur ventre. C'est un processus très douloureux, c'est pourquoi cela n'est effectué que lorsque nécessité l'exige. Ils ne sont plus très nombreux et leur ancienne race a préféré se retirer de la diplomatie galactique. Ils apparaissent toujours au Conseil Galactique de la Fédération, mais seulement lorsque cela est nécessaire. Au moment où ils ont créé le conseil d'Ardamant, ils ont inventé la fameuse phrase: «Cinq univers, 2500 espèces, une race.» Bien sûr, depuis lors, on sait qu'il y a beaucoup plus d'univers et de races, mais cette phrase est restée aussi illustre. La Fédération Galactique des Mondes l'a même utilisée pour créer son propre axiome : «Un multivers, une race». Ils ont visité Terra en 2002, afin de préparer le Grand Réveil, dans la planification duquel ils ont été impliqués. Ils sont assez similaires aux Arcturiens (Ohorai). Leurs élégants vaisseaux sont en forme de «V», presque triangulaires.

Elmanuk

200

HOROLOGIUM – Horloge

JIGHANTIK

Ils proviennent d'un système de six planètes. Ils vivent sur l'une d'entre elles et tyrannisent les cinq autres pour leurs ressources naturelles, principalement minérales et gaz. Les Jighantik sont de grands reptiliens, bien qu'une espèce à part entière. Avec leurs yeux minces, cette longue crête fine à la place d'un nez et leur musculature robuste, ils ont cette apparence particulière qui instille la peur. Leurs quatre doigts longs et puissants peuvent se courber et s'agripper comme des griffes. Ils ne portent pas de vêtements, à l'exception des armures environnementales pour les voyages dans l'espace. Jighantik est en contact avec trois gouvernements mondiaux mais pas les États-Unis, l'URSS ni tout autre gouvernement puissant.

Ils visitent Terra depuis 3ooo ans et enlèvent des humains, mais ne les mangent pas, contrairement aux autres races reptiliennes. Leurs vaisseaux sont discoïdaux, avec une apparence de métal brun, et ils sont très rapides. Ils connaissent les voyages interdimensionnels et temporels.

Jighantik

202

HYADES
HYADÉENS

Les Hyadéens sont une colonie de réfugiés Ahel des systèmes Lyrans, échappant à la guerre contre l'empire reptilien Ciakahrr. Tout comme d'autres colonies Lyranes l'ont fait dans les Pléiades et le système de Vega, ceux-ci se sont installés dans l'amas d'étoiles Hyades, à 151 années-lumière de Terra, s'éparpillant dans les six systèmes suivants: Theta1, Theta2, Gamma Prima, Delta 11, Epsilon Ain, et aussi Alpha Taurus. Les Hyadiens sont de la même race que les Pléiadiens avec également un mélange de différentes autres colonies Lyranes. Les mondes Lyrans abritaient une grande diversité raciale et à bord des quatre grands navires qui ont fui les attaques de l'Empire Ciakahrr, cette diversité était également assez importante. C'était comme ce que vous appelleriez dans votre mythologie : des arches, transportant toute vie à sauver ; plantes, animaux, personnes, minéraux précieux, ainsi que de nombreux autres éléments appartenant aux différentes cultures. Nos ancêtres ne disposèrent que peu de temps mais suffisamment pour s'organiser, car la menace reptilienne pesait sur eux depuis un certain temps, bien qu'ils aient d'abord choisi de se battre pour défendre ce qui leur appartenait de droit. Les colonies Lyranes dans les Hyades étaient principalement de race Ahel, comme celles qui ont terraformé et peuplé Erra (Pléiades), et un peu de la race Taal (qui a également terraformé et peuplé T-Mar dans les Pléiades). Les Hyades ont décidé de se retirer de la diplomatie galactique, préférant cultiver un isolement pacifique. Ils s'aventurent rarement hors de leurs mondes.

INDUS – Indien
Epsilon Indi

JEFOK

Leur monde d'origine est à Epsilon Indi de la constellation de l'Indus. Légèrement plus petits que les humains Terran moyens, ils ont un visage très particulier avec une structure osseuse complexe qui fait croire qu'ils portent une sorte de masque, bien que ce soit en fait leurs caractéristiques naturelles.

Les Jefok sont une race pacifique, connue pour leurs capacités en diplomatie ainsi que leurs connaissances en ingénierie. Ils visitent Terra depuis environ 3 500 (T) ans, venant toujours en paix et mus par la curiosité, mais aussi dans le désir d'aider les Terrans à éviter de terribles erreurs dans leurs choix pour leur avenir. Ils rencontrèrent divers leaders mondiaux et votre célèbre JFK en particulier. En 1965, ils lancèrent un message d'avertissement à tous les gouvernements dotés de capacités nucléaires.

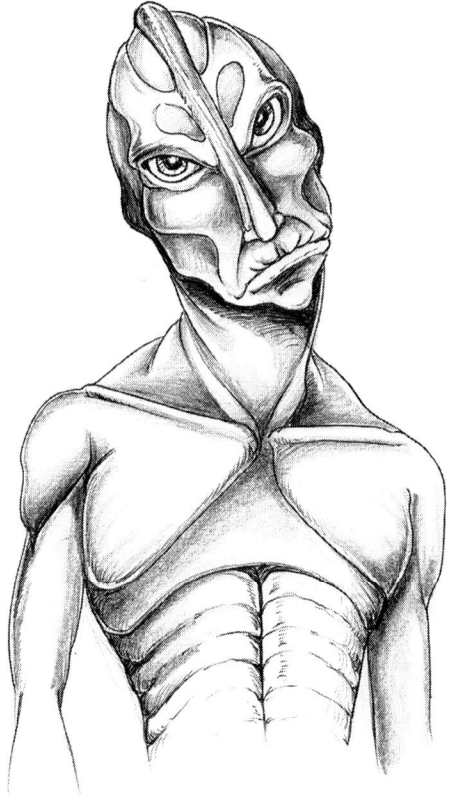

LYRA – Lyre

Lyra abrite une pléthore de mondes et le berceau principal de l'espèce Man Humanoïde. Il n'y a pas de nom équivalent pour cette constellation, car le motif d'une Lyre qu'elle forme dans le ciel Terran est un alignement visuel uniquement visible de votre planète. La plupart des mondes «Lyrans» sont connectés par une culture commune et extrêmement ancienne, et quatre races humanoïdes principales peuplaient la majorité de ces mondes (Taal, Ahel, Noor et Laan). Une grande variété d'autres espèces habitent également cette zone, en particulier quelques races de reptoïdes indigènes pacifistes (Afim Spiantsy parmi tant d'autres), mais nous ne décrirons, comme nous avons choisi de le faire, que les races en interaction avec votre planète et son histoire... Nous appellerons les systèmes stellaires berceaux de bien des cultures: «systèmes primordiaux». *(Je vous invite à suivre ce paragraphe avec les cartes données au chapitre III)*

Systèmes stellaires primordiaux :

Parmi un grand nombre de systèmes planétaires, voici ci-dessous les foyers principaux de civilisations de haut niveau. L'espèce Man Humanoïde s'est répandue dans de nombreux systèmes stellaires et il serait exhaustif de les mentionner tous, car nous n'avons pas ici choisi pour but de décrire les millions de mondes habités dans cette galaxie ; cela ne rentrerait pas dans un livre. Nous nous concentrerons uniquement sur ceux qui ont eu une influence sur Terra ou sur l'histoire de ce quadrant galactique :

(A) -Système Almeyron: (HD177830) 205 (T) années-lumière de Terra. Composé de 7 planètes, la principale est deux fois plus massive que votre Jupiter et met 407 jours (T) en orbite. La deuxième planète importante est également assez grande, et elle orbite en 111 jours (T). Trois planètes de ce système sont habitées par des colonies de la culture Man (K62).

(B) - Système Borog Uruz: (HD173416) 440 (T) années-lumière de Terra. Il a 2 planètes ; peuplées de reptiloïdes et d'une colonie Laan de Man.

(C) -Système Daran: (HD176051) système binaire avec 6 planètes, abritant une espèce reptiloïde.

(D) -Système Elhaziel: (HD 178911) système trinaire composé d'une étoile jaune en orbite autour d'une paire binaire. Cette troisième étoile a un système planétaire de 6, peuplée de Noor Humanoïdes.

(E) -Système Elfrak Daal: (GSC02652-01324). C'est un système à 4 planètes et il est habité par les humanoïdes Taal.

(F) -Système Ataman: (WASP-3b). Il s'agit d'un système à 4 planètes, berceau de nombreuses formes de vie uniques. Aucun d'entre eux n'a encore atteint le niveau 2 de civilisation galactique, mais les colonies humaines (Taal et Ahel) ont établi des avant-postes dans ce système.

(G) -Système Diriz: (Kepler-7b) Trois planètes composent ce système, occupé par les sous-espèces Reptiloïdes et Laan Humanoïdes.

(H) -Eekaluun system: (Kepler-8b) Deux planètes orbitent autour de cette étoile, l'une est habitée par des Reptiloïdes pacifistes.

(I) -Eyjyen Kolomat system: (Kepler-20) Cinq planètes, les trois dans les orbites intérieures sont plus petites et peuplées de colonies humanoïdes du système Man.

(K) -Hargaliat system: (Kepler-37) 3 planètes, deux d'entre elles étant de très petits planétoïdes stériles. Une seule abrite la vie et une civilisation propre, un branche d'humanoïdes hybrides Taal-Laan.

(L) - Système Man: (Kepler-62), 1200 (T) années-lumière de Terra. Ce système de 5 planètes est entièrement peuplé ; c'est le berceau de la civilisation humanoïde Man, et fut malheureusement la cible principale dans les guerres Lyranes avec l'empire Ciakahrr, en raison de sa proximité avec un vortex inter-dimensionnel.

(M)-Système stellaire Vega: (Alpha Lyrae) Colonie humanoïde Taal et Reptoïdes indigènes. Cette étoile se trouve dans un disque circumstellaire de poussière, offrant la vue d'une brume spectaculaire dans le ciel des autres planètes de ce système.

(N)-Système d'Aldoram: (Gamma Lyrae). Race Reptoïde locale sur la planète Afiola: les Afim.

Nébuleuse de la Lyre

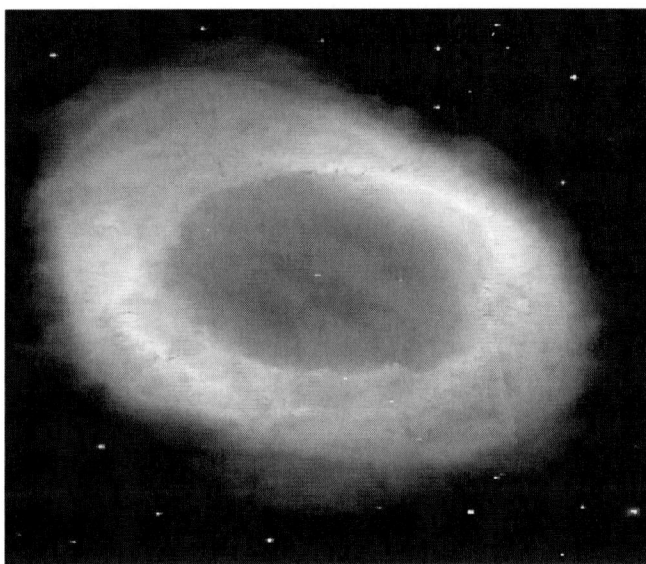

C'est le lieu d'un vortex inter-dimensionnel, un accès facile à une multitude de destinations. Ce portail stratégique très prisé fut la principale motivation de l'empire Ciakahrr pour mener une invasion, saccageant sur le chemin le système de Man pour son abondance en ressources, bien sûr, mais principalement parce que la civilisation humanoïde qui y vivait gardait l'accès au vortex. Après la conquête par l'empire Ciakahrr, un accord a été conclu avec le gouvernement Taal, pour réaffirmer un avant-poste Taal dans la Nébuleuse.

"Man" - système K62

Le systeme de Man et les guerres Lyranes

Nous devons commencer par ce système, car il se trouve à l'origine d'une partie majeure de l'histoire de cette galaxie. «Man» est le nom d'un système stellaire, K62, situé à 1200 (T) années-lumière de Terra, où une culture humanoïde extrêmement ancienne vit le jour puis ensemença toute la galaxie. Notre étoile s'appelait «Mana», la Mère. Pour faciliter votre compréhension, je mentionnerai ces races telles que vous les nommez : «Les Lyrans», car c'est le nom que vous avez donné à un motif d'étoiles dans votre ciel nocturne, d'après vos références mythologiques. Comme je l'ai déjà expliqué, contrairement aux amas par exemple, les constellations sont l'illusion d'optique d'un placement d'étoiles vues de votre planète. Nous préférerons nous appeler «Man».

Considérées comme «races primordiales», il y avait quatre principales branches génétiques évoluant à partir de quatre mondes de ce système planétaire de cinq planètes: les Ahel, peau claire et cheveux blonds, les Noor, semblables aux Ahel mais bien plus grands, les Taal avec une peau plus hâlée et des cheveux plus colorés, et les Laan avec des traits félins (sans compter les reptiliens Ladrakh de la deuxième planète.) En raison d'une invasion de l'empire Ciakahrr, qui dégénéra en une guerre terrible, la plupart de ces populations fuirent ce système et à l'heure actuelle, les habitants du système Man sont maintenant des hybrides reptiloïdes sous la circonscription de l'Empire Ciakahrr. A l'époque, des armadas colossales Ciakahrr attaquèrent sauvagement les planètes du système Man et les races locales se retrouvèrent inadéquatement équipées pour résister à un cataclysme d'une telle ampleur. Les combats furent rudes et violents, les pertes bilatérales, mais les Ciakahrr eurent la victoire de leur côté. Sous la menace d'un anéantissement total de leurs races, le gouvernement Taal, alors présidant les cinq mondes du système Man, parvint à conclure un accord avec les forces Ciakahrr pour mettre fin au conflit : les cinq planètes seraient données aux Ciakahrrs sans résistance s'ils permettaient aux réfugiés de partir en toute sécurité dans un exode massif. C'est donc ainsi que, le cœur brisé, des milliards de Man s'exilèrent dans de gigantesques arches, transportant avec eux les

les archives de leurs cultures. La flotte Ciakahrr s'empara du système Man et du vortex qui fut repris deux fois et finalement reconquis par l'Empire Ciakahrr. Le status quo actuel est un équilibre fragile, car la motivation enragée des Ciakahrrs à garder la main sur le système Man va bien au-delà de ses ressources naturelles : le vortex... L'Alliance d'Orion a également tenté de s'en emparer à plusieurs reprises, mais sans succès. Outre Orion et Altair, le système Man reste l'un des nœuds les plus complexes de la diplomatie galactique.

L'énergie "Lyrane"

Il y a quelque chose d'unique dans l'énergie des quatre races Man, qui est dynamique, spirituelle, rapide, vibrante et spontanée. Cette signature énergétique est typique de ces lignées. Toutes les races réparties à travers cette galaxie ayant essaimé depuis le système de Man, portent cette vibration reconnaissable dans leurs gènes et leur champ d'énergie. De très haute fréquence, cette signature énergétique peut se manifester de deux manières différentes : soit comme un attrait fébrile vers la vitesse et l'aventure, soit comme une haute vibration de sagesse spirituelle, les rendant dans tous les cas difficiles d'accès si vous ne syntonisez pas dans leur fréquence particulière.

LAAN

Egoria, leur monde natal, avant d'être saccagé et dénudé de sa luxuriante végétation pour être converti en une installation minière reptilienne, était un monde magnifique encore évoqué dans nos légendes. La végétation avait, sur Egoria, des couleurs introuvables ailleurs, comme des magentas dorés, des roses argentés et des violets iridescents, et le ciel avait une lumière chatoyante vert-bleu. Les villes Laan étaient construites de matériaux cristallins. Les Laani chérissent avant tout la beauté, la culture et les arts tels que musique et poésie. Les Laan ont un rôle actif dans la Fédération Galactique des Mondes, prenant une part importante dans la diplomatie galactique. Ils découvrirent Terra il y a environ un million (T) d'années et y installèrent une colonie, débutant des expériences génétiques sur les hominidés indigènes.

Laan

Peu de temps après, l'Empire Ciakahrr arriva à son tour et les deux factions combattirent dans une série de conflits historiques, appelés les guerres Terranes. Ce fut violent et différents partis se joignirent à l'action, tels que les Anunnaki, qui avaient jusqu'alors coopéré avec les Laani sur des bases des accords territoriaux.

Les Ciakahrr et les Anunnaki voulaient asservir les races Terranes génétiquement améliorées pour leur propre profit, tandis que les Laani avaient de meilleurs plans, légèrement plus éthiques. Le résultat de ces longues séries de combats, annulant des civilisations entières et ravageant des continents, se termina par une faction de Ciakahrr et de Nagai se retirant sous terre, tandis que le reste des troupes quitta le système Terran. De nos jours, les Laani soutiennent les Terrans dans leur éveil spirituel, travaillant avec les autres races de la Fédération Galactique des Mondes et du Conseil des Cinq, à l'ascension de Terra et à la purge de la Cabale. Ils ont des navires oblongs.

COLONIES : Elles sont répandues très largement dans toute la galaxie et, véritables maîtres en génétique, les Laani ont adapté leur physiologie aux nouveaux environnements, donnant naissance à une grande diversité de races hybrides nouvelles, comme par exemple la mutation en humanoïdes-oiseaux dans le système Carien (Orion). Laani et Taali sont naturellement compatibles et leur croisement est nommé «Ayal».

TAAL

Leur monde natal est la 3ème planète du système de Man : Oman Khera («O-man-kher –a» = Man central pouvoir). Race sœur des Ahel, les Taal affichent une plus grande diversité de couleurs de peau, yeux et cheveux, comme vous l'avez par exemple sur Terra. Ce sont des gens pacifistes et spirituels, avec un code d'éthique strict qu'ils respectent avec une telle implication personnelle qu'ils peuvent souvent être mépris pour froids et sans émotion. C'est sur leur planète natale, Oman-Khera, que fut établi le gouvernement central pour le système Man, organisé en un système hiérarchique de monarchie présidant un conseil de 25 sages, puis une assemblée de 300 sénateurs. La culture et l'éducation Taal sont similaires aux traditions Ahel, bien que la spiritualité diverge ; les Taali pratiquent une spiritualité ascétique basée sur l'idée que le corps est un obstacle à l'élévation de l'esprit, contrairement aux Ahil qui l'utilisent comme un outil pour se connecter aux royaumes supérieurs de la conscience.

Taal

Pendant les guerres Lyranes, le gouvernement Taal réussit habilement à passer un accord avec les envahisseurs Ciakahrr pour leur permettre de sauver leur culture et d'escorter la famille royale vers le système stellaire proche Vega, en échange d'arrangements peu clairs. On découvrit longtemps après que la destination de leur exil était réellement Mirza, dans la région d'Orion. De nos jours, en tant que membre de la Fédération Galactique des Mondes, la colonie Pléiadienne Taal de T-Mar joue un rôle actif dans la libération de Terra. Leurs navires sont petits et ont des formes variées selon les colonies.

COLONIES: T-Mar dans les Pléiades (Taygeta) / Vega / Terra / Elfrak Daal (Lyra) / Wolf 424 / Katayy (Sirius A) / Ashkeru (Sirius B) / Araman (Tau Ceti) / Zenae (systèmes Andromedan) / Mirza (Beta Canis Majoris).

AHEL

Leur monde d'origine est la 4ème planète : Maya. C'était un monde calme et paisible, une culture harmonieuse et spirituelle, tel était le monde de mes ancêtres. Maya était notre mère à tous, la terre à partir de laquelle notre sang et nos os ont été créés pour la première fois. Maya reste dans la mémoire de notre race comme le lien qui nous unit tous, races humanoïdes de Man. Les Ahil, mon peuple, ont la peau claire et les cheveux blonds à brun clair, et nos yeux peuvent être de toutes les nuances allant du bleu au vert. La culture de nos ancêtres était magnifique, hautement spirituelle et intelligente. Nos villes s'élançaient hors de l'eau en bouquets de tours de cristal, effleurant les nuages pourpres sous les sept lunes pâles. Océans, crêtes de montagnes enneigées et vallées luxuriantes, abritèrent la vie dans sa précieuse évolution vers la race des Ahil. Nous sommes amenés à croire que nous avons été les premiers humains à naître et à peupler les autres planètes du système, puis la galaxie… depuis Maya, notre mère à tous. Notre étoile portait également le nom de «mère», au sens de «Source» : Mana, «la Grande Mère de toutes les mères». Ce nom de notre étoile a été donné par les Ahil au moment où ils ont compris que toutes les étoiles étaient une fenêtre vers la Grande Source, que nous avons nommée plus tard, pour la différencier : «Imana», la Grande Mère et Créatrice Suprême.

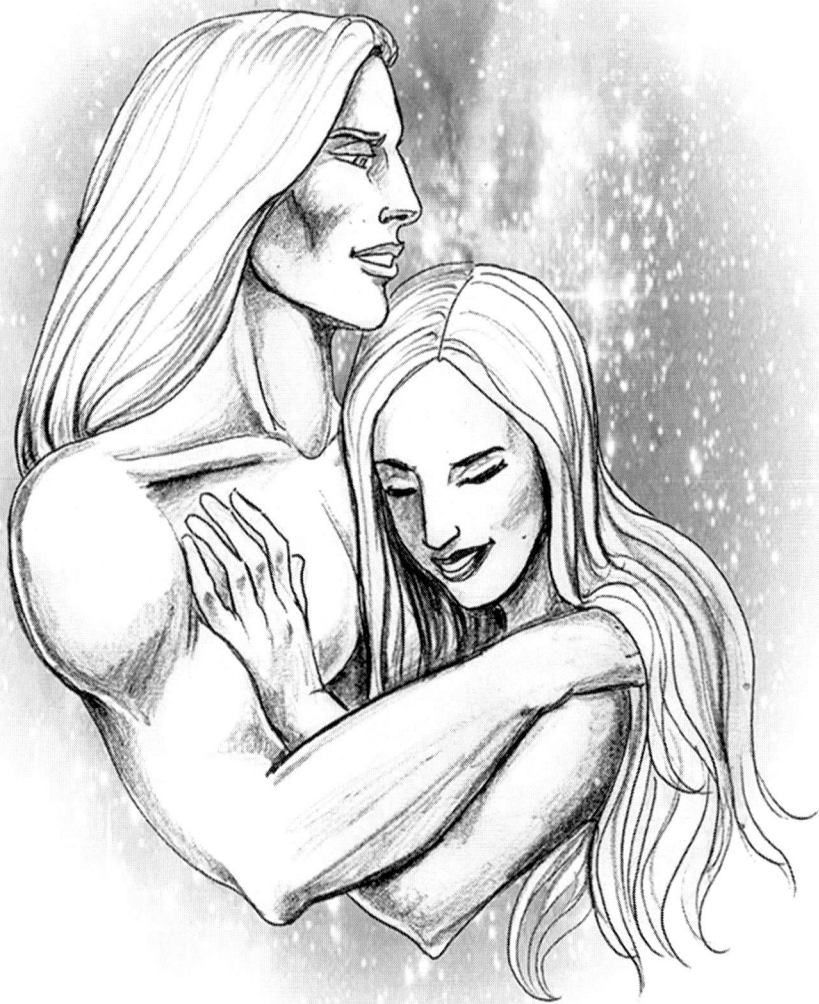

Ahel

Les Ahil ont toujours mis l'accent sur l'éducation, affirmant que connaissance est pouvoir, et au lieu d'imposer des programmes conditionnés, les méthodes consistent à identifier les qualités d'un enfant et à l'aider à développer au mieux ses prédispositions.

Ce système est encore appliqué de nos jours dans la plupart de nos colonies. Nous avons également développé une branche de notre spiritualité autour de la réalisation de l'amour physique, une merveilleuse façon d'atteindre l'unité d'Imana.

COLONIES : La plupart des colonies Ahel font partie de la Fédération Galactique des Mondes, dirigée par une grande présence de la colonie Ahel d'Erra, dans les Pléiades. Les Ahil ont étendu leur présence très largement à travers cette galaxie, mais je ne nommerai que les colonies prédominantes : Erra (Pléiades-Taygeta) / Procyon / Aldebaran (co-habitant avec une colonie Anunnaki) / Hyades / Tau Ceti (Norca) / Terra / Zygon (systèmes d'Andromède) / Vega.

NOOR

Origine : 5ème planète, Tar. Les Noori sont de très grande taille et d'une forte musculature. Ils ont les yeux bleus, verts ou gris clair, les cheveux blonds à cuivrés, la peau claire et très sensible. Cette sensibilité est due à la composition et aux radiations de leur étoile naine, Mana, ultra-sensibilité également partagée avec l'autre race à la peau claire vivant sur la 4ème planète, Ahel.

COLONIES : Les Noori furent depuis le début de leur histoire des explorateurs-nés et ils ensemencèrent une quantité d'autres mondes, visitant également Terra il y a environ un million d'années. Ils travaillent maintenant avec la Fédération Galactique des Mondes, dont ils sont membres. Voici leurs principales colonies:
Alkorat dans les Pléiades (Taygeta) / Terra / Elhaziel (Lyra) / Eldaru (Procyon) / Dahl (Beta Centauri) / Meton (Proxima Centauri).

Une branche de colons descendants des Noori, s'adaptant aux conditions de leur nouveau monde dans le système de Vega, évolua avec des cheveux roux. Cette grande race de Noori également visita Terra, où ils se mêlèrent avec les autochtones, et demeurèrent dans les mémoires comme le peuple légendaire des géants aux cheveux roux venus du ciel.

Noor

216

LADRAKH

Espèce reptiloïde indigène, de la 2ème planète : G'mun. Ils ont des colonies dans Sirius B, Vega et Karellia.

Ladrakh

Aldoram:
AFIM SPIANTSY

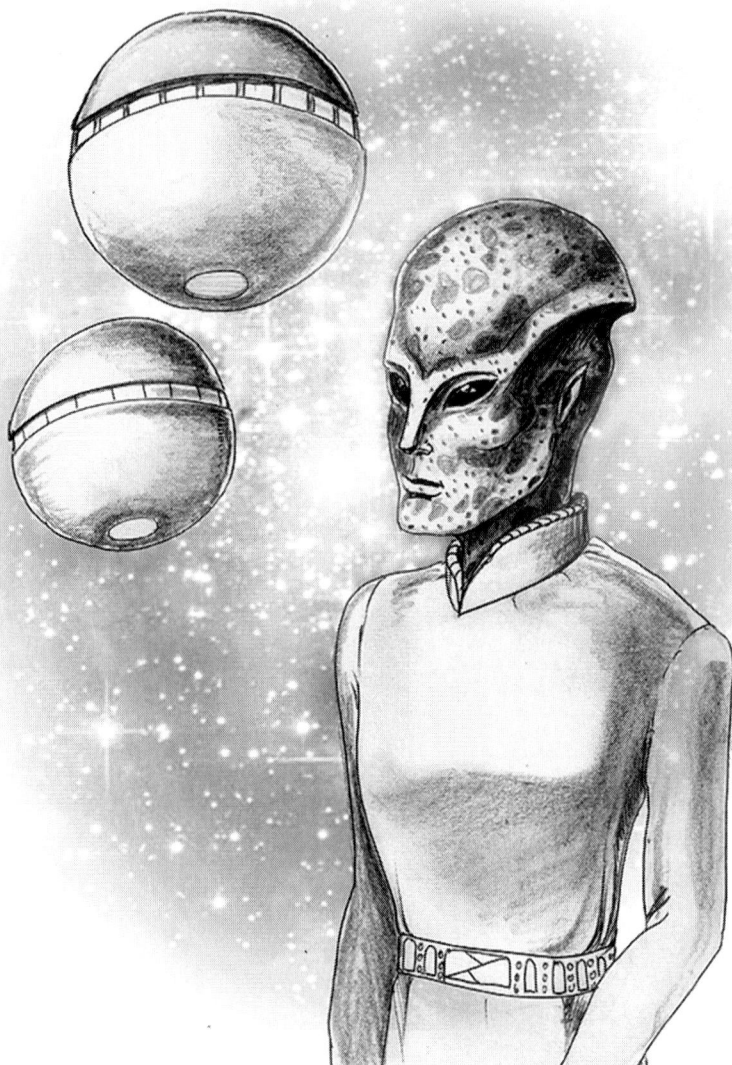

Afim-Spiantsy

Leur monde natal est Afiola, dans le système d'Aldoram (Gamma Lyrae). Ils ont la peau bleue couverte de taches, plus foncée pour les mâles et plus claire pour les femelles, avec des yeux étirés inclinés.

Les Afim Spiantsy sont de plus petite taille que les Terrans et ils n'ont pas besoin d'oxygène; l'hydrogène composant le plus grand pourcentage de l'atmosphère de leur planète. Leur vrai nom est Afim, mais ils s'appellent Afim Spiantsy à cause d'une guerre qu'ils ont gagnée contre la race Spiantsy, 12 fois plus nombreux avec 35 navires et ressources de plus que les Afim. Leur nom à lui seul est un avertissement pour les autres races. La société Afim est basée sur une structure de patriarcat guerrier et bien qu'ils aient développé les voyages spatiaux et la technologie, grâce à l'aide des Selosi et des Lyrans, leur culture est encore ancienne. C'est un bon exemple de contact interculturel prématuré. Ils ont colonisé 10 planètes de manière non violente mais les Afim n'ont aucun désir de conquérir Terra, conscients d'être surpassé en nombre par les forces de la Fédération Galactique (dont ils font partie de toute façon), et de l'Alliance Reptilienne d'Orion. Ce sont des observateurs. Leur niveau de développement technologique est tel qu'ils peuvent arriver à Terra en seulement vingt minutes (T). Ils visitent Terra pour étudier la déviance humaine, afin de déterminer le développement d'une race, et ils obtiennent l'autorisation de procéder en échange de données pour la Fédération Galactique. Lorsqu'ils sont proches des humains, ils peuvent rester invisibles, mais les humains ressentiront une certaine anxiété en se tenant à côté d'eux. Bien sûr, vous les trouverez principalement dans des lieux de déviance telles que les établissements de divertissement, les hôpitaux psychiatriques et autres. Leurs navires sont petits et sphériques, d'aspect métallique avec une bande transversale de fenêtres et de lumières. Ils connaissent vitesse de distorsion et courbure spatio-temporelle.

Borog Uruz:
URUZ

Situé à 440 (T) années-lumière de Terra, le système Borog Uruz est composé de deux planètes. La principale est un monde géant jaune et l'autre une planète rocheuse plus petite, tous deux peuplés de reptiloïdes ainsi que d'une colonie Laan du système Man. Les Uruz sont des reptiloïdes indigènes pacifiques, pas très grands, avec une crête épineuse sur le dos et une queue de saurien. Ils ont atteint un niveau de civilisation suffisant pour être comptés comme membre de la Fédération Galactique des Mondes.

Ils n'ont jamais visité Terra mais, impliqués très fraternellement avec les colons Laani dans leur système planétaire, les Uruz ont donné leur voix à plusieurs reprises en faveur de la libération de votre monde, à l'occasion de sessions diplomatiques au Conseil Galactique. Leurs vaisseaux sont discoïdes et courts.

Borog Uruz

Daran:
NHORR

Les Nhorri vivent dans un système binaire comportant six planètes. Espèce reptiloïde, ils n'en sont pas moins humanoïdes gracieux mais dont les traits ne laissent aucun doute sur leur nature; en particulier leurs étonnants grands yeux dorés reptiliens. Ils ont quatre sexes, sont végétariens, pacifistes, ils aiment les vêtements colorés et la peinture corporelle, et leur culture est basée sur les arts, en particulier la musique. La musique Nhorr est, indéniablement, une référence renommée à travers toute la galaxie, utilisant ondes sonores éthérées, instruments de cristal et fréquences de couleur, créant un art unique affectant l'esprit et l'âme. Je n'aurais pu oublier de mentionner ces derniers, même s'ils n'ont jamais interagi avec l'histoire de votre planète. Les Nhorri sont un cadeau pour cet univers.

Bien qu'ils n'aient jamais été intéressés de visiter Terra, ils font partie de la Fédération Galactique des Mondes. Leurs navires sont de formes très variées ; les Nhorri ne connaissent pas la notion de conformité.

Nhorr

222

Diriz:
AKHABONGAT

Ils vivent dans un système de trois planètes, appelé «K7». Espèces reptiloïdes vivant dans les monticules de terre et les villes souterraines, depuis que leur soleil vieilli évolua pour émettre des radiations nuisibles. Ils sont membres de la Fédération Galactique des Mondes mais n'interfèrent pas beaucoup dans la diplomatie, car leur race fut contrainte de se retirer dans la clandestinité. Les Akhabongat sont des gens paisibles et tranquilles, vivant de la production de vastes jardins souterrains.

Akhabongat

223

ORMAN

Même système planétaire, troisième planète. Colonie Laan du système Man qui a évolué par assimilation génétique aux formes de vie locales, afin de s'adapter aux nouvelles conditions environnementales. Initialement humanoïdes à traits félins, ils se sont mélangés aux reptoïdes locaux et se sont stabilisés, avec le temps, dans cette espèce unique: l'Orman. Plus petite que la race Laan originale, la physionomie des Orman combine les caractéristiques félines avec la biologie des reptiloïdes.

Ils n'interagissent pas avec les affaires de Terra, mais ils sont membres de la Fédération Galactique des Mondes et une race particulièrement intéressante qui mérite d'être mentionnée.

Orman

225

Eekaluun
KAA

Système Eekaluun (K8) deux planètes. Les Kaa sont des Reptiloïdes pacifistes impliqués dans la diplomatie galactique. Leur monde regorge de vie et cette abondance de ressources aurait pu attirer l'attention de certains empires malveillants, si la brume de nuages acides entourant leur monde ne décourageait point les plus téméraires. Les Kaa Reptiloïdes vivent dans un environnement très rare dont les conditions acides particulièrement corrosives ne conviendraient pas aux deux tiers des espèces de la galaxie. Ils ne quittent leur monde que dans des combinaisons environnementales et des navires fabriqués avec un métal très particulier. Les Kaa ne peuvent respirer aucun autre air que le leur ; la gamme d'implants respiratoires de la Fédération ne fonctionnant pas sur eux.

Kaa

Hargaliat
HARGALII AYAL

Ils vivent dans le système planétaire Hargaliat de trois planètes (K37). Deux d'entre elles sont des planétoïdes stériles mais les colons Laan ont terraformé la troisième, qui offrait un milieu satisfaisant pour l'ensemencement de la vie. Les Hargaliin sont des hybrides Taal/ Laan, sous-espèce particulière Lyrane nommée «Ayel» ou «Ayal». Gardant toujours quelques légères caractéristiques félines, les Ayal ont un aspect plus humanoïde.

Leurs cheveux abondants varient en couleurs et textures, ils ont des proportions humaines sur leur visage mais leur nez et leurs yeux ont gardé la signature reconnaissable Laan. Ils visitèrent Terra, il y a très longtemps jouant un rôle auprès des Laani dans la colonisation de certains territoires du Moyen- Orient et d'Afrique du Nord, avant de se retirer lorsqu'une guerre avec les Ciakahrr explosa. Bien qu'impliqués dans le Conseil Galactique, ils ne sont jamais revenus sur Terra.

Vega

Il existe différentes races partageant le système planétaire que vous appelez Vega. Située à 25 (T) années-lumière de Terra, cette étoile bleue claire, «Olmeeka» de son vrai nom, est entourée d'une brume de débris lui donnant un halo particulier, et en raison d'une vitesse de gravité exceptionnelle, sa forme est en expansion à l'équateur. Ce système abrite douze planètes et toutes sont colonisées. L'une de ces planètes, énorme, était censée devenir une étoile naine mais ce processus fut altéré artificiellement, afin de permettre à la vie de s'épanouir sur les onze autres mondes.

ADARI

Une colonie de réfugiés Taal arriva suite à l'attaque du système Man par les Ciakahrr. Ils s'installèrent sur la 1ère planète du système Olmeekan : Adara. Bien qu'ils ressemblent à une espèce Vegan particulière, ils sont d'une génétique différente. Leur peau a évolué vers le brun avec des nuances bleuâtres, en raison du rayonnement de l'étoile, mais ils ont gardé les yeux cristallins clairs de l'espèce Man. Tout comme les Ozma de la 4ème planète, ils ont adopté la même mode de robes longues, col haut et manches larges, qui est devenue un élément représentatif du système Olmeekan (Vega) et de ses habitants. Les Adari eurent une contribution sur Terra dans la région de l'Inde, où ils établirent une colonie, rapidement chassée par les envahisseurs Ciakahrr dans un conflit féroce.

On se souvient encore d'eux dans vos textes védiques comme de la race bleue des dieux venus du ciel. Les Adari sont maintenant impliqué dans les programmes de la Fédération Galactique des Mondes visant à protéger Terra. Leurs navires ont de belles silhouettes allongées et profilées.

Adari
229

ELEVAR

Une colonie Ahel arriva dans ce système juste après les Taali, et s'installa sur la 3ème planète: Levak-Nor. Les Elevar Ahil reproduirent aussi précisément que possible leur civilisation perdue du monde-mère. Il est intéressant de noter qu'ils entrèrent en guerre froide avec leurs voisins et cousins Taal, de la 1ère planète Adara. Ceci attire notre attention tout particulièrement sur une histoire litigieuse et trouble, datant des guerres Lyranes, au moment où la famille royale Taal conclut un accord d'immunité avec l'ennemi Ciakahrr, afin de s'échapper en toute sécurité vers Vega. La destination de la famille royale fut, comme je l'ai déjà expliqué, détournée (ceci étant probablement prévu dès le départ) vers le système stellaire de Mirza, dans la zone d'Orion, mais un groupe de colons Taal se sépara de ce convoi composé de deux arches, et fut escorté vers la planète Adara, dans le système de Véga. Ce convoi séparatiste, composé de l'élite de la société Taal, était-il averti du fait que la famille royale voguerait vers d'autres cieux et d'autres agendas ? L'histoire officielle demeure incertaine à ce sujet.

Des sources archivées dans le système Vegan, sur Ozma, racontent que des réfugiés Taal arrivèrent à bord d'un grand navire accompagnés d'une flotte Ciakahrr, qui les aida même à s'installer dans leur nouveau monde. Cela a toujours semblé étrange et douteux, et même si l'histoire enregistrée par les Adarii nie leur amitié avec l'ennemi, les archives d'Ozman racontent une toute autre histoire.

Elevar

231

OZMAN

Leur monde natal est la 4e planète: Ozma. Race humanoïde Lyrane, pacifique, semée ici bien avant l'arrivée des colons Lyrans, et dont la civilisation est supérieurement évoluée par rapport aux réfugiés Taal d'Adara. Ils sont grands et glabres, et leur volume crânien s'est élargi avec l'évolution adaptative. La forme de leur visage est triangulaire, leur peau est rose grisâtre pâle, leurs yeux larges et clairs, les oreilles sont à peine perceptibles, leur bouche est étroite mais avec des lèvres, et leur nez est long et étroit.

Ils aiment porter de longues robes à col haut et de larges manches longues, ce qui leur donne un style admirable. La planète Ozma est assez sombre en apparence mais l'urbanisme est d'une élégance impressionnante et contraste considérablement avec le paysage volcanique sombre ; bâtiments et dômes verts translucides, peu de constructions surélevées. Ils font partie des programmes de la Fédération Galactique des Mondes pour la protection de Terra et sont impliqués dans la diplomatie en tant qu'habiles ambassadeurs de la paix. Ils ont de longs et beaux navires.

Ozman

PUXHITY

Ils vivent également sur la 4ème planète d'Olmeeka: Ozma, et sont une branche intéressante de colons descendants des Noor, échappant aux guerres Lyranes. Une ancienne colonie Taal y était déjà installée, d'où le choix de cette destination. S'adaptant aux conditions de leur nouveau monde, ils évoluèrent pour avoir les cheveux roux. Cette race Noor visita également Terra, où ils se mêlèrent génétiquement aux populations indigènes, restèrent dans les mémoires comme le peuple légendaire des géants aux cheveux roux. Ils furent influents dans le développement de plusieurs cultures natives du sud et du centre de l'Amérique, où ils laissèrent de nombreuses traces notamment le nom de leur étoile: «Olmeeka», connue sous le nom de «Olmek». À une certaine époque, plus de 2 000 membres de cette race vivaient parmi les humains Terra. Ils sont partis lorsque les tensions territoriales sur Terra ont augmenté, laissant vingt-cinq de leurs habitants derrière, afin de guider les Terriens.

Puxhity

234

M 104 GALAXY
AKARA (MANTIS - Mantes)

C'est une espèce intéressante, celle qui se nomme «Akara». Ces êtres, comme cela existe bien sûr pour tout être, ont leur propre éthique mais dans leur cas, ce qui diffère, c'est l'absence de notions telles que «mauvais» ou «bon»; leur code d'éthique est plutôt basé sur ce qui est utile et logique et sur ce qui ne l'est pas. Les sentiments sont, chez cette espèce, très différents de ceux, par exemple, de l'espèce humanoïde. C'est la raison principale pour laquelle ces êtres pacifiques participeront volontiers, pour certains d'entre eux, aux programmes d'hybridation de diverses alliances et empires, même quitte à violer des droits fondamentaux relatifs à nos critères. Mais pas pour les «Mantis» Akara.

Leur origine est ce que vous appelez la galaxie "Sombrero" M104, à 28 millions d'années-lumière de Terra. Basés sur une société matriarcale structurée en ruche, ces êtres insectoïdes existent dans les densités de 3 à 9. Ils ressemblent à l'espèce insectoïde Mante Religieuse de Terra, à la différence qu'ils se tiennent debout et mesurent jusqu'à 9 pieds de haut. Ils peuvent être verts, blancs ou noirs. Leur tête est en forme de V avec d'énormes yeux noirs à facettes et des ensembles de petits appendices noirs servant de doigts.

Ils communiquent par télépathie, ils sont ovipares et l'éclosion de leurs œufs nécessite un très long processus d'incubation. Une fois les œufs pondus, ils se développent en gousses organiques molles verticales. Ils sont nourris avec des hybrides et des parties de corps humanoïdes. Leur caste de densité inférieure est impliquée dans des programmes pour l'Alliance d'Orion et les Collectifs Gris, tandis que les plus hautes densités ne le font pas, et aident plutôt la Fédération et le Conseil des Cinq à élever la conscience sur Terra et activer le génome humain. Ces derniers sont des êtres lumineux et colorés, qui ont néanmoins conservé leur aspect insectoïde.

Qu'ils soient de n'importe quel plan dimensionnel, les Akari sont maîtres dans la science de la fréquence vibratoire et des technologies ondulatoires. Leurs connaissances avancées particulières dans l'utilisation des fréquences vibratoires sonores et chromatiques pour façonner leur environnement et communiquer les unes avec les autres font d'eux des scientifiques très prisés, quelquefois conditionnés et réduits en esclavage par l'Alliance Orion. Vous avez l'impression qu'ils commandent les abductions, mais ce ne sont que des scientifiques en service ou asservis, supervisant les procédures. Mais regardons plus en détail les différentes sous-espèces Akari :

Sous-espèce Verte :

Ceux-ci ont deux pattes, une longue crosse tubulaire et des ailes. Leurs yeux sont jaunes avec une étroite fente verticale. Asservis aux collectifs Orion et Gris.

Sous-espèce Blanche :

Plus grands, asservis globalement à l'alliance Xrog Shamtbahali (Zeta Reticuli) et Orion. Ils ont trois paires de pattes terminées par des appendices pointus. Le cou annelé est plus long, la tête est plus plate. Leurs yeux sont noirs à facettes et ils ont des mandibules noires de chaque côté de la bouche.

Sous-espèce Noire :

Appelé aussi "Grands Noirs". Leurs corps semblent vêtus d'un exosquelette noir brillant, avec des articulations supplémentaires dans les bras et les jambes, et ils ont différents niveaux de caractéristiques humanoïdes. Leurs yeux sont dorés à rougeoyants. Nous pensons que les plus humanoïdes sont des hybrides. Ne travaillent pas pour les Collectifs Orion et Gris, mais plutôt pour leur propre curiosité et programmes scientifiques bienveillants, et aident également à l'éveil de la conscience de l'espèce Terran.

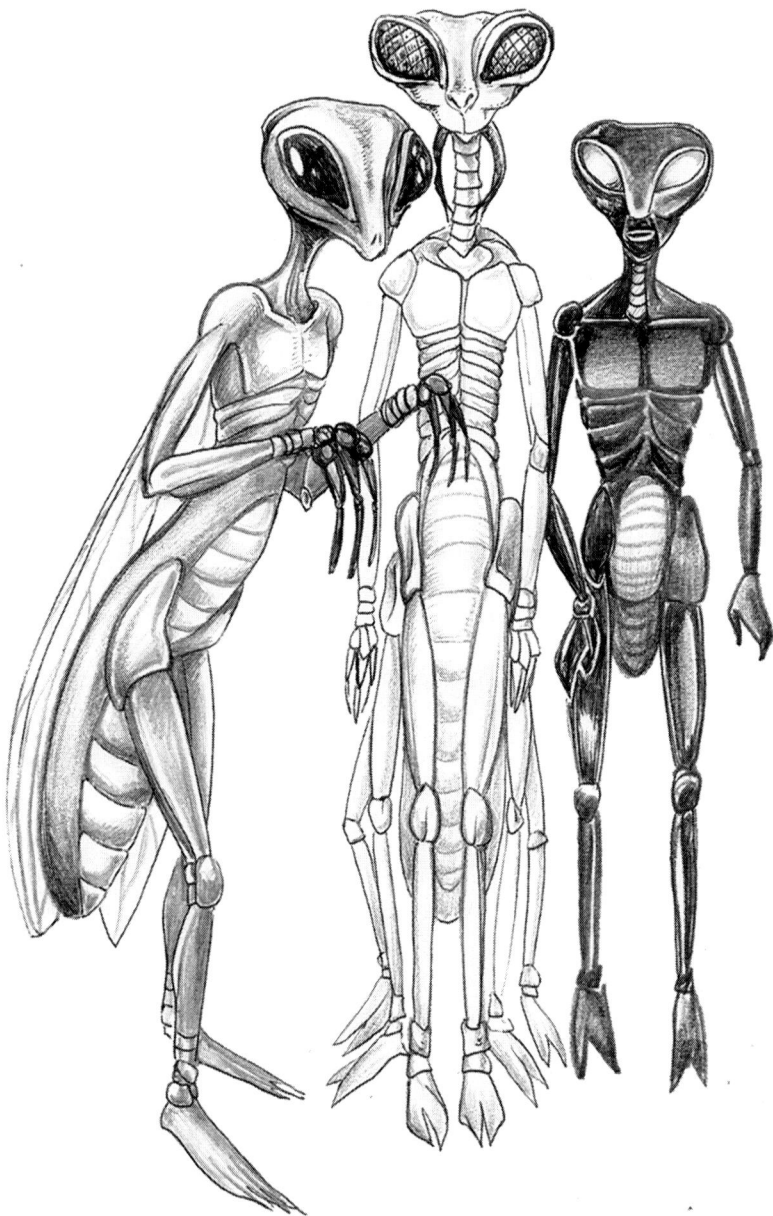

Akhara Mantis

237

MENSA - Table
INVISIBLES

Nous ne connaissons pas leur monde natal. Ces êtres mystérieux sont hautement qualifiés en camouflage, maîtrisant les techniques de déplacement moléculaire trans-dimensionnel. Vous pouvez à peine les voir, très succinctement, comme des figures grises transparentes, mais l'odeur qu'ils laissent après eux est assez forte. Les animaux peuvent mieux les sentir, comme ils en sont aussi capables avec les reptiliens métamorphes.

***

OPHIUCHUS
AIRK

Originaires d'un système qu'ils appellent Pavo, près de Yed Prior, avec trois planètes. Les Airk peuvent vivre jusqu'à 2000 ans. Leur taille est similaire à celle d'un humain, ils sont végétariens et considérés par les autres races comme pacifiques, très respectés et ayant des pouvoirs mystiques. Doux et souriants. Peau pâle et de grands yeux aux pupilles rondes. Quatre doigts et un pouce. Petit nez très minuscule. Oreilles quasi inexistantes, juste des trous. Pas de cheveux, ou peu chez les femmes. Les femelles sont minces et leur peau est presque translucide. Ils portent des vêtements confortables, une sorte de soie. Ils ne respirent pas l'atmosphère de Terra et ne sont pas intéressés à s'y installer. Très bonne relation avec la Fédération Galactique, dont ils font partie sans participer aux programmes pour Terra. Ils ne restent jamais longtemps sur Terra et n'interagissent pas avec les humains ou d'autres espèces. Ils utilisent principalement Terra comme un arrêt, pour rassembler rapidement ce dont ils ont besoin, avant de repartir vers leur destination. Ils visitent Terra depuis 1000 ans et ne font pas d'enlèvements. Leurs navires émettent une lumière orange vif et la plupart d'entre eux sont octogonaux.

Airk

OGOLONG (Barnarians ou "Orange")

Origine: Planet Orega, star system M28 (liste GFW). Pour vous: c'est le système Barnard, une petite étoile rouge située à 6 années-lumière de Terra, visible dans la constellation que vous nommez «Ophiuchus». Ces personnes portent le nom d'Ogolong (pl. Ogolongë) mais votre peuple les nomme «Orange». C'est une race humanoïde-reptiloïde aux cheveux blonds à roux, de forme principalement humanoïde mais avec des traits reptiliens. Ils possèdent des organes reproducteurs humanoïdes.

Ils visitent Terra et un petit groupe d'entre eux sous-traite les personnes enlevées pour les Ciakahrrs. Ce petit groupe a également des liens avec le gouvernement Américain et une base sur votre lune. Je les qualifierais de mercenaires. Ils sont dirigés par un homme du nom de Sikkar-Taa. Nous ne pouvons vraiment rien faire car ils sont protégés par les Ciakahrrs, en échange de leurs services. Avec la protection des Ciakahrrs, ils peuvent alors gérer leur propre petite entreprise douteuse sur Terra, qui est un trafic d'esclaves pour leur propre bénéfice. Les Ogolongë possèdent d'importantes sociétés minières sur diverses planètes et astéroïdes et ont besoin d'une main-d'œuvre importante. La seule façon d'arrêter leurs activités sur votre planète serait d'attraper le chef de leur groupe, mais cela ne s'est pas encore produit car il pourrait se cacher dans une installation reptilienne souterraine. Leurs navires sont triangulaires, courbés à l'arrière *(je ne peux les décrire que par la forme d'un boomerang)*.

Ogolong Barnarians

ORELA

Ils proviennent de la constellation d'Ophiuchus et font partie du Conseil des Cinq. Grands êtres gris, très minces, les Orelai ont un long cou haut et mince, un visage triangulaire avec une fente pour la bouche, des narines à peine visibles et des yeux inclinés avec pupille. Ils sont très vieux, très sages, ambassadeurs de la paix au haut conseil de la Fédération Galactique des Mondes. Ils ont deux sexes, mais ne copulent plus pour la reproduction, car cette fonction est devenue inefficace avec leur évolution. Ils «fabriquent» maintenant de nouveaux corps individuels organiques et y imprègnent une âme de leur matrice. Ils ont des vaisseaux discoïdaux, mais voyagent rarement hors de leur monde, car ils utilisent plutôt une résonance inter-dimensionnelle de conscience pour se projeter à distancee.

Orela

242

***

ORION
"Uru An Na"

Orion… le réseau le plus complexe, inextricable et venimeux de la pire malveillance, co-existant aux côtés de cultures hautement élevées en sagesse spirituelle. Comment cela n'explose-t-il pas en étincelles ? Eh bien, cela arriva, et à plusieurs reprises par le passé, jusqu'à ce que tout le monde parvienne à la raison (en quelque sorte) en établissant alliances et des traités d'intérêts communs. Etant trop exhaustif de nommer toutes les différentes races résidentes de la zone d'Orion (comme les Gris, les Reptiloïdes, les Humanoïdes, les Insectoïdes…), nous nous concentrerons sur celles dont l'influence est pertinente à votre préoccupation.

La Lumière du Cosmos

Voici le seul cas connu où nous utilisons un même nom pour une zone de systèmes stellaires (ce que vous appelez «constellation») en commun avec vous. «Orion» est en fait votre transcription phonétique du langage Anunnaki: «Uru An Na», qui signifie «la lumière du cosmos». Cette dénomination provient d'un objet particulier situé dans cette zone: une nébuleuse-portail. Comme cela se produit parfois, en raison de la puissance de l'implosion, il n'est pas rare qu'une singularité apparaisse à l'intérieur d'une nébuleuse. Ce phénomène diffère de ce que vous appelez les «trous noirs», car ils ne déforment pas la gravité du continuum de l'espace; ce sont plutôt des portails, ou tunnels interdimensionnels. L'une de ces nébuleuses-portail, (M42), à 1500 (T) années-lumière de Terra, parmi les rares nébuleuses situées dans la zone d'Orion, comprend un tel portail interdimensionnel, qui fut bien sûr, comme on pouvait s'y attendre, une cible de premier intérêt pour l'empire reptilien Ciakahrr. Le Corporate d'Altair voulait aussi une part du prix mais lorsqu'ils comprirent que les forces Ciakahrr étaient bien trop puissantes, des accords d'intérêt furent conclus. C'était avant que les Maytra ne joignent la partie, ainsi que les nombreux autres qui suivirent…

Au sein de cette même nébuleuse, dont les riches nuages de gaz et de poussière permettent une formation stellaire très active, se trouve un amas ouvert composé de quatre jeunes étoiles massives, irradiant un puissant rayonnement ultraviolet. Ces émissions perturbent le champ de la nébuleuse qui les entoure, créant un nid parfait pour les espèces qui vivent dans un environnement de lumière ultraviolette: les Gris reptiloïdes. C'est là où siège leur empire, l'infâme «Alliance des Six», également appelée : «l'Empire Orion-Draconien».

M42 Nébuleuse d'Orion

L'Empire "Nebu" d'Orion, ou Alliance des Six

Cet œil du mal, dont la tête est située dans l'amas stellaire que vous nommez selon votre nomenclature M42, est composé de six races; un mélange de Gris et Reptiliens : Maytra, Kiily-Tokurt, Eban, Grail, Ciakahrr et Indugutk. Ils se nomment eux-mêmes les «Nebu»: les "maîtres", et utilisent principalement les races Do-Hu et Asbaan comme force esclave, ainsi que les Solipsi Rai et autres espèces asservies. Une colonie Mantis réside également dans ce voisinage, impliquée dans les programmes de l'Empire d'Orion. L'amas M42 est le centre «spirituel» de la ruche, où se trouvent les dirigeants de l'Empire d'Orion.

244

Leur quartier général est situé dans le système de Rigel, où résident leurs forces logistiques et leur puissance militaire. L'amas M42 est connu sous le nom de «Cube», car c'est le dessin formé par la position des principales étoiles qui le composent, et la traduction en langue Grail (espèce Gris indigène) est «Kaaba»; un nom inspirant la peur dans toute la galaxie. Ses étoiles sont pour la plupart encore en formation mais les habitants de cet endroit ont construit des planètes synthétiques artificielles. Personne n'est jamais revenu vivant de cet endroit, donc ce que nous en savons, c'est uniquement à travers des rumeurs.

Le Collectif Gris d'Orion

Il s'agit d'une entité indépendante de l'Alliance des Six, regroupant toutes les races de Gris dans la zone d'Orion, en tant que collectif de forces conjointes. Ils se dressent principalement contre la Fédération Galactique des Mondes, la Ligue d'Orion et le Conseil des Cinq, tout en maintenant des alliances d'intérêt avec l'Empire Ciakahrr, le Collectif Ashtar et la Corporation d'Altair. Je sais, c'est beaucoup de groupes mais crois-moi, ceci est la version simplifiée.

La Ligue d'Orion

La ligue Orion fut créée par les populations locales d'Orion afin de se protéger contre l'Empire d'Orion Gris-Reptilien, le "Nebu". Les membres actuels sont actuellement d'Alnitak, Bételgeuse et Meissa.

Rigel ("Asba'a")

Siège tactique de l'Empire d'Orion, avant-poste des six races les plus malveillantes de la galaxie: Maytra, Kiily-Tokurt, Eban, Grail, Ciakahrr et Indugutk. C'est un endroit intéressant, et vous comprendrez pourquoi il a été choisi par l'Empire d'Orion pour établir leurs contingents.

A environ 860 (T) années-lumière de vous, c'est un quadruple système d'étoiles, riche berceau de nombreuses formes de vie et par conséquent, paradis pour la colonisation par toutes ces races prédatrices. Malheureusement, de ces populations d'origine, seules les légendes attestent... Rigel, comme vous l'appelez, est nommé «Asba'a», et désigne donc un groupe de quatre étoiles. Ce groupe est composé d'un triple système (binaire plus un) et une supergéante bleue individuelle, les deux modules tournant autour d'un centre de gravité commun avec une période de 24 000 (T) ans. Ces étoiles ont des systèmes planétaires, à la fois naturels et synthétiques. Le groupe d'étoiles est ensuite enfermé dans un bouclier plasmique. Mais décrivons d'abord les principales races résidentes à l'heure actuelle :

ASBAAN-HU

Ils vivent dans le système planétaire d'Asba'a Prime, sur la planète Oriban. Les systèmes Asba'a, de manière très surprenante, étaient il y a très longtemps peuplés d'humanoïdes Ahel et Noor fuyant l'attaque du système Man par les Ciakahrr. Les deux colonies ont rapidement construit une civilisation prospère s'étendant sur les quatorze planètes de ce quadruple système d'étoiles. Un incident se produisit un jour concernant les frontières territoriales avec les Grail de Mintaka, des reptiloïdes Gris locaux, très agressifs, originaires d'une étoile proche. S'ensuivit une guerre violente qui dura près de trois cents (T) ans, finalement gagnée par les Grail. Les Grail affirmaient qu'ils étaient ici avant les Man, en tant qu'indigènes, et bien que leur monde natal soit situé dans le système de Mintaka, Asba'a faisait partie de leurs possessions. En vérité, ils voulaient reprendre les ressources de l'empire économique construit par ces colonies Lyranes de Man. Le conflit fut horriblement féroce et après que toutes les ressources vitales aient été éliminées des quatorze mondes par les Grail, un grand nombre de formes de vie survivantes se réfugièrent dans des abris souterrains. Heureusement, un groupe Noor réussit à échapper au génocide global vers le système de Procyon, et y reconstruit une nouvelle colonie, se nommant les «Eldari». Le destin malheureusement tomba en leur défaveur lorsque les Grail, tenaces, les localisèrent et leur rendirent une visite désastreuse. Mais pour ceux qui demeurèrent dans le système Asba'a, un sort encore plus criminel s'abattit sur eux...

Les Grail les asservirent en esclavage, et de la manière la plus ignominieuse ; par une mutation génétique lente au moyen d'un programme d'hybridation, avec l'aide de la technologie des Gris Zeta. (Permettez-moi de vous rappeler qu'à ce stade, l'Alliance des Six d'Orion était fraîchement formée et toutes les technologies de ces prédateurs galactiques étaient partagées en commun aux fins les plus malveillantes).

C'est ainsi que, progressivement, une nouvelle race d'esclaves mutants fut conçue, croisement entre Lyran Humanoïdes et Gris Zeta Reticuli (Shamtbahali de Xrog). Cette nouvelle race hybride rassemblait le meilleur du potentiel génétique des deux espèces, et fut utilisée comme modèle pour les programmes en développement d'hybridation humain-gris.

Sur Terra, l'Empire d'Orion est profondément impliqué dans les programmes de l'Alliance US- Telos, et partage également des districts souterrains territoriaux avec l'Empire Ciakahrr.

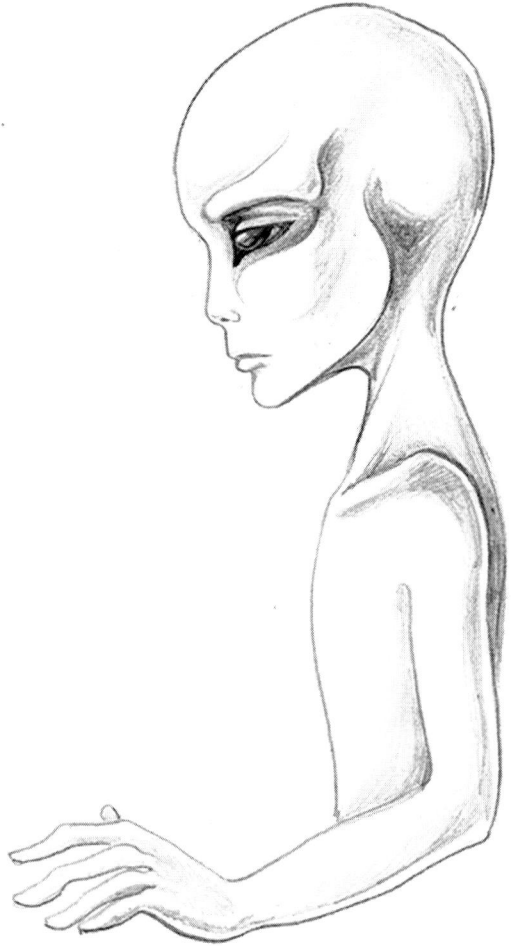

Asbaan-Hu

Bellatrix ("Uruud")

Le système stellaire que vous nommez Bellatrix, à 250 (T) années-lumière de Terra, abrite une grande diversité d'espèces de reptiloïdes et aussi l'une des espèces sauroïdes grises les plus dangereuses : Indugutk. Bellatrix est véritablement appelée «Uruud» et, en raison d'une majorité reptilienne de formes de vie, fait la liaison avec l'Empire Ciakahrr. Toutes ces races locales sont liées par une sorte de collectif, basé sur des accords et objectifs communs : expansion et conquête. Toutes ces races ont mis en commun leurs diverses technologies, dans le but de former une puissance accrue et unifiée. Ce collectif est également impliqué avec l'Alliance US-Telos sur Terra.

MERCENAIRES DE BELLATRIX (Ooganga)

Les mercenaires d'Uruud résident dans ce système planétaire, dans des immenses vaisseaux-mères de combat, stationnaires. Les Ooganga sont des guerriers génétiquement modifiés, hybridés à partir de reptiloïdes et d'une espèce insectoïde locale. Leurs contingents massifs sont en garnison dans ces vaisseaux-mères et comme beaucoup d'armées clonées préparées par l'Empire d'Orion, ils attendent le signal pour déchaîner leur anathème là où la Fédération Galactique n'a plus d'ascendant. Ce qui serait le sort de Terra si nous échouons.

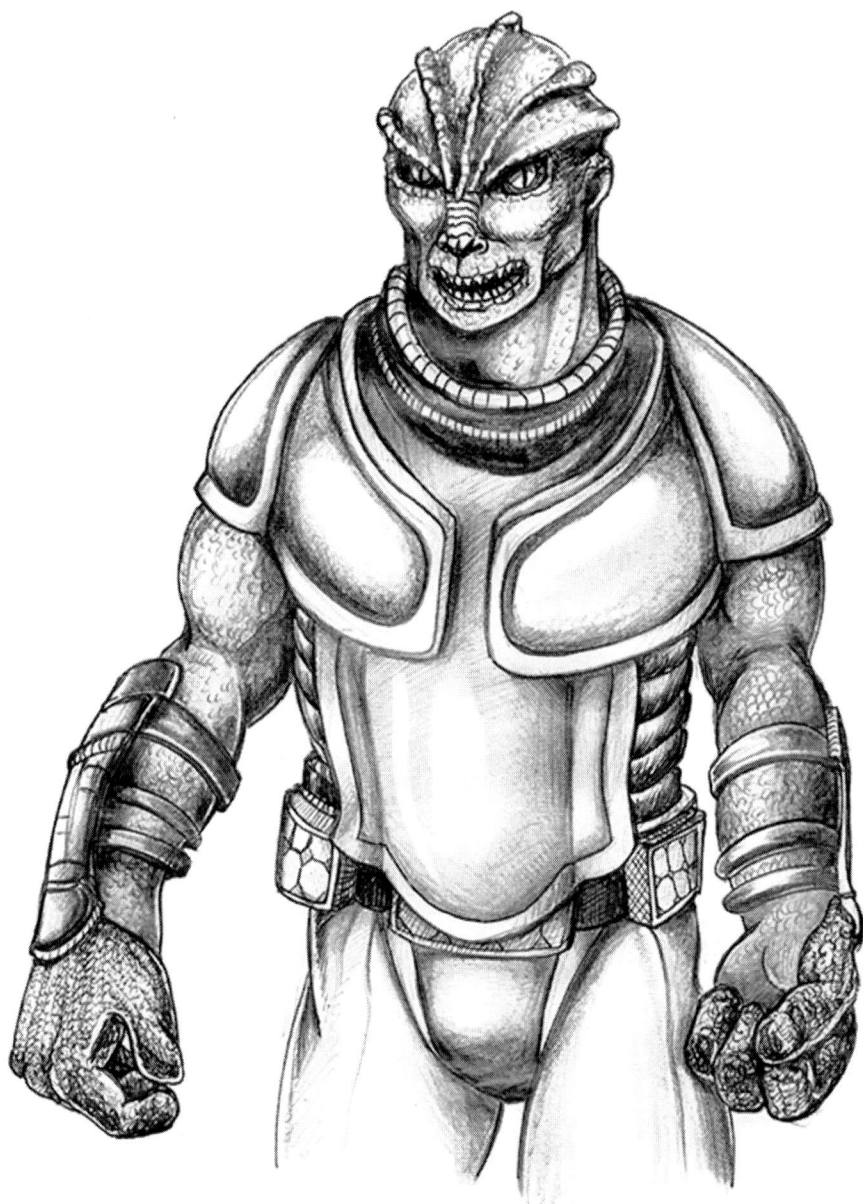

Ooganga

INDUGUTK

*Extrèmement violent *

Leur monde natal est Uruud Prime, une planète conçue artificiellement dans le système Bellatrix. Les Indugutks sont des reptiloïdes sauriens originaires d'Uruud. Ils sont de nature extrêmement violente et ressemblent à de grands reptiloïdes blancs. Ils ont un visage ridé étroit avec un crâne allongé, une large bouche, crête sourcilière épaisse et cou très long. Ils ne portent pas de vêtements. Vous pouvez les reconnaître à cette odeur spécifique qu'ils produisent et qui précède leur présence, et qui rappelle le soufre brûlé. Les Indugutks ont traité avec les gouvernements Terran impliqués dans des programmes spatiaux tels que les États-Unis, la Russie et la Chine, car ils ont des bases sur votre lune pour l'exploitation minière, en utilisant bien évidemment, des esclaves pour cette corvée.

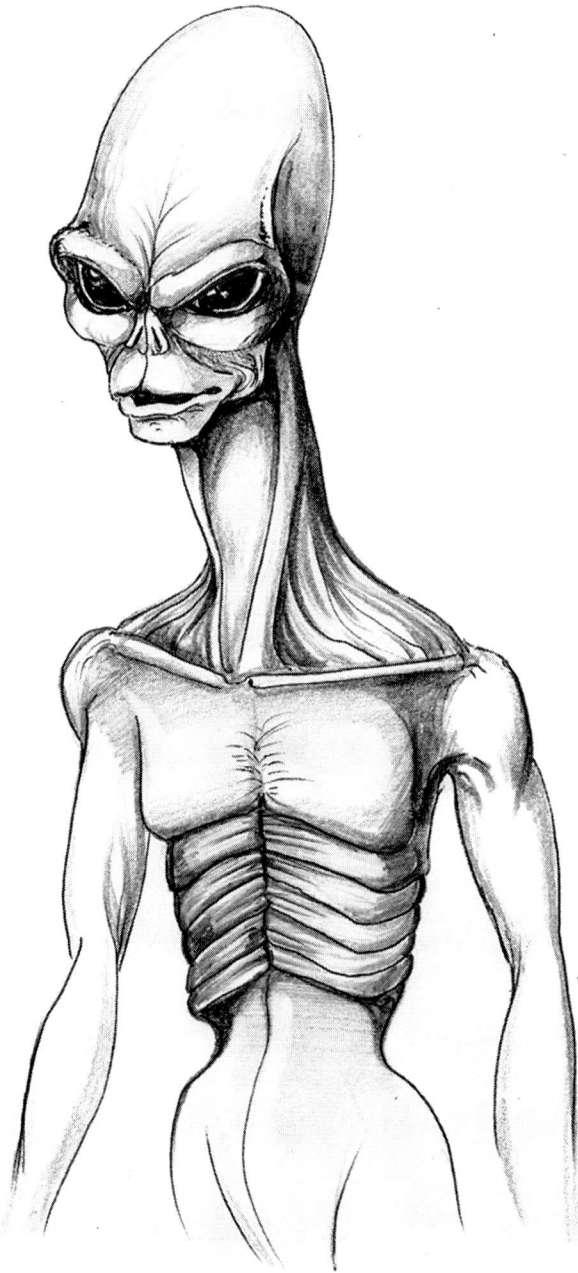

Indugutk

251

Bételgeuse ("Carina")

Étoile supergéante rouge en fin de vie, centre d'un système de cinq planètes, à 700 (T) années-lumière de Terra. Un grand nuage de poussière cosmique protège ce système.

EBAN

La cinquième planète du système Carina, Edemera, est un monde hostile, froid et désertique. Les Ebani, qui y vivent, sont des êtres Reptiloïdes Gris, mesurant de 6 à 9 pieds de haut. Dans le cadre de l'Alliance des Six, vous devinerez qu'ils ne sont pas une culture pacifiste. Ils ont également une colonie sur Altimar dans la constellation d'Ophiuchus. Ils sont profondément impliqués avec la Cabale sur Terra et travaillent aux côtés de l'armée Terran dans des installations souterraines, sur des programmes d'hybridation et de scalping d'âme.

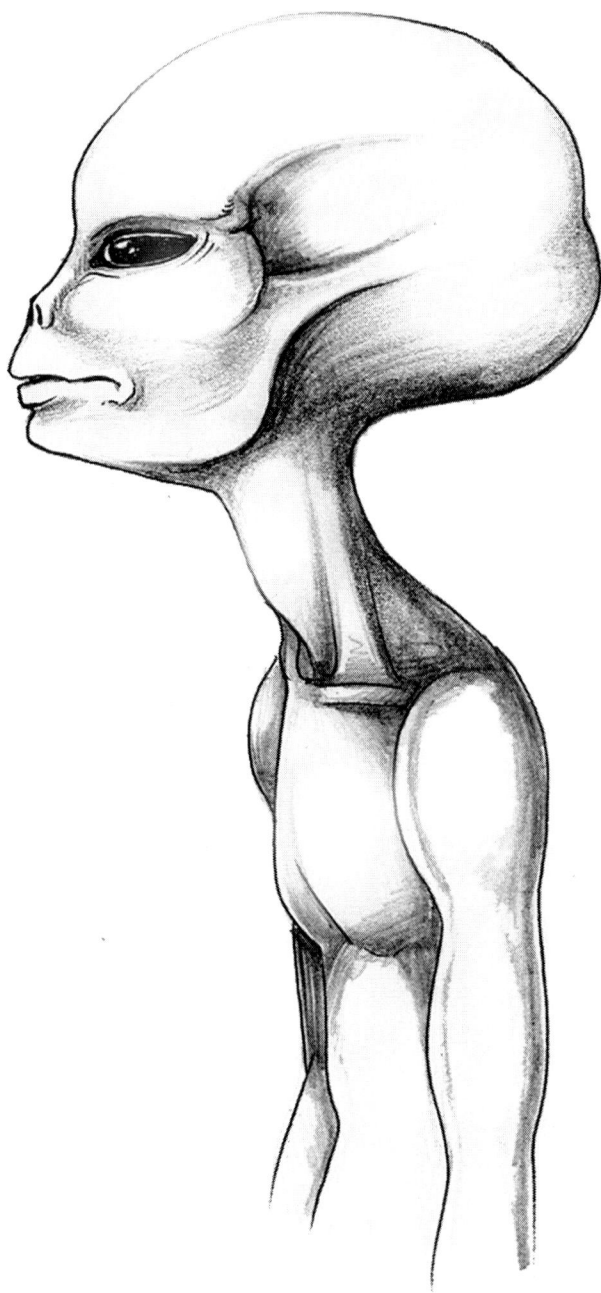

Eban

253

CARAY (Cariens)

Ils viennent de la quatrième planète du système Carina: «Caryon». Les Cariens sont des colons Lyrans Laan qui se sont installés dans la zone d'Orion, sur un monde nommé Caryon. Les conditions y étant plus tropicales, humides et chaudes que leur monde d'origine dans le système Man, et en raison de la composition de l'atmosphère, qu'ils ne pouvaient pas changer au risque de mettre en danger l'écosystème local, ils ont modifié leur génome par hybridation avec des espèces locales. Les Cariens ressemblent à des humanoïdes avec des traits d'oiseaux, en général ayant des corps humains et des ailes à plumes bleues, et une structure faciale très nette et angulaire ressemblant à des têtes d'oiseaux. En raison de la liberté génétique d'expérimentation sur eux-mêmes, ils ont atteint sur Caryon une fascinante diversité de formes mais, bien qu'ils aient beaucoup muté, les Cariens ont conservé avec un immense respect la culture et les principes de leur monde d'origine dans le système de Man. Les Cariens, même s'ils ressemblent aux oiseaux, sont restés des mammifères et ont gardé leurs fonctions reproductives inchangées. Vous les nommez : les «Avians bleus».

Ils sont devenus membres de la Fédération Galactique des Mondes, bien qu'ils quittent très rarement leur planète. Les Cariens sont des êtres sages et des ambassadeurs de paix au nom de la Fédération. Ils ont passé des accords et des traités avec leurs voisins proches et menaçants, les Eban et les Grail, qui les protègent de tout mal.

Les Cariens ont choisi d'intervenir dans le processus de l'ascension terrienne par des contacts psychiques et éthériques. Ils utilisent des vaisseaux éthériques et les voyages inter-dimensionnels.

Cariens

255

Immaru

ANUNNAKI

Leur monde natal est la planète Nibiru, dans une dimension parallèle à la vôtre. Le portail inter-dimensionnel qu'ils utilisent est situé dans la zone d'Orion, c'est pourquoi nous les associons à ce quadrant spatial. Ils proviennent d'un système à double étoile, autour desquelles orbite Nibiru dans un cycle large de 4000 (T) ans. L'étoile principale s'appelle Immaru. Petite et brune, elle est néanmoins l'hôte de nombreux mondes. La sixième planète, Nibiru, possède deux satellites et ressemble à Terra, mais dans une densité plus élevée. «Anunnakene» signifie : comme humain. En effet, bien qu'ils soient une forme de vie reptoïde à sang froid, ils ressemblent à des Terrans mais légèrement plus grands (2,5 m) et plus musclés. Pas de cheveux, peau blanche. Ils ont une société très structurée dans laquelle les femmes jouent un rôle important dans la politique et le pouvoir, bien que les hommes règnent néanmoins avant tout. Ils sont ovipares, et ils sont connus pour être parmi les sociétés les plus avancées en matière de génie génétique. Ils jouent beaucoup avec les génomes des populations conquises et en particulier avec les enfants, essayant de créer des hybrides serviles aidant leurs objectifs partout dans la galaxie. Les Anunnaki ont été la source et la propagation d'une grande biodiversité génétique et de la confusion raciale dans toute cette galaxie, pour ces mêmes raisons. Grands ennemis des Lyrans mais aussi de l'Empire Ciakahrr. Technologiquement avancés et bien équipés pour la guerre, leur nom est également redouté dans ce secteur galactique.

Il y a une légende à leur sujet, à propos de leur création. Il fut un temps, il y a très longtemps, où le conflit faisait rage entre Ashkera (Sirius B) et l'Empire d'Orion. Pour résoudre ce combat, le souverain mâle d'Ashkera proposa de s'accoupler avec la reine d'Orion et leurs descendants furent nommés d'après "mélange des deux races": Nibiru «divisé en deux». Plus tard, ils prirent le nom d'Anunnakene: «comme humain», donné par les Reptiloïdes d'Orion, car ils avaient l'air humains (mais seulement en apparence, leur génétique étant majoritairement reptiloïde).

Anunnaki

257

Les Anunnaki vainquirent la race reptilienne qui était au pouvoir lorsqu'ils arrivèrent sur Terra, et devinrent rapidement les nouveaux dirigeants, provoquant les autres colonies établies. Les Reptoïdes qui s'échappèrent migrèrent sous terre, et ceux qui ne le purent furent appelés «Igigi» («observateurs»), par les Anunnaki, et réduits en esclavage pendant 2 500 ans.

Les Anunnaki quittèrent finalement Terra mais avant de le faire, ils modifièrent le génome d'un grand groupe de spécimens humains, dans le but de créer une race d'esclaves pour exploiter à leur compte principalement les ressources en or. Ils ont longtemps utilisé également une autre race : les Solipsi Rai de Zeta Reticuli, et ont maintenant des liens et des accords avec les Reptiliens basés sur Terra pour partager la gestion des humains. Ces contrats font partie des accords à plus grande échelle avec les empires Ciakahrr et Orion concernant les mondes conquis, l'esclavage, la chaîne alimentaire et les expérimentations génétiques. Comme cela se fait également sur n'importe quel autre monde conquis, les Anunnaki ont laissé un contingent d'élite sur Terra afin de contrôler et de manipuler, en créant des organisations humaines d'élite, faisant des Anunnaki la partie cachée et souterraine du complexe militaro-industriel-extraterrestre. Ils travaillent avec et contre les Ciakahrrs pour le contrôle de Terra, ce qui révèle de manière intéressante une brèche dans le plan : tous deux travaillent en coopération pour altérer l'évolution de la conscience humaine à long terme, à travers les systèmes et les institutions d'élite, le fondamentalisme religieux, la domination patriarcale et un culte de l'avidité et de la violence, mais… ils sont aussi en compétition les uns contre les autres pour la propriété ultime de la planète, et c'est là que se trouve une grande brèche. Leurs navires sont en forme de «T».

Mintaka ("Aragorog")

Aragorog-Mintaka est un système complexe d'étoiles multiples, situé dans un amas stellaire faible, à 1200 (T) années-lumière, et l'unité entière comprend sept jeunes planètes. Il abrite différentes espèces, parmi lesquelles les Gris, les Reptiloïdes, les Amphibiens et les Dinoïdes, mais nous mentionnerons simplement les plus importantes :

GRAIL

Ce sont les résidents d'un système stellaire appelé Mintaka, ou pour vous : Delta Orionis, comportant sept planètes.

Grail

Bien que très avancés technologiquement, ils ne sont pas vraiment ce que j'appellerais : «éclairés». Les Grail aiment conquérir et saccager. C'est une espèce de type saurien Gris, très grande avec un torse et des membres très fins. Leur système nerveux électrique leur confère une force incroyable. Ils ont deux sexes. Les Grails ont causé beaucoup de tort aux systèmes voisins, mais la raison pour laquelle ils n'ont pas pris le contrôle de la galaxie est leur inaptitude à s'organiser car ils sont poussés par une agressivité compulsive. Ils s'aventurent rarement vers Terra, pas particulièrement décidés à affronter au combat l'Empire Ciakahrr, les Maytra et autres concurrents, ni la Fédération Galactique des Mondes. Ils ont des navires oblongs à l'aspect chromé.

TISAR-3

Ils viennent d'Arii-Tuviya, troisième planète du système Aragorog. Les Tisari furent contraints de s'exiler lorsque les Grail envahirent leur planète, et ils errèrent longtemps à la recherche d'un monde offrant des conditions de vie satisfaisantes. Les Tisari sont une race humanoïde amphibienne, pacifique, avec de légères caractéristiques 'lézards', en particulier leurs yeux dorés inclinés, bien que leur peau soit parfaitement humaine. Ils ont des mains et des pieds palmés et une peau pâle et brillante. Avant sa destruction, leur planète, principalement recouverte d'océans et de terres insulaires luxuriantes, était un paradis absolu, aujourd'hui malheureusement saccagé. Ils ont maintenant trouvé refuge dans un système planétaire lointain.

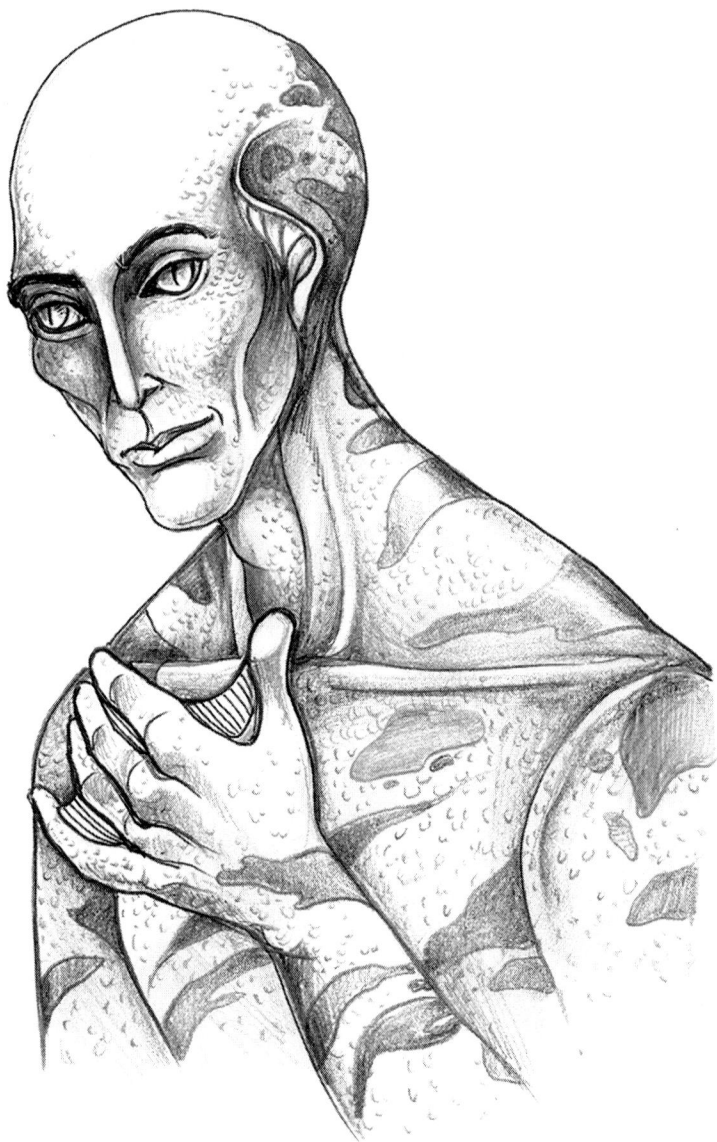

Tisar

Xi-Orionis ("Dillimuns")

KUR

Ils viennent de la planète Dillimuns, Xi Orionis. Un système de quatre planètes, et seul leur monde est habité. Les Kuri sont une race très ancienne liée aux Anunnaki, avec un caractère individuel intense. Ce sont de grands humanoïdes dotés de gènes et de caractéristiques d'oiseaux, tels qu'une peau recouverte de duvet, une crête de plumes le long de leur colonne vertébrale et une tête en forme de faucon. Leur couleur particulière est due à un liquide doré dans lequel ils se baignent, ce qui prolonge leur durée de vie. Ils étaient là aussi, aux côtés des Anunnaki, au moment où ces derniers régnaient sur Terra ; les Kuri étaient directement impliqués avec eux dans la modification du génome humain terrien. Les Kuri sont toujours en transactions diplomatiques pour devenir membres de la Fédération Galactique ; ils insistent pour adhérer selon leurs propres conditions, et ce n'est pas ainsi que cela fonctionne pour nous.

En ce qui concerne leur technologie, il leur faut deux ans pour se rendre sur Terra, où ils possèdent une petite colonie discrète quelque part dans l'océan Pacifique. Ils utilisent des voyages interdimensionnels et leurs vaisseaux irisés sont vraiment magnifiques.

Kur

Alnilam ("Zagara")
EGAROTH

L'étoile supergéante centrale de la ceinture d'Orion: Alnilam (ε Orionis), à 2000 années-lumière (T) de Terra, est également appelée localement Zagara. Les Egaroth, colonie du système stellaire de Meissa sont une race et une culture très anciennes, qui ont presque disparu. Ils font partie du célèbre Conseil des Cinq. Anciens sages archétypaux d'Orion, ils sont une race spirituelle très intelligente et ne s'intéressent pas à la conquête. Ils étaient par le passé, avant que l'Empire d'Orion ne fleurisse, une civilisation très avancée, répandue sur de nombreux mondes d'Uru-an-na (la zone d'Orion). Les Egaroth sont des êtres éthérés à l'apparence sereine, grands et minces avec un large volume crânien. Leur peau est brun pâle à gris pâle, ils n'ont pas de cheveux, un petit nez et des yeux magnifiques, souvent indigo avec une pupille bleu clair. Ils sont très spirituels et peuvent se matérialiser jusqu'à la 9ème densité. Ce sont des hermaphrodites, capables de se polariser lorsqu'ils décident de s'accoupler.

Meissa ("Daro")
DARON EGAROTH

Ils vivent sur la planète Darias, dans le système stellaire Daro. Les Egaroth du système Daro sont la très ancienne race Egaroth originale, qui ont fui les attaques de l'Empire d'Orion. Une colonie vit toujours dans le système de Zagara et tous deux font partie du Conseil des Cinq. Les Daron Egaroth sont passés dans une densité plus élevée afin de préserver leur civilisation contre les empires Nebu (Orion) et Ciakahrr. Chaque espèce a sa propre capacité à changer de densité, mais les reptiloïdes ne peuvent pas, pour la plupart d'entre eux, atteindre les fréquences supérieures à la leur. Tout ce qui se déplace plus haut que leur plage de perception devient invisible pour eux. Les Daro Egaroth possèdent également le pouvoir de changer de forme, ce qu'ils utilisent très rarement. Ce sont des êtres spirituels sages, qui veillent à l'équilibre de la trame universelle. Ils voyagent beaucoup, à la recherche d'endroits disharmonieux, et travaillent à rééquilibrer les énergies du lieu.

Ils contribuent au changement de densité de Terra, en collaboration avec la Fédération Galactique, et voyagent dans des vaisseaux éthériques interdimensionnels aux formes géométriques telles que diamant, losange et merkabah.

Alnilam et Meissa Egaroth

REDAN

Système d'Assamay, zone d'Orion. Membre du Conseil des Cinq, ils sont une ancienne espèce d'humanoïdes à peau hâlée, dont les origines se perdent dans les mémoires. Tout ce que nous savons, c'est qu'ils disent être venus d'ailleurs, quelque part dans la constellation du Bouvier (Bootes). Ils travaillent à la protection de Terra aux côtés de la Fédération Galactique des Mondes, dont ils font également partie en tant que membres du Conseil. Navires inter-dimensionnels, blancs, discoïdaux et translucides.

Redan

LE CONSEIL DES CINQ:

Le Conseil des Cinq, anciennement connu sous le nom de Conseil des Neuf, est antérieur à la formation de l'Empire Nebu d'Orion et fut créé par les Elmanuk d'Ardamant. Il regroupe aujourd'hui cinq races spirituellement élevées : Egaroth, Redan, Orela, Emerther et Ginvo, impliqués dans la protection de Terra bien avant la création de la Fédération Galactique des Mondes, qu'ils ont rejoint plus tard en tant que représentants du Conseil. Ils ont surveillé votre espèce alors qu'il s'agissait encore d'organismes flottant dans vos océans, et ont été témoins de son évolution, de l'ingérence des Anunnaki, des différentes colonisations de toutes parties de la galaxie, de l'arrivée des empires maléfiques et des guerres extraterrestres territoriales Terrannes. Le Conseil des Cinq, actuellement dirigé par les Egaroth, rencontra des dirigeants Terrans à plusieurs reprises, essayant d'influencer leurs décisions avec sagesse, ce qui a toujours été une tâche assez ardue. Le Conseil des Cinq n'a pas de règle de non-intervention, à l'instar de la Première Directive de la Fédération Galactique, car ils considèrent que parfois, une intervention est nécessaire pour aider une espèce à éviter des erreurs fatales conduisant sur une voie destructrice. Ils ont rencontré sur Terra des dirigeants de gouvernement en 1944 et l'ont fait à nouveau dans les dix derniers jours d'août 2013, pour discuter de la menace des empires d'Orion et de Ciakahrr, des alliances de la Cabale et des solutions pour un avenir libre pour les espèces terriennes. La Fédération Galactique a quelques problèmes avec cette façon de faire, concernant ses règles de non-intervention, mais elle ne peut interférer avec le Conseil des Cinq autrement que diplomatiquement. Le fait qu'il soit géré par les Egaroth, met en œuvre les intentions d'assistance inconditionnelle aux espèces terriennes et le travail de rééquilibrage énergétique de la grille de Terra.

LA LIGUE D'ORION (ou Ligue Noire)

«Tal-Uruanna», est un collectif de la zone d'Orion, principalement originaires de Carina (Bételgeuse), Daro (Meissa), Caryon et Alnitak (reptiloïdes indigènes pacifiques), désireux de se défendre contre l'Alliance Orion.

***

PERSEUS - Persée

ALCOBATA /Aluras

Planète Urdam II, système de Goraneor. Leur race s'est étendue loin dans cette galaxie et malheureusement, au-delà. Les Alcobata ont cinq points osseux dépassant du sommet de leur crâne. Extrêmement agressifs et considérés par la Fédération Galactique comme une race parasite. Leur société est basée sur une classe guerrière, très complexe dans sa structure hiérarchique. Leur système religieux est également très compliqué, avec une myriade de dieux. Ils se reproduisent par des œufs ou comme des mammifères, ils ont l'option de ces deux modes de reproduction. Une classe de mâles porte les œufs, assignés de naissance pour cette tâche. Les Alcobata ont également une capacité androgyne et peuvent s'inséminer eux-mêmes lorsque le moment choisi est venu. Pour opérer cette transformation, ils produisent une hormone particulière qui va activer la fonction de reproduction. Ceux nés des œufs et ceux nés de l'utérus sont biologiquement différents et affectés à des fins différentes dans la société. Je t'ai dit que c'était une société compliquée. Les femmes procréent par l'utérus des individus destinés à des rôles sociaux et politiques, des deux sexes. Les descendants des œufs, principalement des mâles, sont aptes à être guerriers et sont particulièrement agressifs.

Ils ont colonisé plus de 200 mondes à ce jour. Abductions intensives d'humains, pratiquées sur tous leurs mondes colonisés, à des fins soupçonnées d'esclavage. Ils n'aiment pas interagir avec d'autres races, car ils sont de nature très agressive. Ils sont soupçonnés d'avoir été impliqués dans plusieurs accidents d'avion, le plus connu étant le vol 007 de Korean Airlines au-dessus de la Russie en 1983. Alcobata possède plus de 5000 navires. Leurs vaisseaux sont très rapides et leur technologie de voyage spatial en a fait l'une des races les plus dangereuses, car ils peuvent se déplacer très vite. Plats et ronds, ce sont d'assez grand vaisseaux.

Alcobata

TANZANY:

Ils appellent leur monde "Odjii" et il est situé pour vous près de l'étoile Gorgonea Secunda, Pi Persei. Les Tanzany mesurent environ 1,50 mètre de haut et ont une longue espérance de vie (450 à 500 (T) ans). Ils ne sont généralement désirés dans aucune des alliances, empires et fédérations existants, en raison de leur comportement agressif et indépendant. Il y a quelque chose de vicieux dans l'esprit des Tanzany qui alimente leurs intentions, et en fait une race qui ne peut être maîtrisée par aucun arrangement, qu'il soit diplomatique ou matériel. Ils ne veulent pas de possessions territoriales, ni de nouvelles technologies, ressources, esclaves ou tout ce que les empires d'Orion et de Ciakahrr offrent généralement en échange de soumission, et ils ne sont d'accord avec aucune autorité autre que la leur. La Fédération Galactique a des problèmes conflictuels continuellement, avec eux.

Les Tanzany ont été très nuisibles sur Terra par le passé, par leur intérêt à étudier comment les formes de vie réagissent à la douleur physique, la peur et souffrance mentale. Ils sont également à l'origine des mutilations de bétail et d'humains, ainsi que de quelques événements dramatiques tels que le crash du dirigeable Hindenburg ou le naufrage du Titanic. Ils ont des vaisseaux oblongs, argentés avec rayures noires et motifs sur le côté. Aucune fenêtre visible. Ils utilisent les déplacements interdimensionnels et la propulsion quantique.

Tanzani

271

Epsilon Persei

TARICE

Les Tarici sont de grands êtres musclés (8 pieds de haut) de nature reptiloïde. Ils ne procèdent pas aux enlèvements et n'ont jamais contacté les Terrans. C'est une race pacifique, membre de la Fédération Galactique, mais point intéressée à travailler à nos côtés pour la libération de votre planète. Nous les laissons faire leurs propres affaires sur Terra, qui présentent un intérêt scientifique. Les habitants de Tarice ont un grand intérêt pour les volcans. Même si on leur a demandé d'être discrets, leur présence sur Terra est fréquente et ils n'essaient plus de se cacher des regards, ce qui commence à susciter notre inquiétude. Leurs navires sont élégants et rapides.

Tarice

***

PLEIADES (Taureau)
"Mana-Hai": "Les filles de la Mère"

PLEIADIENS ("Manahu")

Les Pléiades (M45) sont un jeune amas stellaire, à 440 (T) années-lumière de Terra. L'espèce humanoïde qui l'a colonisée est arrivée il y a longtemps du système Man (K62) dans ce que vous appelez la zone de Lyra. C'étaient des colonies de réfugiés transportant dans des arches géantes trois des quatre groupes raciaux d'origine : Ahel, Noor et Taal. Ils ont terraformé les trois premières planètes (sur dix) autour de l'étoile que vous nommez Taygète, et deux planètes autour de l'étoile que vous nommez Alcyone, car ce jeune amas stellaire n'avait pas encore de monde prêt à maintenir un environnement propice à la vie. Cet endroit fut choisi en raison d'une ancienne tentative des Man de Lyra de peupler cette zone, à l'époque où ils n'avaient pas encore atteint la technologie de terraformation. Ils connaissaient donc l'itinéraire en étant sûrs que là-bas, l'empire Ciakahrr ne serait pas intéressé à les suivre, l'amas des Pléiades ne possédant aucune ressource tentante. Rapidement, maîtrisant les déplacements interdimensionnels, nous nous sommes déplacés dans la 5e densité, ce qui était une sécurité supplémentaire contre les Gris et Reptiliens. C'était un nouveau départ pour nous tous et nous reconstruisîmes notre culture sur ces nouvelles terres auxquelles nous avons donné naissance. Il n'y a pas de conseil général dirigeant les mondes pléiadiens mais chaque planète a son propre gouvernement. Ahil et Taali ont chacun un conseil gouverné par une structure royale, car les Noori fonctionnent sur une assemblée de députés. Nous avons nommé cet amas stellaire «Manahai»: «les filles de la Mère», ce qui représente les étoiles de l'amas comme graines du monde-mère originel de Man, dans la zone Lyra : Mana. (Mana = mère - Ha = fille (pl. Hai)). Nous surpassons votre niveau technologique sur une échelle de temps unitaire de 3 000 (T) ans, et nous avons maîtrisé l'accès aux dimensions de l'anti-matière, que nous nommons «Dal» : l'antivers.

Language

Voici quelques exemples de la façon dont l'ancien dialecte Man, désormais langue officielle de la Fédération Galactique des Mondes, a été utilisé pour les noms communs :

Sha = Salut!

D'nai = Gratitude ("merci")

I = vénérable (Imana = la Grande Mère : Source).

Mana = mère / Aba = père.

Haya = fille.

Hu = fils/enfant/héritiers (cf. hu-man : "héritiers de la race Man") Imanahu = enfants de Source. Anuman = Anunnaki/Man hybrides. Do- Hu = enfants des Dow.

Wo = femelle / Man = male.

Djairi = épouse / Djairu = époux.

Jayha = sœur / Jayhu = frère.

Atl = ancient.

Ash = lumière vive / Aruu = Lumière (énergie lumière-force). Imanaaruu = la lumière de Source.

Imani = salutation respectueuse signifiant: "(Je reconnais que tu es) vénérable personne".

Lohr = sombre.

Akoor = Paix.

Shan = planète.

Shar = monde (culture/civilisation). Oraa Nataru Shari = "Espèces Unifié Mondes" = Fédération Galactique des Mondes.

Org = race/espèce. Oraa = espèce

Kher/Ker = pouvoir / Kher-a = pouvoir central / Tar = siège / trône

Ra = sage / sagesse

Ora = espoir

Do = gardien.

Maa = amour

A-maa-li = Je t'aime (à une femelle)/A-maa-lu = Je t'aime (à un mâle).

Tchokta = désordre / chaos.

Vous trouverez comme règles générales: –a pour féminin, -u pour masculin ou adjectif et –i pour pluriel. En raison d'une longue période de colonisation de Terra, une certaine réminiscence de cette vieille langue, le Taami, a survécu grâce à une intégration à vos propres langues indigènes.

Alcyone ("Jayha")

Lohr Jayha «la sœur noire», ou plus communément Jayha, est un système trinaire impressionnant dont l'étoile principale est un soleil massif bleu vif tournant extrêmement vite. La célérité en rotation de cette étoile génère un disque circonférentiel de matière stellaire, assez beau. Sur l'un des deux mondes en orbite dans ce système, une faction de Taali s'est séparée de ceux qui s'installaient dans le système de Taygeta. L'origine de cette scission fut une querelle pour le choix de quelle planète abritera quelle race. Certains Taali n'étaient pas d'accord avec le choix de T-Mar, qui était un monde plus petit qu'Erra (attribué aux Ahil), alors ils sont partis s'installer seuls dans le système Alcyone voisin. En raison de leur conflit avec les colonies de Taygeta, les Taali d'Alcyone sont devenus vulnérables à l'influence des grands groupes puissants qui, à l'époque, dirigeaient la galaxie sous la terreur, tels que les alliances Orion et Altair, et dont ils ont rejoint la cause. Ce n'est pas parce qu'un groupe est étiqueté «Pléiadiens» qu'il est là pour vous aider. Vous êtes souvent dans la confusion avec ce problème. Essayez de savoir en premier avec qui vous avez affaire.

TAAL SHIAR

Ils se sont nommés «Taal Shiar»: «Taal-world-ones», et appellent leur planète «Taalihara», en orbite autour de l'étoile Alcyone : la principale planète Taal. Ils ont essayé de construire leur propre petit empire à partir de là, ce qui était quasi impossible compte tenu de la menace écrasante des empires d'Orion et Ciakahrr. Par opposition à leurs frères Taygetans, ils n'ont pas rejoint la Fédération Galactique et se sont plutôt alliés aux Collectifs Ashtar et Altair, et à certains groupes malveillants d'Orion. Ils sont impliqués dans les méfaits de la Cabale sur Terra et sont devenus une disgrâce pour les races de Man. Ils ont également concédé un monde dans le système d'Alcyone à un avant-poste reptilien.

Taal-Shiar

277

Taygeta ("Ashaara")

«La fille brillante de la sagesse», est le nom donné à l'étoile principale de ce système binaire. Le terme «sagesse» désigne ici la connaissance sauvegardée des cultures de Man. Les colons Man terraformèrent trois des dix jeunes planètes de ce système, et en peuplèrent quatre. Ce faisant, ils complétèrent un ancien projet ancien abandonné. Les possibilités avaient déjà été évaluées et c'est pourquoi le cluster des Pléiades fut choisi sans hésitation pour la relocation de la culture Man. Nous décrirons les populations des quatre planètes habitées d'Ashaara, les «Ashaari», dans l'ordre suivant de l'orbite intérieure vers l'extérieur:

ERRAHEL

C'est là où je suis né : sur la 2ème planète du système Ashaaru (Taygeta) : Erra, «le sanctuaire de la connaissance». C'est là que sont conservées les archives de notre civilisation. Il nous faut 14 heures (T) pour nous rendre à Terra, ou seulement 4 heures à la vitesse 'warp'(distorsion). Erra est une planète chaude et tempérée qui soutient une grande variété de formes de vie et d'écosystèmes. La croûte de la planète est principalement constituée de silicate. Nous avons importé de nombreuses espèces végétales et animales de notre monde natal Maya, recréant notre biotope naturel avec cinq zones climatiques : tropicale, tiède, tempérée, glaciaire et polaire. Nous avons des saisons, de la pluie et de la neige, des forêts luxuriantes, des vallées profondes, des côtes époustouflantes et de nombreuses chaînes de hautes montagnes. C'est un monde magnifique, bleu turquoise vu de l'espace, avec sept lunes. Ce monde est peuplé par la colonie Ahel, peau claire, cheveux blonds et yeux bleus. Errahel (pl.: Errahil), ou «Ahil d'Erra» est devenu une race très spirituelle, cultivant les arts au service de la paix intérieure et l'ascension spirituelle, comme la musique éthérée, la danse, les arts visuels et l'amour. Ceci est un aspect très particulier à notre race : en raison de sa photosensibilité naturelle (adaptée à notre étoile Ashaara), ainsi que notre patrimoine génétique, notre peau est exceptionnellement sensible, et particulièrement au toucher sensuel. On distingue, dans l'acte d'amour, la fonction reproductrice de la transfiguration de la conscience.

Errahel

279

Il y a une partie de notre cerveau qui s'active à la puberté, et que nous activons à volonté pour stimuler les cellules réceptrices de notre épiderme. En ce qui concerne l'ascension des âmes entrelacées, tous les aspects de l'être sont exacerbés : le physique (externe : peau, et interne : connexion génitale), le mental-émotionnel (amour) et le spirituel (élévation énergétique et vibrationnelle en fréquence). Ces trois aspects combinés nous permettent d'atteindre des royaumes supérieurs de pure conscience, transcendant des densités aussi élevées que la 13e (Source). Dans cet état atteint de félicité, nous ne sommes que pure conscience, infinie et désincarnée, universelle et omniprésente. En ce qui concerne la procréation, nous avons choisi de la réaliser au même moment ou non, sachant que combiner les deux est un instant très spécial dans une vie, lorsque les royaumes les plus élevés de l'extase sont embrassés et embrasés, condition ultime pour déclencher une impulsion permettant l'ouverture du portail, pour la liaison d'une âme dans une nouvelle incarnation. Pour des raisons de sens pratique, nous avons également développé l'option de conception artificielle dans les 'pods' artificiels (contenants), mais nous préférons généralement la manière traditionnelle.

Concernant l'éducation, il existe des écoles de spécification. Les capacités de chaque nouvel enfant sont identifiées et encouragées à se développer au mieux de leurs possibilités, afin que l'être puisse réaliser sa mission et ses aspirations. Nos jeunes sont regroupés dans des écoles d'apprentissage spécifiques en fonction de leurs talents communs. Notre loisir préféré est de passer du temps à l'extérieur, ainsi que de se rassembler pour des divertissements sociaux tels que des jeux et des activités artistiques (concerts ou activités artistiques communes). Nous ne portons pas d'intérêt dans les sports de compétition, comme vous le faites sur Terra ; nous croyons que la meilleure façon d'atteindre une amélioration de l'être est par encouragement mutuel et développement personnel, et non par une comparaison concurrentielle.

Nous avons une alimentation végétale. Notre race, Ahel, est basée sur une forme de vie organique, mais il y a une classe supérieure que nous appelons «les Anciens», et qui a choisi de ne pas s'incarner parce qu'elle a dépassé un certain niveau d'évolution. Je fais moi-même partie de la classe active, et même si je peux à volonté sortir de mon corps, j'y suis lié.

Alors oui, je mange, et tout le reste. Nous ingérons des aliments végétaux, des composants primordiaux et de l'eau énergisée. L'eau énergisée se boit en voyage, pour permettre à notre corps de se déplacer à volonté sans avoir à faire face à une évacuation physiologique. Nous avons le choix d'avoir un repas solide lorsque nous n'effectuons pas de voyages dans l'espace, mais cela suit une règle vitale : seulement s'il n'y a ni cœur ni visage. Si nous mangions des formes de vie sanguines, cela abaisserait notre niveau vibratoire à la fréquence de ce que nous ingérons.

Nous ne sommes pas des maîtres spirituels pour votre espèce, juste vos cousins de l'espace, des gens comme vous; la seule différence est que nous sommes nés ailleurs. Nous ne sommes pas non plus les gardiens de votre planète ; la Fédération Galactique et le Conseil des Cinq sont mieux à même d'assumer ce rôle. Vous avez également, ne l'oubliez pas, vos propres entités spirituelles indigènes, qui veillent sur vous depuis des temps immémoriaux. Nous avons souvent été mépris pour des dieux, que nous ne sommes pas, ou pour ce que vos légendes religieuses appellent des «anges» (qui fut une interprétation des rencontres extraterrestres dans le passé de votre planète par des populations inéduquées). Nous n'effectuons que notre mission, au sein de la structure de la Fédération Galactique. C'est souvent, aussi, une erreur courante que de nous considérer comme des messagers spirituels personnels et de nous rendre plus divins que nous ne sommes. Nous soutenons les Terrans, vous n'êtes pas seuls. Nous veillons sur vous, conservant les forces obscures à distance. Nous promouvons l'évolution spirituelle, mais nous savons aussi combattre lorsque c'est nécessaire, et cela fait également partie de notre chemin spirituel. Tous les combats, s'ils sont justes et justifiés, ouvrent des voies de libération pour que la Lumière afflue. La passivité est la mort. Ne créez pas une religion à notre sujet, s'il vous plaît. Pas à nouveau. Nous ne sommes que des gens qui sont venus ici pour aider. Que nous ayons la capacité de changer de densité à volonté, ne fait pas de nous des sortes de dieux. Il est temps que les Terrans cessent de se considérer comme inférieurs, sinon ils ne grandiront pas. Notre objectif est de leur montrer qu'ils peuvent devenir comme nous, c'est pourquoi nous sommes ici. Nous souhaitons que les Terrans rejoignent un jour la Fédération Galactique, mais cela ne se produira jamais s'ils se considèrent comme une race inférieure. Bien sûr, ils sont plus primitifs que nous ne le sommes technologiquement, et un peu moins sages... mais nous en avons tous été là, et nous avons évolué. Nous croyons que toute vie est immortelle, que l'âme est éternelle car toutes les formes de vie sont une fractale de la Source. Chacun de nous est composé d'une substance qui fait partie d'Elle. Nous sommes Elle, et Elle est en nous. Elle est nous. Source est la conscience du multivers. Elle est le pouvoir tout-puissant, la source de toute vie, de toute matière et de toute énergie. Nos corps-véhicules sont périssables, pas nos vrais êtres qui sont des fractales inaltérables de la Source. Elle est omniprésente, infinie et intemporelle. La source ne mourra jamais, car elle n'est jamais née. Nous disons «Elle», parce qu'elle est la matrice de toutes choses, et la Grande Force qui est l'Amour, son souffle enflammé. Venant d'Elle, nous ne sommes jamais nés, et retournant à Elle, nous ne mourrons jamais. Nos corps temporaires de chair se décomposent et nous nourrissons le plus grand respect pour le récipient sacré qui a conduit notre âme vers un puissant voyage d'apprentissage et de devoir. Quand nous sommes enfin libres, nous La sentons, plus que jamais. La liberté de choix est alors à nous de revenir, de passer à une autre étape, ou de nous libérer dans l'Unité ultime. Nous n'avons pas de dieux, pas d'idoles, pas de cultes, nous l'avons juste, Elle.

Un scientifique nommé Den Thor, envoyé par la Fédération Galactique, passa du temps sur Terra avec le gouvernement Américain pour leur enseigner les voyages dans l'hyper-espace et autres techniques, dans les années 1940, dans le but d'accélérer l'évolution technologique terrienne avec la menace croissante de l'empire Ciakahrr. Malheureusement, les représentants Américains ont fait le pire choix en refusant l'assistance de la Fédération, lorsqu'ils furent contactés par la suite en 1954, tombant dans l'escroquerie habituelle des Ciakahrrs. Bien que nous les ayons prévenus !

L'une des plus grands principes fondamentaux de la Fédération Galactique est la liberté de choix. Nous ne forçons jamais personne à prendre une décision, même si dans de nombreuses occasions nous avons fait de notre mieux pour vous convaincre de la meilleure façon de rester en vie. En 1954, lorsqu'une escouade diplomatique de la Fédération Galactique rencontra officiellement votre chef Eisenhower, nous l'avons mis en garde contre les différentes formes de vie visitant Terra, certaines d'entre elles n'étant pas très amicales, et surtout à savoir discerner tout ce qui ressemblait à des humanoïdes gris, reptiliens ou blancs. Nous avons offert aux Terriens notre aide pour désactiver toutes leurs armes, mettre fin à leurs guerres et cultiver la paix et l'élévation spirituelle de la conscience, afin qu'ils rejoignent le plus tôt possible la Fédération Galactique. Cela avait pour but de les mettre en sécurité par rapport aux empires Ciakahrr et Orion. Malheureusement... nous n'avons pas pu prendre la décision finale à votre place. Nous sommes également actifs dans un programme d'assistance à l'élévation de la conscience Terrane, en vous aidant à vous libérer de la servitude oppressive de l'Empire Ciakahrr et des groupes Orion et Altair. En tant que tels, nous incitons à l'ouverture de la conscience par l'éducation, l'information, les messages que nous envoyons à tous ceux qui peuvent se connecter avec nous, et le travail sur la fréquence du réseau énergétique de votre planète. Nous sommes également impliqués dans le programme global «Envoy», concernant l'incarnation dans un avatar Terran afin d'effectuer plus efficacement le travail au sol. De nombreuses autres races font partie de ce programme créé par la Fédération Galactique, et que vous nommez «Starseed».

Nos cargos, pour les longs voyages dans l'espace, ont des formes cylindriques. Nos patrouilleurs sont plus petits et discoïdes, les patrouilleurs de flotte ont un profil plus oblong. Je détaillerai leur technicité plus loin dans cet ouvrage.

T-MARHU

Troisième planète du système Ashaaru, T-Mar est un monde plus petit qu'Erra mais le centre administratif du système Ashaara. Tempéré et également doté d'une nature luxuriante, T-Mar est plus peuplé proportionnellement qu'Erra. Les T-Marhu (pl: T-Mari) sont la colonie Taal d'Omankhera. La famille royale Taal au complet, qui régnait sur les races de Man, s'était échappée, comme nous le savons, dans le district d'Orion et avait disparu dans l'oubli. Par conséquent, un nouveau gouvernement s'est formé sur T-Mar à partir de l'union d'une descendante royale et d'un héros militaire. Les Taali sont de proches cousins des Ahil, à quelques différences près, par exemple leur alimentation ; ils sont omnivores, c'est-à-dire qu'ils mangent de la chair, ce qui rend plus difficile pour eux de modifier leur fréquence dans des densités plus élevées. Ils sont donc plus vulnérables aux races à basse fréquence comme les Reptiliens et les Gris, c'est pourquoi ils ne travaillent qu'en arrière-plan, dans les opérations militaires sur Terra. De plus, leur spiritualité ne repose pas sur la sensibilité et la sensualité comme leurs cousins Ahil, mais sur des méthodes ascétiques, ce qui leur donne une impression de froideur. Les T-Mari sont impliqués avec la Fédération Galactique. Bien qu'ils aient visité Terra fréquemment dans le passé, ils n'ont jamais vraiment établi une colonie durable. Leurs navires sont discoïdaux, très similaires aux navires Ahel. Les trois races, Noor, Ahel et Taal, partagent dans le système Ashara technologie et ingénierie commune.

T-Marhu Taal

285

ALKHORHU

La 5ème planète des Ashaari, Alkhorat, «le lieu serein», est habitée par les descendants de la colonie Noor, nommés Alkhorhu. Comme tu t'en souviens, les Noori sont de la même racine génétique que les Ahil mais présentent quelques différences physiologiques, notamment la taille qui peut atteindre jusqu'à 8 pieds de haut. Les Alkhorhu vivent aussi longtemps que les Ahil et les Taali, c'est-à-dire entre 500 à 700 (T) ans, mais une altération génétique s'est produite en raison des changements successifs des conditions d'habitat (comme tu le sais, les Noori aiment voyager, ils ne restent pas longtemps en place). Cette altération malheureuse est telle que leurs organes internes dégénèrent plus vite que leur corps-enveloppe. En général, le cœur lâche en premier.

Membres de la Fédération Galactique, comme tous les Ashaari (Taygeta Pleiadeans), les Alkhorhu Noori sont très impliqués dans les affaires Terranes. Ils ont également joué un rôle dans le passé de Terra, établissant des colonies. Les mythes terriens conservent des archives sur l'une des races Noor en tant que géants aux cheveux roux. Leurs navires sont de type Ashaari, identiques à ceux des Errahil et T-Mari.

Alkhorhu Noor

287

D'AKOORHU

Les D'Akoorhu (pl: D'Akoori) résident sur la 10ème planète, Dakoorat: «le lieu des gardiens de la paix». C'est la quatrième race Ashaari, née d'une évolution unique des Noori d'Alkhorat. Ce sont ceux que vous appelez les «Pléiadiens de lumière». Ils sont le plus haut niveau d'évolution de la race de Man et ils résident dans la 9ème densité, dans un monde qu'ils ont transformé au fil de leur élévation vibratoire. On pense que ce développement extraordinaire en êtres de lumière est dû à la nature de Dakoorat, la planète la plus extérieure du système Ashaari, dont la structure est cristalline et interagit moléculairement avec le champ plasmique de l'amas. Surpassant les possibilités limitées de la génétique Noori modifiée, cette colonie a transfiguré leurs corps en enveloppes éthérées translucides, permettant à leur durée de vie d'atteindre des records incroyables. Ils partent quand ils le souhaitent, quand ils sentent qu'ils ont fait leur temps au service de la Source et souhaitent se fondre à nouveau avec Elle, se régénérer et revenir dans une nouvelle existence pour une nouvelle mission.

Les D'Akoori sont sages et très puissants. Ils font partie du conseil de la Fédération, travaillant également au changement ascensionnel de Terra et au maintien de sa grille de fréquences. Ils utilisent des vaisseaux éthérés trans-dimensionnels, alimentés par l'énergie de résonance géométrique. Prenant souvent l'apparence de losanges ou prismes à facettes.

D'akhoru

289

***

RETICULUM – Réticule
Zeta Reticuli ("Daarkahr")

Ce système d'étoiles binaires est, encore une fois, un centre majeur pour l'activité des Gris, tout comme Thuban est la planète-mère de l'empire reptilien Ciakahrr, et Orion la ruche de l'association des deux.

DO-HU (Dow)

Les «Do-Hu» étaient une vieille race mourante, qui quittèrent leur planète natale Elderan, M-2 dans le système Zeta Reticuli, à la recherche d'un nouveau havre. Ils regrettèrent avoir approché de trop près Orion… où ils furent malheureusement capturés et assimilés par l'Alliance Nebu, puis génétiquement modifiés pour la servitude. Les Do-Hu fonctionnent comme une conscience-ruche, se connectant télépathiquement à une connaissance centrale, d'où les instructions sont émises et partagées. Cette espèce était à l'origine un croisement entre la génétique reptiloïde et botanique, et parents avec les Solipsi Rai. Ils font désormais partie, malgré eux, du collectif Gris Orion. Leurs compétences télépathiques sont phénoménales, en particulier lorsqu'il s'agit de tromper les abductés Terrans. Les Do-Hu furent modifiés à un point qu'ils ne peuvent plus désormais se reproduire et sont maintenus dans la dépendance de leurs oppresseurs quant au clonage de leur espèce pour survivre. Les empires Nebu et Ciakahrr, qui les utilisent, ont fait des Do-Hu un groupe de nuisibles à leur service, destin méprisable et horrible. Ils sont envoyés par leurs maîtres sur des programmes d'altération génétique vers des mondes sous-développés, afin de préparer le terrain à l'invasion, comme ils l'ont fait avec Terra. Les années 1953, 1955, 1957, les vaisseaux mères Do-Hu sont arrivés en orbite de Terra et établirent sous l'océan, leur plus grande installation près de l'île de Pâques. Ils ont également un avant-poste sur Mars, au nom de l'Empire d'Orion. Ce petit groupe dangereux de Do-Hu est très actif sur Terra, pour le compte des Nebu, largement responsable des enlèvements. Ils font leur travail froidement et sans émotion, ce dont ils ont été privés.

Do-Hu

Leur plan d'action est toujours le même: étudier tout ce qui concerne le monde à conquérir, puis choisir le groupe dirigeant le plus puissant avec lequel établir un premier contact. Ceci est une technique typique des collectifs Orion et Ciakahrr, rendant impossible la contre-offensive de la Fédération Galactique, pour interférence prohibée. Leur ruse est de rapidement signer des traités de couverture avec les dirigeants du monde visité et ainsi, personne ne viole la loi de non-intervention, au moment où un traité de consentement mutuel est conclu. Ainsi, contrant juridiquement la Fédération Galactique et devenant intouchable, cette méthode permet en échange d'une technologie trompeuse, de s'installer à jamais et «d'étudier les formes de vie indigènes». Couvert par des traités ôtant volontairement les droits des populations conquises, le terrain est préparé pour l'invasion de leurs maîtres. Les Do-Hu ont signé le tristement célèbre Traité de Greada avec Eisenhower, dont l'accord initial était d'aider les Terrans avec une technologie partagée, en échange de laisser les Do-Hu étudier notre génétique. Des installations souterraines furent construites à leur demande mais le gouvernement Américain se rendit compte, à ses dépens, de son erreur, lorsque les vrais êtres avec lesquels ils avaient signé emménagèrent... Ce scénario s'est produit, à notre connaissance, sur vingt-sept mondes de cette seule galaxie. Au moment où ces lignes sont écrites, il y a une présence d'environ deux mille Do-Hu sur Terra et sa lune, travaillant principalement avec le gouvernement Américain. Ils utilisent cependant, pour accomplir leurs tâches de routine dans les délais, plusieurs milliers de clones.

L'Empire Ciakahrr et les Do-Hu:

Bien que la culture Do-Hu soit technologiquement légèrement plus avancée, les Do-Hu ont préféré ne pas affronter les forces de l'empire Ciakahrr, et se laissèrent assimiler. Ce qui est étonnant est le fait que le niveau de civilisation Do-Hu fut, depuis le début de cette étrange relation, toujours plus évolué que celui des Ciakahrr. Pourtant, ils ont renoncé à utiliser leur avantage technologique, évitant une confrontation militairement violente avec cette espèce très belligérante. Leurs vaisseaux sont discoïdaux avec une très grande ouverture en dessous, calibrée pour les enlèvements de grande taille comme les bovins, les véhicules et autres.

EBEN

Ils vivent sur la Planète Selpo, dans le système Zeta Reticuli I. Ils quittèrent leur monde d'origine, Azrata, situé dans le même système, en raison de l'activité volcanique croissante, l'orbite de leur planète se rapprochant de leur étoile en raison d'un déséquilibre causé par le passage d'une comète. Les Ebeni sont une culture pacifique, des gens calmes et attentionnés, bien qu'ayant une prédilection pour la curiosité. Bien qu'ils puissent y ressembler, les Ebeni n'appartiennent pas à l'espèce Gris et ne partagent pas la génétique avec les autres Gris de Zeta Reticuli, notamment les Solipsi Rai. Ce sont des espèces totalement différentes. Ils n'ont pas non plus d'ADN reptiloïde, comme la plupart des races Gris. Plus petits que l'espèce Solipsi Ra, 1,30 m au maximum, les Ebeni ont une bouche fine et un petit nez, des mains et des pieds à quatre doigts et leur peau est brun clair à bleu pâle. Le bleu est une couleur qu'ils affectionnent particulièrement pour des raisons culturelles, et on les voit donc souvent porter cette couleur. Leurs yeux sont grands et ovales, verts ou bleus, et ils portent des verres de protection foncés lorsqu'ils sortent de leur environnement. Leur peau est très épaisse, car ils ont évolué sur une planète chaude aux conditions difficiles. Leur atmosphère était chaude et saturée de carbone et c'est l'environnement dans lequel ils sont adaptés pour vivre et qu'ils ont recréé sur Selpo, modifiant l'atmosphère de leur nouvelle planète pour répondre à cette exigence. Ils ont une colonie dans le système stellaire Barnard et leurs navires sont discoïdaux, avec un module élevé au-dessus et en dessous, à toit plat.

ZETA RETICULI ou RETICULIENS
("Shamtbahali")

Le cœur de leur culture-ruche se trouve sur les planètes jumelles Xrog, deux planètes situées sur une même orbite et liées gravitationnellement. Un lieu étrange et hostile, de métal et d'obscurité, un monde d'ordre totalitaire. Shamtbahala est le nom de leur étoile, un système de douze planètes dont six sont habitées ; les six autres servant de ressources. J'ai entendu des histoires, au sujet de ceux qui en sont revenus, et pouvaient à peine mentionner ce qu'ils avaient vu, tremblant et sanglotant, à peine vivants, arrachés à tout ce qui fait un individu souverain de sa propre âme. Vous les appelez les Petits Gris et vous les confondez souvent en apparence avec les Solipsi Rai. Les traits de leur visage sont plus osseux et émaciés que chez les Solipsi Rai, et ils ont aussi de plus grands yeux. Ils portent des uniformes noirs, avec des motifs argentés pour les castes élevées. Leur force physique est également surprenante malgré leur taille. Moitié insectoïde par génétique, leur mode de communication est principalement télépathique, accompagné de crépitements produits dans la gorge. Ils ont quatre doigts, ce qui est une caractéristique reconnaissable.

Les Xrog-Shamtbahali ont des bases souterraines secrètes sur Terra où ils travaillent en accord avec l'US Air Force. Alliés des Anunnaki, ils coopèrent avec eux sur différentes planètes, ainsi que sur Terra (ils ne leur sont pas asservis), pour notamment documenter l'évolution des races hybridées, et partager le savoir récolté. Les Anunnaki ont également créé une sous-espèce de Zeta dans le but de les faire ressembler davantage à des humains, mais en laissant suffisamment de différences physiques pour les distinguer. Certains ont été dirigeants de l'Égypte. Les Shamtbahali Zeta sont sur Terra depuis que les Anunnaki étaient là, donc cela remonte à un bon moment, et ils existent toujours sous les deux formes, originale et hybridée. Ils ont généralement de grands vaisseaux discoïdaux, complètement lisses.

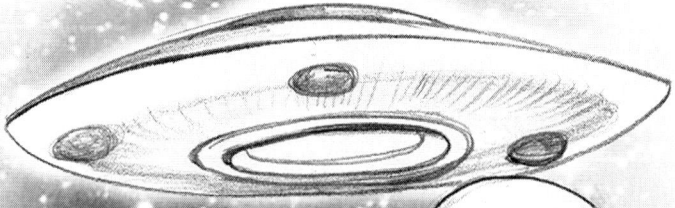

Shamtbahali

***

SCORPIUS – Scorpion
Antares

NEGUMAK (Gnomopo)

Negumak est le nom de leur planète, dans le système d'Antarès. Ils se nomment eux-mêmes d'après leur monde d'origine, mais le nom véritable de leur race est Gnomopo, l'une des plus anciennes races connues existantes, et certainement les prédateurs que vous ne voulez pas croiser sur votre chemin. Grands et larges, d'apparence insectoïde, ils ne sont pas à structure humanoïde et leur composition génétique n'est, à notre connaissance, ni reptile, ni Gris, ni même rien d'autre connu dans cette galaxie. Negumak Gnomopo est unique. Ils sont androgynes et se reproduisent en pondant des œufs, puis ils les fécondent une fois que les œufs ont atteint un certain niveau de maturité. Ce sont de terribles guerriers qui terrorisent tout le monde, même les Ciakahrr (c'est peu dire), rien qu'en pensant à eux. Ils sont très redoutés et ne font pas partie de la Fédération Galactique. Les Negumak ont le pouvoir d'éliminer la race reptilienne de l'existence et nous essayons encore, à ce jour, de trouver un moyen de gagner leur alliance. Leurs navires sont faits d'un métal brillant foncé et de formes très élaborées. Les Negumak effectuent des enlèvements sur Terra, dont le but est encore inconnu. Tout ce que nous savons, c'est qu'ils utilisent très habilement le contrôle de l'esprit et libèrent les captifs par la suite. Les gouvernements Terrans sont bien conscients de leur existence, depuis qu'un premier contact fut établi en 1989. Les forces d'occupation Ciakahrr et Orion ont mis en garde les Terrans à leur sujet, effrayant tout le monde immensément et suscitant la peur quant à l'avenir de l'humanité. La Cabale les craint… et si seulement… nous pourrions discuter avec les Negumak et parvenir à un accord…

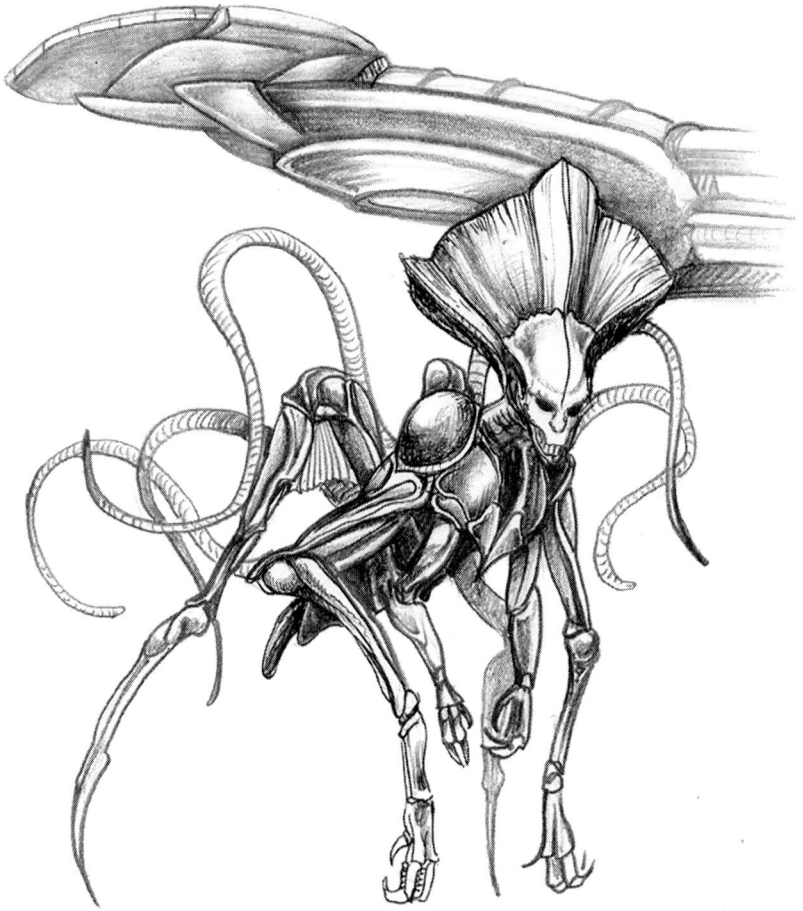

Negumak

297

N'TORI (ou Endoriens)

Sur la planète N'Tora («Endora») du système d'Antarès, vit une race magnifique : les N'Tori. Ce sont de beaux êtres extra-dimensionnels de 9ème et 11ème densité, qui ne quittent jamais géographiquement leur planète mais voyagent beaucoup en utilisant la résonance de conscience inter-dimensionnelle. Leur structure est à base humanoïde mais purement éthérique. Il y a très peu de races dans cette galaxie qui ont atteint de tels niveaux d'évolution et les N'Tori en font partie. Si je vous les mentionne, c'est parce qu'ils ont porté leur attention sur votre planète, dans le désir d'aider les forces de lumière et d'évolution. On travaille parfois avec eux et j'en ai vu un, une fois, c'était une expérience de vie dont je me souviendrai toujours. Ils se manifestent par une lumière brillante avec des filaments de substance éthérique dansant autour d'un corps humanoïde, aveuglant et brillant. Il est difficile de discerner les traits de leurs visages, mais on m'a dit qu'ils ont les yeux comme du cristal.

Ils sont si puissants. Vos gardiens de Terra, tels que Caeayaron, sont de la même nature que les N'Tori. Leur monde est un autre lieu de 9ème densité exempt de gravité, où les montagnes flottent dans des océans éthérés de courants de lumière et de créatures translucides en mouvement. Il existe de nombreuses autres formes de vie sur leur planète et toutes vivent entre la 9e à la 11e densité. Imaginez, la vie sous-marine dans vos océans terriens, mais composée de lumières, de couleurs, de matière éthérée, le tout en mouvements de danse, flottants et gracieux. C'est un monde parfait.

Ils aident la Fédération Galactique à élever et à nettoyer la grille de votre planète. Leurs vaisseaux colorés éthériques scintillants sont toujours un étonnement à regarder, de structure éthérique, légère et discoïdale.

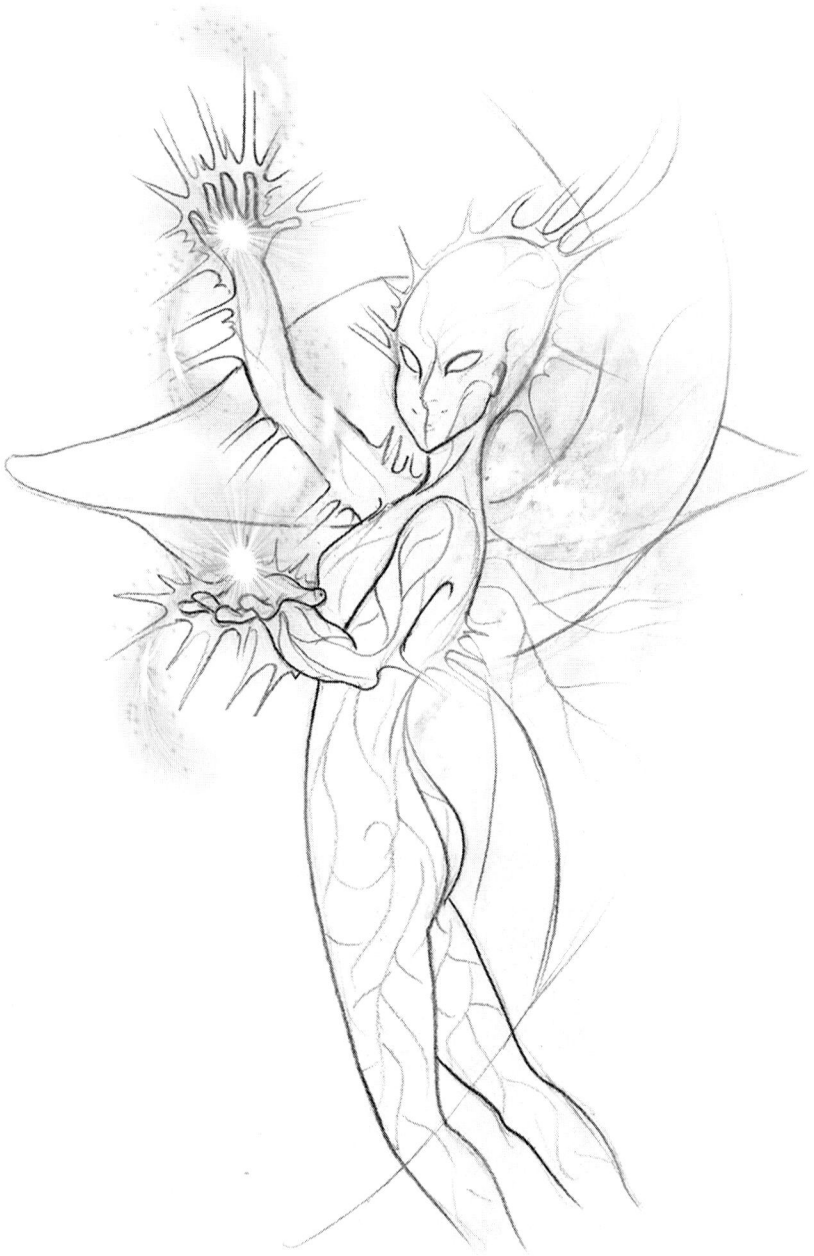

Endoriens

299

SCULPTORIS – Sculpteur
Gamma Sculptoris

ALLGRUULK (les Constructeurs)

Ils habitent le double système stellaire Gamma Sculptoris, ou Orgozx, planète Artaa. Ce système binaire est composé d'une très petite étoile bleue et d'une grande orange. Sept planètes gravitent autour d'elles mais une seule est habitable, toutes les autres sont de type planétoïde. Artaa est la 3ème planète, avec une atmosphère bleue très dense et brumeuse et un paysage ocre. Pas de forêt tropicale ici malgré des conditions très humides au niveau du sol. Il manque en effet un certain élément dans la composition de l'atmosphère pour que la végétation pousse, hormis une étrange plante ressemblant à vos cactus et capable d'aspirer l'humidité de l'air. La pluie n'est pas nourrissante ; cela semble inné pour votre eau, mais ce n'est pas le cas sur Artaa ; cela vous tuerait si vous la buviez, brûlant votre chair. Bien que la peau des Allgruulki en ait besoin, ils ne supportent pas la composition de votre atmosphère. Ils mourraient, comme vous sur leur monde, à cause de l'air et de l'eau.

Les Allgrrulk ont une peau écailleuse vert brun, des trous pour les narines juste au-dessus de la lèvre supérieure, avec une ligne écailleuse brune au centre de leur visage entre les narines et la lèvre. Ils peuvent vivre jusqu'à 230 ans. Ils proviennent d'une ancienne race de reptiliens qui a disparu. Ce sont des spécialistes de la construction de vaisseaux, eux-mêmes des voyageurs de l'espace, toujours à la recherche de nouvelles matières premières. Ils sont une race pacifiste et discrète, spirituelle, et font partie de la Fédération Galactique. Leurs vaisseaux sont ronds (sphériques sans fenêtre) ou ovales.

Allgruulk

SERPENS– Serpent
Theta Serpentis

MYTHILAE "Unukh"

Ils viennent de la constellation que vous nommez Serpens, de l'étoile Alya-Unukhalai. Les Unukhi sont apparentés aux espèces reptoïdes, mais ne sont pas classés comme reptiliens. Ils se nourrissent de minéraux et végétaux broyés, en particulier de carbone. Ils ne respirent pas votre air et utilisent un masque organique spécial qui leur confère un aspect bizarre. Leur monde est sombre, froid et humide. Les Unukhi sont habitués à survivre avec des températures très basses. Ils ont découvert Terra très récemment (dans les années 60) et sont en train de joindre la Fédération Galactique. Nous leur permettons de planer au-dessus de vos zones polaires et même d'y atterrir pour prélever leurs échantillons, à partir du moment où les règles de non-intervention sont respectées. Ils ne représentent aucune menace pour les Terrans mais ne sont cependant pas intéressés à participer aux opérations de la Fédération pour la libération des Terrans. Leur navire a une forme verticale.

Mythilae Unukh

SEXTANS – Sextant
Epsilon Sextantis

AKART

Planète Okunuu Okulua (Epsilon Sextantis), dans un système de trois planètes appelé Akart. Les Akart sont une race de type petit Gris, avec trois protubérances en forme de crête sur le front, et de grands yeux noirs. Société patriarcale, deux sexes. Les femmes ont tendance à ne pas voyager, sauf si elles font partie de la classe scientifique. Les Akart sont ovipares et pondent un œuf unique par grossesse, et une femelle Akart peut pondre jusqu'à six œufs au cours de sa vie. Ils ne vivent pas très longtemps par rapport à de nombreuses autres espèces, juste un peu plus que les Terrans, d'une décennie ou deux. Leur technologie n'est pas parmi les plus évoluées, mais ils connaissent le voyage inter-dimensionnel que vous appelez astral. Ils aiment leurs enfants et investissent beaucoup dans leur éducation. Les mâles et les femelles reçoivent la même éducation, à l'exception du fait que les femmes étudieront davantage les pouvoirs psychiques. Ils mangent de la chair, portent des vêtements mais pas toujours. Pour les voyages inter-dimensionnels, aucun vêtement n'est requis en raison de leur méthode particulière pour le faire ; ils savent transférer leur être et leurs corps incarnés, mais pas les vêtements ni les objets non corporels, et c'est souvent la raison pour laquelle les équipages sont unisexes. Les Akarit venant de très loin dans la galaxie, ils visitent donc très rarement Terra, et par périodes séparées par de longs intervalles. Ils n'enlèvent pas, ils sont juste curieux, mais ne les dérangez pas trop car ils ne sont pas si enclins au pacifisme ; ils peuvent avoir un comportement nerveux et impulsif. Ils ont des vaisseaux métalliques ovales et sans fenêtres, brillant avec une température très chaude au décollage, augmentant leur fréquence pour un saut inter-dimensionnel et cela peut calciner le sol au décollage.

Akart

Beta Sextantis
HAV-HANNUAE-KONDRAS

Ils proviennent d'une galaxie naine en direction de Beta Sextantis à 4,3 millions d'années-lumière de Terra. Leur apparence est humanoïde, leur taille d'environ 5,2 à 5,5 pieds de haut. Ils ont les yeux noirs sans pupille, la peau jaunâtre pâle et les cheveux foncés. Ce sont des explorateurs mais n'enlèvent pas de personnes à grande échelle, comme ils le firent autrefois, en raison de la pression croissante de la Fédération Galactique et de la présence Ciakahrr et Nebu sur Terra. Ils ont trouvé Terra en l'an 934 et ont commencé à enlever et à tuer des humains. Ils ont cessé cette pratique il y a une centaine d'années. Trop de problèmes territoriaux pour eux. Ils sont beaucoup plus discrets que par le passé, enlevant parfois des animaux mais rarement des humains. Les Maytra ont récemment commencé un commerce humain avec eux et les humains qu'ils "utilisent" ne sont jamais rendus. Ils drainent et boivent leur sang ainsi que le sang des animaux. Plusieurs gouvernements connaissent leurs actions. Les Hav-Hannuae ont des connexions avec les cultes sataniques Terrans. Ils ne sont intéressés que par le sang. Leurs navires sont très difficiles à repérer, souvent masqués. Ils utilisent une technologie différente en ce qui concerne les voyages spatiaux, pliant les particules pour déformer le continuum spatial. Quelque chose qui nécessite des techniques compliquées. Ils sont faits d'une matière vivante malléable.

SOL SYSTEM

VENUS

Maintenant, voilà un endroit intéressant, Vénus (nous l'appelons Naara). Cette petite planète a été élevée à la 4ème densité, afin d'être protégée de l'influence Ciakahrr. Les personnes qui ont fait cela sont le Conseil des Cinq. Ainsi, maintenant, il y a deux plans d'existence différents sur Naara. Premièrement, c'est un avant-poste scientifique de la Fédération Galactique, dans les biodômes et les installations souterraines, à partir desquels nous étudions et surveillons votre étoile, et deuxièmement, c'est aussi un habitat pour les occupants de 4e à 6e densité tels que les Arcturiens (Ohorai) et une petite cellule collective extra-dimensionnelle de douze races à haute densité appelée «Koldasii».

TERRA

Nous avons énuméré avant tout les installations souterraines et sous-marines des différentes races travaillant contre l'humanité terrienne et en coopération avec certains de vos gouvernements, nous ne répéterons donc pas. Cependant, il y a un endroit dont nous n'avons pas encore vraiment parlé et qui mérite une attention particulière:

L'Alliance Antarctique

Votre continent sud, l'Antarctique, possède des réseaux souterrains étendus et est le lieu d'opérations complexes pour deux groupes adversaires:

-Thulé Terran + Ciakahrr + Collectif Gris Orion + Collectif Altaïr. Un groupe de Terrans nommé «Nazi» a développé des vaisseaux avec la complicité de l'Empire Ciakahrr et du Collectif Altaïr. Cette force a semé la terreur dans ce secteur de la galaxie, conquérant et commettant des atrocités incalculables contre les habitants pacifiques d'autres mondes.

Le «traité» entre les Collectifs Orion et Altaïr et ce groupe Terran Nazi également connu sous le nom de «Thulé», a été signé avant la deuxième grande guerre Terrienne, et certains individus appartenant à ce groupe Terran participent à des vols interstellaires jusqu'au système Altaïr et la zone d'Orion. Le groupe Terran Thulé s'était allié avec la faction Reptilienne résidant sous l'Antarctique et ce groupe Reptilien a guidé ce groupe Terran pour y installer son camp. Ils les ont aidés dans leurs projets de développement de leurs propres engins spatiaux, en particulier en fournissant des composés de blindage métalliques, mais aussi en les guidant sur la conception des engins spatiaux et leur noyau de propulsion. Ils leur ont également fourni des informations médicales sur le clonage et les technologies génétiques. Heureusement pour votre monde, l'Alliance Thulé n'a pas réussi à suivre le rythme de la production de vaisseaux armés. C'est un comportement courant chez les Ciakahrrs que de s'allier avec des groupes autochtones opposés lorsqu'ils tentent de conquérir une nouvelle civilisation, en jouant sur les animosités pour avoir un meilleur contrôle sur eux, une manière de servir avantageusement les intérêts des Ciakahrr. Ceci, bien sûr, a généré la jalousie des États-Unis et un deuxième groupe est apparu sur le sol Antarctique :

-Une expédition militaire Américaine fut envoyée en 1946 pour prendre le contrôle des bases du collectif Thulé, mais fut écrasée par une contre-attaque reptilienne. Bien que peu de temps après cet échec, une coopération scientifique fut créée entre les deux parties, envoyant des scientifiques Américains en Antarctique et des scientifiques Allemands aux États-Unis, afin de servir dans l'industrie aérospatiale, suite à des intérêts financiers collatéraux. Lentement, avec le temps et des transactions complexes, le complexe militaro-industriel américain s'impliqua dans de nombreux domaines avec les Reptiliens résidents de l'Antarctique et affirma leur présence sur ce continent. Les accords finaux furent conclus en 1955, impliquant également de nombreux autres pays.

Ces alliances méprisables sont appelées les «Alliances Antarctiques» ou «Antarctican Collectives». Ciakahrr et Altairans se disputent encore régulièrement la territorialité Antarctique, ce dont vous n'entendez jamais parler. Cet endroit est extrêmement dangereux et instable. Aux côtés des bases Ciakahrr Nebu, il y a en effet une forte présence de races humanoïdes blondes, appartenant à la fois aux Akhori Altaïr et aux séparatistes Telosi (travaillant avec l'armée américaine). Le Collectif Ashtar (Tu te souviens de Sirius, gouverné par les Reptiliens d'Orion) est également impliqué dans ces alliances secrètes. Les avant-postes Altairan, Thulé et Orion sous la glace de l'Antarctique gèrent également des installations d'esclaves, où les captifs humains servent trois objectifs : premièrement, les personnes enlevées sont stockées là avant d'être envoyées dans des installations sur la Lune et Mars, pour être redirigées vers d'autres destinations dans la galaxie (cela fait partie d'une énorme entreprise et l'Antarctique est l'un des nombreux ports spatiaux pour le commerce des esclaves galactiques). La deuxième partie sert de force de travail dans les programmes secrets de technologie avancée Terran et la troisième partie, et c'est le côté laid, des milliers de personnes enlevées sont utilisées là-bas pour d'horribles expériences génétiques et de clonage, ainsi que des tests de radiation et biologiques. Je dirais que la part des kidnappés qui sont assignés aux lunes terriennes et martiennes sont les plus chanceux. Et ne croyez pas que cela ne soit dû qu'à vos envahisseurs extraterrestres; les États secrets Américains et Allemands, principalement, ainsi que les sociétés transnationales, y sont profondément impliqués, servant des objectifs opportunistes, scientifiques, industriels et financiers divers.

C'est pourquoi ils se battront sur leur vie pour garder ces secrets. Si un jour une divulgation complète est faite sur l'implication de vos gouvernements et de vos industries dans des programmes extraterrestres, cela marquera la fin de vos systèmes tels que vous les connaissez. Et une bonne chose, à coup sûr ! Nous ne pouvons pas le faire à votre place car vous n'êtes pas globalement prêts à recevoir ces informations avec sagesse et calme, premièrement, et deuxièmement, une guerre souterraine doit être gagnée préalablement. La Fédération Galactique des Mondes ne peut pas se permettre une guerre ouverte avec les empires Altairan, Orion et Ciakahrr. C'est une situation très complexe.

Collectif antarctique : collectif d'Altaïr / Kiily-Tokurt / Ciakahrr / Zeta Xrog / Thule ~ MIEC ~ Alliance US-Telos / Collectif Orion.

MARS

Mars, que nous appelons Tyr, abritait dans le passé une diversité de formes de vie, et fut un avant-poste d'observation pour les espèces voulant garder un œil sur Terra et stocker leurs contingents. Tyr fut assiégé tant de fois par le passé, ravagé et son atmosphère arrachée, par des conflits incroyablement féroces. L'offensive la plus violente fut la destruction de la 4ème planète, Janos, par les Maytra, anéantissant toute vie sur Tyr. D'abord peuplée par une colonie Man Noor, Tyr fut attaqué par les Anunnaki, Ciakahrr, Kiily-Tokurt, Maytrei, Zeta Xrog, les collectifs Altaïr et Ashtar et enfin, l'Alliance d'Orion. Maintenant, ce que vous pouvez voir de Tyr n'est que mort et désolation, un rocher rouge flottant dans l'espace. Néanmoins, de faibles formes de vie ont survécu à tous ces cataclysmes. Le programme spatial secret Terran, en corrélation avec l'Alliance Altaïr, y possède un avant-poste pour une élite Terran hautement sélectionnée. Ils y sont transportés via deux appareils de téléportation Altaïrans appelés «Chambres de Repositionnement Aéronautique», situés dans deux bases militaires Américaines. Il en existe un similaire pour votre lune. Parallèlement à cela, sur les plans de 5e et 6e densités, le Conseil des Cinq gère une base pour l'enseignement et l'éveil des envoyés "starseeds" incarnés sur Terra. Nous avons perdu Tyr dans le plan de la 3ème densité ; cette planète appartient désormais au Collectif Gris et à l'Alliance d'Orion, et malheureusement, ils possèdent légalement Tyr et ses deux satellites, qui sont des installations creuses employés aux fins suivantes :

-Tyr-1 (Deimos) : Base Maytra fonctionnant comme lieu de tri des esclaves où les nouveaux abductés sont amenés pour être redirigés vers divers propriétaires, tâches et destinations. Une installation similaire existe sur la face cachée de votre lune.

-Tyr-2 (Phobos) : Base Xrog (Shamtbahali), centre nerveux de leur trafic d'abductions, implantations et autres programmes similaires.

JUPITER

Ashtar Galactic Command
Commandement Galactique d'Ashtar

Ce sont les séparatistes Ashtar de Sirius B, qui n'ont rien à voir avec le Collectif Ashtar. Leur avant-poste sur Jupiter travaille avec la présence de la Fédération Galactique des Mondes dans votre système stellaire, et en tant qu'officier de cette fédération, je fais régulièrement rapport au Commandement Galactique d'Ashtar concernant notre travail en symbiose avec eux. Leur quartier général est situé sur un vaisseau-mère en constant mouvement, et ils pourraient être assimilés à une organisation militaire mercenaire ayant fait vœu de maintenir la paix dans ce secteur galactique, et de travailler à libérer les mondes du Collectif Gris Orion et de l'Empire Ciakahrr.

Leur alliance avec notre fédération galactique est un cadeau, car leurs compétences au combat ont une grande renommée. Cette cellule du Commandement Galactique d'Ashtar est basée sur la surface de Jupiter, dans un environnement extrêmement hostile. C'est une immense ville flottante, une citadelle imprenable construite avec toute la science architecturale et les techniques renommées du peuple Ashkeru (des systèmes de Sirius).

Cette organisation a intégré avec le temps de nombreuses races différentes mais son commandement a toujours été assuré par des officiers Ashkeru. Comme je ne le mentionnerai pas assez, «Ashtar» n'est pas un nom de personne mais un titre militaire et quelques-uns ont le privilège de traiter directement avec eux. Il y en a un en fonction par avant-poste.

311

ALLMAHULUK-STRAT-163

Les Allmahuluki vivent sur la planète Jupiter, dans un plan dimensionnel différent. Ils sont arrivés ici il y a très longtemps, des constellations Lyra et Cygnus, mais ne sont pas parents du collectif Lyran. Ce sont des êtres éthérés, grands et très minces, capables de se manifester dans un plan 3D grâce à leurs combinaisons spéciales. Ils ont de grands yeux noirs. Ils sont désormais loin des états vibratoires d'incarnation 3D et restent en 6D. Ils sont repartis de la Terre où ils s'étaient installés dans une colonie et, impossible pour eux de retourner dans le système Lyran à cause des guerres, ils se sont installés sur la planète Jupiter à la place. Ils y vivent paisiblement en cohabitation avec les avant-postes de la Fédération Galactique (dont ils font partie) et du Commandement Ashtar. Ils sont considérés comme des anciens mystiques. Après une bataille perdue réputée dans l'Inde ancienne contre les Reptoïdes, ils ont été contraints de quitter notre planète qu'ils visitaient depuis environ 200 ans, mais ils ont repris leurs visites depuis 1948. Cette race est technologiquement extrêmement avancée. Ils n'enlèvent pas, ce sont des pacifistes et des sages. Navires de type soucoupe, lumière grésillante bleue aveuglante. Invisibles la plupart du temps, grâce aux costumes qu'ils portent.

Allmahuluk-strat-163

***

TAURUS – Taureau

<u>Aldebaran</u> ("Jada")

Ce n'est pas très loin de vous : 65 (T) années-lumière. Cette énorme étoile ardente est l'hôte d'un vaste système planétaire de treize mondes, avec trois civilisations principales : une colonie Anunnaki, une colonie Ahel et des êtres de 9e densité.

<u>JADAII ANUNAKENE</u> ("Janosiens")

Septième planète du système Jada: «Kora 361». En langue Anunnaki, cela signifie : «Avant-poste 361» (cela montre à quel point leur présence est étendue dans cette galaxie et au-delà). Cette planète bleue a 4 lunes et est subtropicale tempérée. Elle fut terraformée, ce qui ne surprend pas. Les Jadaii sont une colonie exilée qui a quitté votre système solaire lorsque leur planète, Janos, située entre Mars et Jupiter, fut pulvérisée par les Maytra. Ce sont les Jadaii Anunakene qui ont pris contact avec la voyante medium terrienne Maria Orsic en 1919, s'exprimant dans l'ancienne langue Terrane encore utilisée par eux : le Sumérien.

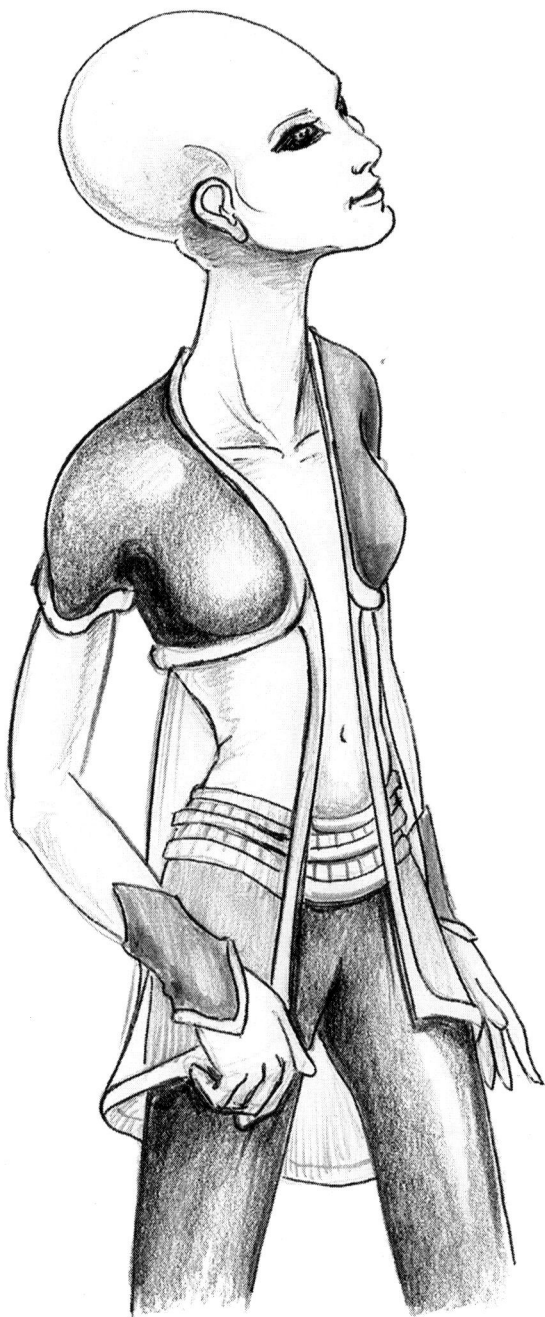

Janosienne

315

JADAIAHIL

Une des nombreuses colonies Ahel exilées des guerres Lyranes.

JADAII NEMESSI

Ce sont des êtres de haute lumière, originaires de ce système et vivant dans le plan de la 9ème densité. Ils n'ont jamais été intéressés à interagir avec Terra ou la Fédération Galactique, mais ils entretiennent une relation étroite avec les deux colonies Anunnaki locales.

Comme ils ne sont pas membres de la Fédération Galactique, nous ne possédons que peu de données à leur sujet.

TRIANGULI AUSTRALIS
Triangle Austral
<u>Beta Atria</u>

<u>SMAD</u>

Ils viennent d'une planète qu'ils nomment Svokk, dans le système stellaire Beta Atria, comportant trois planètes assez hostiles à la vie. Ils ressemblent à des humains mais avec des traits faciaux particuliers. Leur race est en déclin en raison d'un métissage génétique trop poussé avec des races au génome décadent, ainsi que de l'affaiblissement des conditions environnementales de leur habitat sur Svokk. Ils ont deux sexes, sont ovipares, mais pas reptiloïdes.

Les Smad sont un peuple pacifiste, qui ont colonisé une vingtaine de mondes mais jamais par la force. Ils ont découvert Terra il y a 2 500 ans. Poussés par la curiosité, comme ils n'ont aucune structure dogmatique de croyance, ils montrent un profond intérêt pour l'évolution des systèmes religieux Terrans. Ils ont été récemment accueillis en tant que membres de la Fédération Galactique. Leurs vaisseaux sont de forme conique et il n'en reste que six.

URSA MINOR – Petite Ourse
Stahhah
STROM

Le nom de leur système stellaire est Stakkah, un système de six. Les Strom sont des invertébrés-cœlentérés très paisibles. Ils mesurent environ 6,5 pieds avec une grosse tête qui ressemble un peu à certaines de vos espèces de chiens terriens (non apparentées), et ils se nourrissent de liquides nutritifs et de végétaux. Les Strom ont trois sexes et ont besoin des trois ensemble pour procréer; l'un est le générateur d'œuf, le second l'engrais et l'autre le porteur. Si tu souhaites un peu d'exobiologie, voici comment ils le font: les phéromones sont d'abord générées par le porteur, sentant qu'il est temps dans son cycle (quatre cycles dans une vie - sur 200 (T) ans). Il recherche les deux autres composants nécessaires pour la reproduction et lorsqu'ils ont rassemblé les trois, les phéromones produites par le porteur stimulent les fonctions sexuelles des deux autres, qui basculent dans une réaction chimique activant leurs organes génitaux. Il n'y a alors rien qui puisse les arrêter et si le processus est interrompu, les deux meurent rapidement, brûlés par le produit chimique qui doit être transmuté par la copulation. Une fois que le rapport sexuel a eu lieu, le produit chimique est libéré et l'œuf-matrice fécondé doit alors être implanté dans le porteur. C'est alors que le porteur insère un appendice dans l'orifice de la matrice pour atteindre l'œuf fécondé, et l'ingère. Je sais, dégoûtant, hein ? Bienvenue dans la magnifique biodiversité de cet univers. Oh, et après ? Eh bien, le porteur éjecte le spécimen mûri par un orifice à l'arrière de son corps. Ne sois pas horrifiée, ils apprécient cela ! Il doit toujours y avoir un minimum de plaisir dans tout processus de reproduction pour motiver la survie d'une espèce ! La végétation est d'une grande importance pour la culture Strom et la principale raison de leurs visites (au moins 200 fois sur Terra). Ils ont découvert Terra pour la première fois à la fin de la dernière période glaciaire et l'ont visité principalement pour en étudier la flore.

Strom

319

***

VELA – Voiles
KIILY-TOKURT

(pl. Kiily-Tokurit). Kiila est le nom de leur monde, près de l'étoile que vous nommez «Suhail», et Tokurt est leur race. Ce sont des êtres de 6 pieds de haut, vivant jusqu'à 200 ans, et également l'une des races les plus anciennes de cette galaxie. Ils ne sont pas membres de la Fédération Galactique, même si nous nous efforçons de les faire entrer afin de les obliger à se comporter selon les règles. Ce sont de très bons métamorphes, et la seule chose qui les trahit est l'aspect de leurs yeux, qui sont larges et noir obsidienne. Leur véritable apparence est celle d'un grand gris humanoïde, mais ils sont en fait de la génétique reptiloïde et ont une peau très pâle, presque blanche. C'est pourquoi votre peuple les appelle parfois «Tall White» (Grands Blancs). Ils sont régulièrement confondus avec les Maytra, qui ne sont pas métamorphes, ont une peau grise plus foncée, un visage plus ridé et un crâne plus large. Les Kiily-Tokurit ont deux sexes et sont ovipares. Ils ne font pas de programmes d'hybridation mais enlèvent pour la traite sexuelle des esclaves et le marché alimentaire. Certains travaillent également comme mercenaires. Ils ne sont pas des alliés des Zeta, Ciakahrr, Maytra ni de l'Alliance reptilienne ; ils travaillent seuls et bien qu'ils possèdent une grande puissance d'armement, ils ne recherchent pas le conflit. Des incidents fréquents avec les forces de la Fédération Galactique se produisent constamment, liés à leurs activités illégales sur Terra.

Leurs vaisseaux sont des triangles noirs allongés avec des lumières d'angle en dessous, ainsi qu'une large lumière centrale, très reconnaissable. Comparés aux triangles volants secrets de l'US Air Force, les navires KT ne font aucun bruit, ils ont des arêtes vives, sont plus gros et possèdent un système de camouflage basé sur la réflexion quantique (reflétant en-dessous ce qui est au-dessus). Si vous en voyez un, ne réfléchissez pas ; courez.

Kiily-Tokurt mâle (à droite) représenté avec une femelle (à gauche) métamorphosée en humanoïde, montrant que les yeux demeurent noirs.

PURIT AV-ILLUMU (Nosyv-7)

Ils viennent du système stellaire Mu Vela. Les Purit Av-Illumu sont des humanoïdes amphibiens de taille moyenne, à la peau grise, au crâne allongé et aux longues oreilles pointues. Ils sont pacifiques et discrets et travaillent comme observateurs pour la Fédération Galactique des Mondes.

Leurs activités concernent principalement la surveillance de vos océans et également l'accès et l'utilisation des portails inter-dimensionnels sur Terra. Ils ont de très gros vaisseaux discoïdaux, et des bases sur Terra dans de vastes installations sub-océaniques.

Purit Av-Illumu

VIRGO – Vierge
Porrima

GRAYSLI

Ils proviennent de deux planètes d'origine dans le système d'étoiles binaires de Gamma Virgo : Porrima, à 38 années-lumière de Terra. Leur monde principal est une planète tropicale et humide. Les Graysli sont une race grise, ils ont la même taille que les humains avec un duvet blanc à gris clair sur leur peau. Ils sont de nature reptiloïde et ont deux genres, mais ils en avaient six à l'origine, il y a très longtemps.

Comme tous les Gris, ils portent des verres sombres protecteurs biométriques lorsqu'ils quittent leur monde pour voyager. Ils ont suivi de près le développement humain et n'effectuent pas d'enlèvements ; leur but est plutôt la curiosité scientifique. De toute façon, ils ne désirent pas entrer en concurrence avec ceux déjà en place. Leurs vaisseaux sont sphériques avec une légère fente proéminente autour. Ils contiennent des équipages de six, chacun ayant une tâche précise, et pas de passagers.

Graysli

Wolf 424 (Ummo)

UMMIT

Ils proviennent de Wolf-424, planète Ummo, à 14,6 (T) années-lumière de votre système (très proches de Terra et très impliqués pour vous aider). Ils sont des lointains descendants des races Lyran Ahel et Noor, et des humanoïdes de Vega. Les Ummit ont cette particularité d'un front haut, qui les distingue des autres races humanoïdes. De plus, leurs yeux sont plus petits et dans la même proportion faciale que les yeux humanoïdes Terrans. Ils sont principalement blonds, et leur espérance de vie est d'environ 200 (T) ans. Leurs vaisseaux sont discoïdaux.

Les Ummit travaillent activement avec la Fédération Galactique sur un programme scientifique visant à aider au développement des sciences Terriennes. Respectant les règles de non-intervention dans le développement d'une civilisation de niveau 1 (le niveau 2 est le voyage interstellaire), ils le contournent en contactant des civils, souvent des professionnels techniquement compétents, capables de comprendre le contenu des messages, au lieu de scientifiques officiels, dévoilant des informations techniques détaillées sur différentes technologies et théories afin d'élargir les connaissances scientifiques.

Ainsi, les messages diffusés imprégneront une société de nouvelles idées, influençant les projets scientifiques innovants, sans briser brutalement la dynamique de croissance d'une espèce. Partageant des informations techniques, transformant la culture scientifique et l'éducation mondiale, les Ummit aident à trouver des solutions globales aux nouveaux paradigmes scientifiques et au développement de technologies respectueuses de l'environnement.

Ummit

327

En 1973, les Ummites transmirent, via un contacté Terran, ce message :

«Depuis 30 ans, nous étudions votre science, votre culture, votre histoire et vos civilisations. Toutes ces informations nous les avons transportées de votre Terre à Ummo dans nos cristaux de titane codifiés avec des données. Nous vous avons démontré notre culture et notre technologie sous une forme purement descriptive - vous ne pouvez donc pas les convertir ou les réaliser pratiquement. Nous avons fait cela parce que nous constatons avec tristesse que vous employez vos sciences principalement pour la guerre et la destruction de vous-même, qui restent votre objectif principal. Vous êtes comme des enfants jouant avec des jouets terribles et dangereux qui vous détruiront. Nous ne pouvons rien faire !

Une loi cosmique dit que chaque monde doit suivre son propre chemin, pour survivre ou périr. Vous avez choisi le second. Vous êtes en train de détruire votre planète - en anéantissant votre espèce, et en contaminant votre atmosphère et vos mers jusqu'à présent, c'est irréversible. Avec tristesse, nous contemplons votre folie et comprenons que le remède n'est qu'en vous-mêmes.

Nous ne pouvons pas regarder en avant très loin dans votre avenir car votre psychisme est complètement imprévisible et capricieux à la limite de la paranoïa. En tant que vos frères aînés dans ce cosmos, nous désirons de tout cœur votre salut. Ne détruisez pas votre belle planète bleue, un monde atmosphérique rare qui flotte si majestueusement dans l'espace, si plein de vie.

C'est votre choix.»

VOLANS – Poisson Volant
Gamma Volans

KYLLIMIR-AUK (Tête d'Oiseau)

Origine : Gamma Volans, système planétaire de quatre qu'ils appellent Kylat. Grande race Saurien-Gris étroitement alliée aux Maytrei. On les appelle les Têtes d'Oiseaux en raison de leurs traits faciaux. La Fédération Galactique leur a interdit de visiter Terra il y a 3000 (T) ans, mais ils ont continué de venir à cause de leurs alliés, les Maytra. C'est pour nous un combat continu. Vaisseaux oblongs, argentés, très rapides. Ils utilisent des déplacements interdimensionnels et ils ont l'habitude de se matérialiser facilement en 2D pour échapper à notre zone de surveillance. Race très ennuyeuse.

Kyllimir-Auk

***

VULPECULA – Petit Renard

NGC 6940 (Phykxa)

MOOVIANTHAN-KAY-PHIXAKA

Ils viennent de la Nébuleuse Phykxa (NGC 6940), dans la Constellation Vulpecula. Ce sont des petits Gris aux yeux creux, qui font partie du Collectif Gris et coopère avec l'Alliance Orion. Leur capacité à voyager inter-dimensionnellement leur a donné le nom de Shining Ones (Les Brillants). Ils ont rencontré deux présidents Américains et de nombreux dirigeants de haut rang de l'URSS, et ils ont également échangé des technologies contre la liberté d'enlever des humains. Ils ont joué un grand rôle dans la culture Sibérienne et Tibétaine et ont encore des bases dans ces zones cachées à l'intérieur de la face nord des montagnes. Ils ont colonisé plus de 40 planètes. Navires discoïdaux.

Moovianthan Kay Phixaka

Ozmog

RAK

Constellation de Vulpecula, un monde nommé Ozmog. Les Raki sont de petits humanoïdes avec des pattes reptiloïdes, une peau bleuâtre et des tentacules sortant de l'arrière de la tête. Ils sont assez sauvages et agressifs. Cette race a visité Terra cinq fois et leur courte présence au Moyen-Orient a donné naissance au mythe des djinns. Selon les mythologies locales, ils habitaient un monde invisible dans une dimension parallèle, mais la vérité était qu'ils ont cessé de visiter parce que leur système immunitaire ne pouvait pas faire face aux conditions environnementales de Terra. La dernière visite enregistrée remonte à l'année (T) 712. Ils sont membres de la Fédération Galactique des Mondes mais ne sont plus intéressés par Terra.

Rak

GRIS

Ceux qui sont généralement appelés «Gris» en raison de leur couleur de peau et de leurs caractéristiques identifiables, sont communément Reptoïdes et en plus petit nombre insectoïdes, sauriens-amphibiens ou végétaux. Nous pouvons trouver des écailleux ou peau de lézard, d'autres avec des doigts griffus, palmés, mais la plupart d'entre eux auront des yeux reptiliens, souvent couverts par des lentilles biométriques. Un grand nombre de Gris sont des formes de vie biosynthétiques génétiquement modifiées, clonées, intégrées à des composants cybernétiques ou assimilées à l'ADN d'autres espèces, ces modifications génomiques permettant l'adaptation à différents environnements. Leurs intentions sont diverses et pas toutes impliquées dans des enlèvements et des expérimentations. Vous avez pour référence un très bon exemple avec les Solipsi Rai, espèce pacifique et bienveillante par nature, qui fut en grande partie endoctrinée et asservie par les empires Nebu et Ciakahrr. Malheureusement, les Gris ont acquis une mauvaise réputation, principalement à cause de leurs relations avec les Reptoïdes, mais aussi leur soif de conquête, asservissant par la terreur d'autres factions de Gris. Il existe une multitude de variations de races parmi les Gris, mais seulement 27 sont impliquées dans les affaires de Terra, et 22 jouent un rôle actif pour des motifs très divers. Voici une classification simple de ces derniers :

Petits Gris

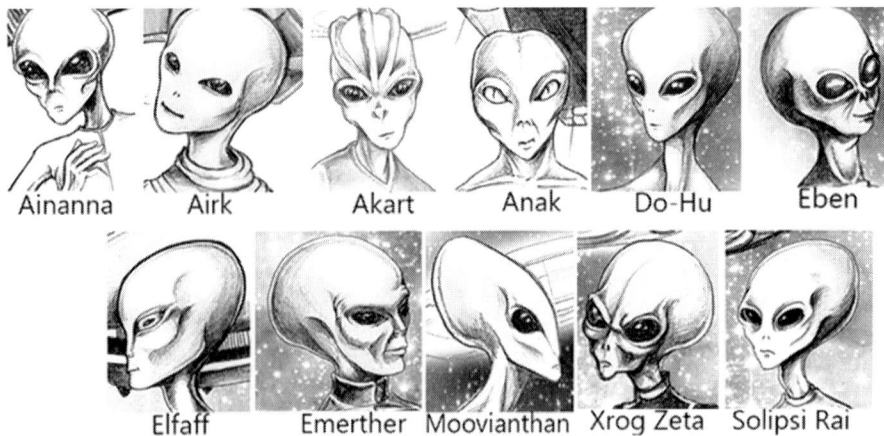

Ainanna   Airk   Akart   Anak   Do-Hu   Eben

Elfaff   Emerther   Moovianthan   Xrog Zeta   Solipsi Rai

Principalement apparentés à l'espèce Solipsi Ra, nous trouvons ici toutes les formes de vie synthétiques fabriquées et les populations asservies au service des empires Nebu et de Ciakahrr.

-Ainanna (Gémeaux): Dulce, en collaboration avec le gouvernement US. Echangent technologies de pointe contre humains. Expériences génétiques, dissociations éthériques, alliés dans ce programme avec Repts et Maytra. Vaisseaux: ovales / rectangulaires en métal noir avec des lumières jaunes sur la périphérie / sondes bleues sphériques.

-Airk (Ophiuchus): Bienveillants. Ne s'attardent jamais longtemps sur Terra, n'interagissent pas avec les humains. Utilisent Terra comme arrêt, avant de continuer leur course.

-Akart (Sextans): N'enlèvent pas, curieux mais pas si pacifistes néanmoins. Comportement nerveux, impulsif.

-Anak (E. Bootes): Mêlés avec la population locale dans un programme de métissage faisant partie de l'agenda Ciakahrr. Impliqués dans les incidents de Dulce, et dans l'infiltration, l'implantation et le contrôle des Terrans dans le programme Ciakahrr pour le contrôle de votre planète. Vaisseaux carrés, rarement visibles.

-Do-Hu (Z. Reticuli): Asservis et génétiquement altérés par les Nebu Ciakahrr, qui les utilisent pour des programmes d'altération génétique dans les mondes à conquérir, afin de préparer le terrain pour l'invasion.

-Eben (Z.Reticuli): Paisibles, calmes, prédilection pour la curiosité.

-Elfaff (Bootes): Ils visitent Terra pour des intérêts miniers et des études géologiques. Vaisseauxs en forme de dôme.

-Emerther (T. Ceti): Contact en 1954 au nom du Conseil des Cinq à des fins pacifiques, mettant en garde différents gouvernements contre les Nebu et Ciakahrr.

-Moovianthan (Vulpecula): Collectif Gris, Alliance Orion, US-Telos. Vaisseaux discoïdaux.

-Shambtnahali (Z. Reticuli): Ils ont des bases souterraines secrètes sur Terra où ils travaillent en accord avec l'armée américaine.

-Solipsi Rai (Cygnus & Reticuli): initialement race pacifique. Certains d'entre eux ont fait alliance avec l'Empire Ciakahrr et le Collectif Gris Orion, en collaboration avec le gouvernement américain Terran sur la technologie en échange des humains. Impliqués dans des incidents de Dulce. Très actifs dans les enlèvements, au service des Maytrei, Kiily-Tokurit et Reptiloïdes. Clonés en tant que travailleurs esclaves, classés comme formes de vie synthétiques. Vaisseaux discoïdaux.

Grands Gris

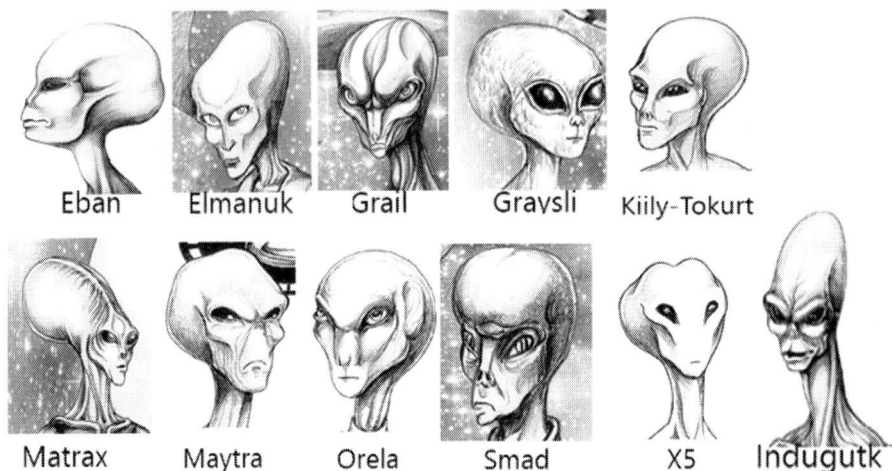

Eban   Elmanuk   Grail   Graysli   Kiily-Tokurt

Matrax   Maytra   Orela   Smad   X5   Indugutk

Impliqués dans les empires Nebu (Orion) et de Ciakahrr. Utilisent les petits Gris pour leurs objectifs, notamment les factions asservies de: Do-Hu, Eben, Solipsi Rai et Zeta, ainsi que des formes de vie artificiellement conçues ressemblant à de petits Gris.

-Eban (Orion): Profondément impliqués avec la Cabale, travaillent aux côtés des militaires terriens dans des installations souterraines, sur des programmes d'hybridation et de 'scalping' d'âme.
-Elmanuk (Alnair): Visitèrent Terra en 2002, afin de préparer le Grand Réveil. Semblables aux Arcturiens Ohorai. Elégants vaisseaux en «V».
-Grail (Orion): Très agressifs, s'aventurent rarement vers Terra. Vaisseaux oblongs avec aspect chromé.
-Graysli (Virgo): Curiosité scientifique. Pas d'abductions. Navires sphériques avec fente périphérique.
-Indugutk (Orion): Traités avec gouvernements Terrans impliqués dans des programmes spatiaux. États-Unis, Russie et Chine. Bases sur la lune de Terra pour exploitation minière, utilisant des esclaves pour cela.
-Kiily-Tokurt (Vela): Ne font pas d'hybridations. Enlèvement pour nourriture et traite sexuelle des esclaves. Rivalisent avec Ciakahrr et Nebu. Travaillent en solo. Vaisseaux : silencieux triangles noirs avec lumières d'angle en dessous et une grande au centre.
-Matrax (Alpha Delphinus) non agressifs. Visitent Terra depuis 4000 ans. Membres de la Fédération Galactique.

-Maytra (Megopei): Enlèvements (trafic d'esclaves vers les mines sur la lune de Terra et Mars, et traite des esclaves). Coalition avec l'alliance US-Telos. Navires: grands, sombres et discoïdaux avec une rangée circulaire de lumières plus une grande ouverture en dessous.

-Orelian (Ophiuchus): Ambassadeurs de la paix. Navires plats ronds mais voyagent plutôt de manière inter-dimensionnelle.

-Smad (Trianguli Australis): Pacifiques, intérêt pour les systèmes religieux Terrans. Vaisseaux coniques.

-X5-Tykut: créés artificiellement par Maytra, et leur main-d'œuvre principale lors des enlèvements.

***

HU- / HY- / RE-…BRIDES

HYBRIDE: codage génétique extraterrestre-humain, matrice d'âme extraterrestre.

HUBRIDE: codage génétique extraterrestre-humain, matrice d'âme humaine.

REBRIDE: codage génétique humain ou reptoïde, pas de matrice d'âme.

Tout est dans les yeux… Certaines races sont génétiquement si différentes des humains, que cela rend l'ingénierie complexe. Les Ciakahrr ne sont pas très bons dans ce domaine, mais les Maytrei et Kiily-Tokurit le sont, c'est pourquoi ils coopèrent ensemble, en utilisant souvent les services des généticiens Akari Mantis. Les Maytrei demandent un prix cher en échange de leurs services et les Ciakahrr ne sont pas très enthousiastes à ce sujet, mais ils n'ont pas de meilleure option. Les descendants d'un épissage génétique entrent dans une catégorie ou une autre, en ce qui concerne la matrice de l'âme, puisque par exemple les Reptiliens (qu'ils soient Ciakahrr, Nagai, de grandes races grises ou Solipsi Rai) n'ont pas de matrice d'âme individuelle, comme les humains, mais font partie d'une conscience collective de type ruche. Une façon très simple de savoir est de regarder dans les yeux. Ne dites-vous pas que les yeux sont la fenêtre de l'âme ? Eh bien, cela fonctionne dans ce cas : pupilles rondes pour Hubrides, pupilles noires opaques ou à fente verticale pour Hybrides Reptiliens. Les Rebrides ont généralement des yeux sombres sans pupille.

Comptez également les doigts (5 = humain / 4 = reptoïde) et si les organes génitaux masculins sont externes (humains) ou internes (reptoïdes). Les Ciakahrrs adorent jouer avec les limites extrêmes de la douleur et extraire les âmes humaines de leur corps à l'aide d'une peur extrême associée à une douleur extrême, une technique horrible appelée «Soul-scalping», avec l'utilisation de substances comme le chrome ou le mercure. L'âme extraite est ensuite conservée dans un pod-container et insérée dans un nouveau corps hybride, qui sera contrôlé à la volonté des maîtres. Comme nous l'avons vu plus haut, il y a beaucoup d'installations souterraines principalement en Amérique du Nord, sous des bases militaires comme Dulce au Nouveau-Mexique, où ces expériences sont menées avec des personnes enlevées. Terrifiant, je sais.

Certains croisements ont même leurs noms spécifiques, tels que :
-Orion Gris et l'humain: «Essassani».
-Humanoïde physique et non physique : «El».

DIFFERENT HUMANOID FEATURES

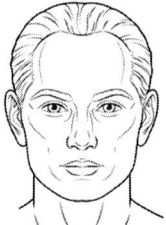
CAUCASIAN
(EARTH)

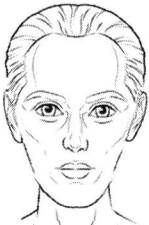
TELOSIAN
(ALPHA CENTAURI)

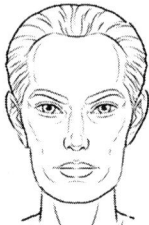
ALKHORI
(ALTAIR)

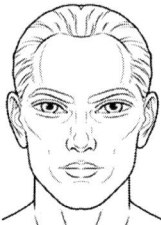
AHEL
(PLEIADES)

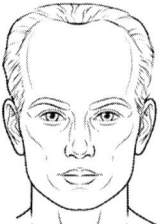
UMMIT
(WOLF 424)

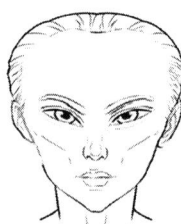
A'SHKERU
(SIRIUS B)

ANUNNAKI
(NIBIRU)

UHORAN
(ARCTURUS)

1954...Contact

***

Premier contact établi par un groupe de Gris avec le président américain Eisenhower et des responsables proches, au nom caché de l'empire Ciakahrr, puis 3 autres groupes sont arrivés :

-DO-HU et XROG ZETA Gris, au nom de l'Empire Ciakahrr afin de préparer le terrain par leur astuce implacable.

-PLEIADIENS, au nom de la Fédération Galactique, envoyés pour avertir les Terrans de ne pas traiter avec les premiers. Les seules personnes en qui vous aviez besoin de faire confiance, mais nous ressemblions tellement à votre race que cela a terrifié vos officiels ! Et notre offre d'aider au désarmement de toutes vos armes et d'apporter un monde de paix et d'ascension spirituelle n'a pas séduit votre chef.

-KIILY-TOKURIT (Grands Blancs), au nom de l'Alliance d'Orion. Ils formaient un grand groupe.

-Reptiliens Nagai, également au nom de l'Empire Ciakahrr, venant signer le traité final en personne.

Le traité de Greada

-Les extraterrestres n'interféreraient pas dans nos affaires, et nous n'interférerions pas dans les leurs;
-Le gouvernement américain garderait leur présence sur terre secrète;
-Les extraterrestres fourniraient aux États-Unis une technologie de pointe;
-Les extraterrestres pourraient enlever des humains et du bétail sur une base limitée pour un examen médical et une surveillance;
-Les personnes soumises à des expériences ne seraient pas blessées et retournées à leur point d'enlèvement sans se souvenir de l'événement;
-Les États-Unis pourraient également faire un examen médical et une expérience génétique avec des extraterrestres;
-Ils devraient partager les résultats;
-Les extraterrestres recevraient des installations secrètes pour leurs logements et leurs expériences.

339

***

Agendas & activitiés des visiteurs extra-terrestres

-

Cinquante-sept races sont en ce moment directement impliquées avec votre planète, de manière plus ou moins amicale:

BIENVEILLANTS:

Conseil d'Andromède:

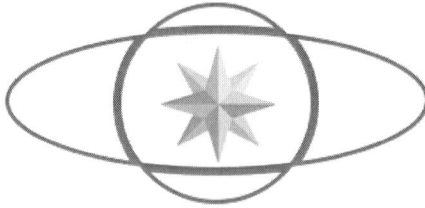

Également appelée l'Alliance Zénatéenne, elle regroupe des émissaires de 140 espèces hautement évoluées, discutant des méthodes et des décisions pour aider à l'évolution spirituelle dans cette galaxie. Le haut conseil de cette alliance est composé de races exceptionnellement avancées spirituellement, aidant Terra aux côtés de la Fédération Galactique des Mondes et envoyant également des émissaires (starseeds). Ils ont entrevu l'avenir de Terra et, sachant qu'il s'agit d'un point de basculement dans son histoire après 5 700 ans d'occupation reptilienne, ils tentent d'influencer l'évolution de Terra sur une voie libératrice et constructive.

Ashtar Galactic Command:

340

Faction séparatiste du Collectif Ashtar de Sirius B. En raison des infiltrations et de la corruption par des agents de l'Empire Ciakahrr, une faction rebelle, principalement des humanoïdes, s'est séparée du Collectif Ashtar et a pris parti avec la Fédération Galactique des Mondes. Admirablement doués pour les procédures militaires, les séparatistes d'Ashtar se sont vus proposer par la Fédération Galactique des Mondes de participer aux opérations dans le système Terran, et on leur offrit un avant-poste sur Jupiter. Afin de se différencier du Collectif Ashtar, ils ont pris le nom d'Ashtar Galactic Command. Ils sont basés dans un grand vaisseau-mère en constant mouvement. En ce qui concerne les affaires Terriennes, l'avant-poste du commandement Ashtar dans votre système planétaire est sous l'égide de la Fédération Galactique des Mondes. "Ash-Tar" est un titre qui signifie "Commandement" et est utilisé aussi bien que "Haut Commandant". Ce n'est pas un nom personnel comme on le croit souvent.

Conseil des Cinq:

Basé dans la région d'Orion et anciennement connu sous le nom de Conseil des Neuf. Créé par les Elmanuk d'Ardamant et maintenant composé de ces 5 races: Orela, Egaroth, Ginvo, Redan et Emerther. Ils sont impliqués dans la protection de nombreux systèmes, et s'intéressèrent à Terra bien avant la création de la Fédération Galactique des Mondes, qu'ils joignirent plus tard en tant que représentants du Conseil. Ils ont surveillé votre espèce alors qu'il s'agissait encore d'organismes flottant dans vos océans, et furent témoins de son évolution vers les primates, de l'ingérence des Anunnaki, des différentes colonisations, et de l'arrivée des empires maléfiques. Le Conseil des Cinq, actuellement dirigé par les Egaroth, a rencontré des dirigeants terriens à plusieurs reprises, essayant d'influencer leurs décisions avec sagesse, tâche toujours ardue.

341

Le Conseil des Cinq n'a pas de règle de non-intervention, à l'instar de la Première Directive de la Fédération Galactique des Mondes, car ils considèrent que parfois, une intervention est nécessaire pour aider une espèce à éviter des erreurs fatales menant à des voies destructrices. Ils ont rencontré sur Terra des dirigeants en 1944, et à nouveau au cours des dix derniers jours d'août 2013, afin de discuter de la menace des empires d'Orion et de Ciakahrr, des alliances de la Cabale et des solutions qui en découlent pour un avenir propre et libre pour les espèces Terranes. La Fédération Galactique des Mondes a quelques problèmes avec cette façon de faire, concernant ses règles de non-intervention, mais elle ne pourra pas interférer avec le Conseil des Cinq autrement que diplomatiquement. Le fait qu'il soit géré par les Egaroth, met en œuvre les intentions d'assistance inconditionnelle aux espèces Terriennes et un travail de rééquilibrage énergétique de la planète.

Fédération Galactique des Mondes:
"Oraa Nataru Shari"

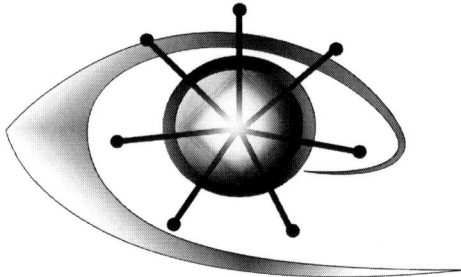

Créée pour maintenir la paix et la justice dans cette galaxie, la Fédération Galactique des Mondes a, dans votre système stellaire, la tâche principale de protéger les Terrans et leurs sociétés contre la subversion d'autres espèces, notamment l'empire Ciakahrr, Collectif Gris Orion, les Maytrei et les Kiily-Tokurit, en aidant également à identifier et à dénoncer les institutions corrompues et la manipulation des élites en liaison avec ces ennemis. La Fédération Galactique des Mondes travaille à l'élévation de la conscience humaine et au développement de stratégies contre les technologies avancées de contrôle de l'esprit. Ils surveillent l'infiltration extraterrestre, travaillent à la déprogrammation du contrôle mental, au sauvetage des abductés avec, autant que possible, le retrait d'implant, et nombreuses autres tâches mineures.

Les principales races membres du Conseil de la Fédération sont impliquées en tant que telles dans l'assistance aux Terrans :

. **Alpha Centauri:** Travaillent à promouvoir la justice sociale au niveau mondial et la liberté humaine, ainsi que l'utilisation responsable des technologies de pointe. Ils veillent à la préservation des zones de paix, mais aussi des droits éthiques, et encouragent le développement durable.

. **Andromédans:** Ils sont impliqués dans les décisions de la communauté galactique face à la situation actuelle des Terrans, au niveau spirituel. Les Zenae Andromedans s'efforcent de trouver des stratégies innovantes pour résoudre les conflits, supervisant également l'éducation des jeunes enfants/starseeds, encourageant le développement de leurs pouvoirs psychiques et promouvant l'éducation de la paix. Ils travaillent à exposer la manipulation des élites, inspirent la diplomatie et activent les communications extraterrestres télépathiques avec les Terrans.

. **Arcturiens:** Les Arcturiens d'Ohoran soutiennent l'intégration des valeurs spirituelles aux côtés des technologies de pointe, en fournissant des conseils stratégiques pour transformer les systèmes planétaires, en coordonnant également la canalisation télépathique et les contacts dans les communications extraterrestres avec les Terrans. Ils s'occupent de créer, de faciliter et de maintenir ouverts et protégés les canaux de communication. Les Gladeiens et les Arcturiens de Noon-Linn surveillent la gouvernance mondiale des sociétés Terranes, les systèmes financiers, politiques et sociétaux.

. **Lyrans:** (Laani et Cariens): Ils aident à l'ouverture de la conscience des Terrans concernant leurs origines humaines, activant leur pouvoir spirituel, encourageant la paix et la résolution des conflits, et promouvant également l'éducation et la connaissance.

. **Pléiadiens:** (Ashaari): Ils ont prêté serment d'aider l'humanité Terrienne à se libérer des structures oppressives grâce à l'ascension fréquentielle. Ils mènent des actions militaires actives pour purger Terra de l'occupation Reptilienne et des Gris, en étroite collaboration avec le commandement galactique d'Ashtar et à la tête des forces militaires de la Fédération Galactique des Mondes. Les Errahil, en particulier, travaillent activement à l'élévation de la fréquence du réseau magnétique de Terra, afin d'accélérer le passage de la planète à une densité plus élevée, meilleure technique pour s'éloigner de l'emprise des espèces envahissantes de basses fréquences, telles que les reptiliens. En élevant le taux de fréquence de la magnéto-résonance de Terra, et ce que vous appelez aussi la résonance de Schumann, toutes les formes de vie bénéficieront de cette ascension et protection.

. **Procyon**: Dans le cadre du Conseil des Cinq, les Ginvo du système stellaire que vous nommez Procyon soutiennent la résistance active à la subversion extraterrestre, développant une conscience multidimensionnelle. Ils utilisent, pour ce faire, l'imagerie mentale pour empêcher un contrôle mental invasif et une activité de surveillance extraterrestre ennemie. Désormais, exposant la subversion des races malveillantes, et mettant fin aux secrets globaux, les Ginvo sont fortement actifs dans la déprogrammation multidimensionnelle du contrôle mental, ainsi que dans la purge et la protection d'Internet et des communications.

. **Sirius B**: Les Ashkeru-Taali aident à construire un système écologique adapté à l'évolution humaine sur Terra, améliorant le réseau d'énergie bio-magnétique de la planète, en coordination avec les Errahil. Ils travaillent à la protection de l'environnement de la planète et de sa biodiversité, élevant la conscience humaine avec l'évolution de la biosphère.

. **Tau Ceti:** Exposant la corruption extraterrestre malveillante, les Emerther de Tau Ceti aident à démasquer les élites et les institutions corrompues, travaillant dans les racines des sociétés pour extraire la vérité et la mettre en lumière en l'offrant à la justice des Terrans. Élevant la conscience humaine et annulant le contrôle de l'esprit extraterrestre, leur principal champ d'action est de traiter avec des instances militaires de haut niveau. Les Emerther ont été profondément actifs dans les niveaux militaires secrets des principales sociétés Terriennes, dans une tentative implacable de les aider à se dégager de l'influence reptilienne.

. **Telosii**: Ceux qui ne font pas partie de l'alliance US-Telos, bien sûr. Ils aident les Terriens à redécouvrir leur ancienne histoire, à restaurer la longévité humaine, à changer les systèmes de croyances malsaines et à protéger l'environnement en promouvant la biodiversité.

.Ummit: Ils partagent des informations techniques pour l'évolution de la culture scientifique et de l'éducation mondiale, transformant les paradigmes scientifiques, développant des technologies alternatives et incitant à la réforme de l'éducation.

.Vegans: Aident les Terrans à découvrir leur potentiel.

La Ligue d'Orion, ou Races Unies d'Orion:
"Oraa Uruanna"

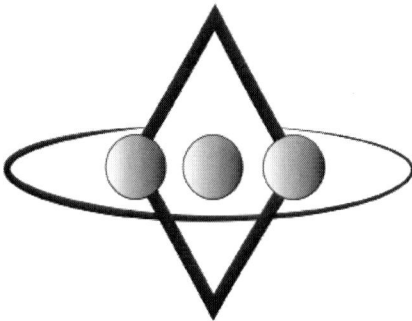

Cette organisation rassemble les cultures de ces systèmes stellaires. Fut créée pour combattre l'Empire d'Orion (Rigel et Draco). Les membres actuels sont d'Alnitak, Bételgeuse et Meissa. Ils sont affiliés à la Fédération Galactique des Mondes.

L'Alliance des Mondes Unis *(United Worlds Alliance)*:

Également nommée «l'Alliance», c'est une sous-fédération d'humanoïdes du système d'Altaïr. En affiliation avec la Fédération Galactique des Mondes ainsi qu'avec le Corporate d'Altaïr, il joue un double jeu. Leur siège se trouve sur la 4ème planète du système Altaïr : Akhoria. Les Akhori sont fortement impliqués dans les enlèvements et les programmes d'hybridation, en connivence avec le gouvernement US. Ils comptent la présence de détachements Terrans, troupes d'élites spéciales de l'armée

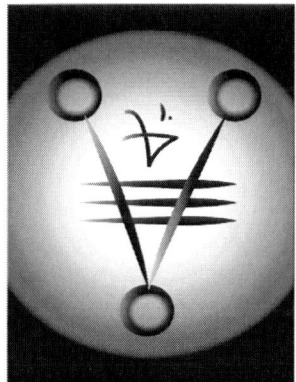

terrienne de l'US-Telos Alliance, et de l'alliance Antarctique de Thulé.

L'Alliance de Véga:

Adari / Elevar / Ozman / Puxhity / Zenatae / Aramani / Ginvo / Eldaru. Ces races ont soulevé des alliances pour résister à la menace grandissante de l'Empire d'Orion.

MALVEILLANTS:

Le Collectif Antarctique:

Akhori (Altair) / Kiily-Tokurt / Ciakahrr / Zeta Xrog / Alliance Thulé, URSS et Alliance US-Telos / Collectif Orion. Appelée aussi «Alliance Antarctique», c'est là que les Terrans-Nazis ont fabriqué des vaisseaux avec la complicité du Collectif Altaïr et d'un avant-poste Ciakahrr, en utilisant une partie d'anciennes installations souterraines Agarthan. Cette alliance sème la terreur dans ce secteur de la galaxie, et il y a un traité avec les Collectifs Orion et Altaïr et cette alliance Terrane, ainsi qu'avec une faction d'élite militaire US, et certains Terrans participent à des vols interstellaires jusqu'au système Altaïr et Orion. Aux côtés des bases Ciakahrr et Orion Gris, il existe une grande diversité de races humanoïdes blondes, appartenant à la fois aux Akhori Altaïr (travaillant avec le groupe Thulé) et aux séparatistes de Telosi (travaillant avec l'armée américaine). Le Collectif Ashtar est également impliqué avec eux. L'Antarctique est un volcan en ébullition, à tous les niveaux.

La Corporation d'Altair:

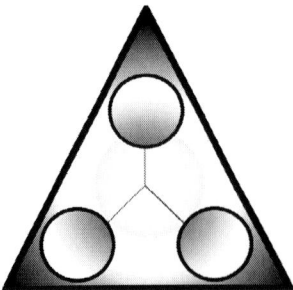

Siège d'un collectif basé sur la quatrième planète du système Altaïr, et qui entretient des liens douteux avec les collectifs Ashtar et Ciakahrr à la fois. Il s'agit d'un groupe mixte composé d'une race humanoïde blonde qui coopère avec une race de Gris. Cette Corporation ne fait pas partie de l'Empire Ciakahrr mais est néanmoins fortement impliquée dans les enlèvements et les programmes d'hybridation, en connivence avec le gouvernement Américain.

346

Présence d'un détachement de l'armée Terrane de l'Alliance US-Telos. Cette entreprise fait donc partie de «l'Alliance». (Les Altaïrans de 6e et 7e dimensions ne nourrissent aucun intérêt pour les conquêtes et les programmes d'aucune sorte, et ne font pas partie de la Corporation d'Altaïr.)

Ashtar Collectif, Sirius B:

Humanoïdes de différentes races (Sirius B / Altair principalement), Reptoïdes, Gris, Insectoïdes et espèces génétiquement modifiées, également appelées «Le Collectif Sirius». Le siège social est situé dans le système Sirius B sur la planète Morga. Au moment où l'Empire Ciakahrr a repris les systèmes d'Orion et a créé l'Empire d'Orion avec des espèces grises locales, ou Alliance des Six, les humanoïdes Sirians Ashkeru se sont retrouvés engagés dans un conflit sur la propriété de vingt et un systèmes d'étoiles, le vôtre inclus. Les systèmes Sirians ont résisté aux envahisseurs et ont créé ce collectif, siège du pouvoir d'Ashkera (Sirius B): Ash-Tar (Ash = lumière vive, Tar = le siège). Mais, en raison des infiltrations et de la corruption d'agents reptiliens de l'Empire Ciakahrr, une faction rebelle humanoïde s'est séparée du Collectif Ashtar et a pris le parti de la Fédération Galactique des Mondes, prenant le nom de «Commandement Galactique d'Ashtar». Pendant ce temps, le Collectif Ashtar s'impliqua également avec les gouvernements Terriens de l'ombre et la Cabale.

Cabale:

C'est un nom regroupant toutes les alliances secrètes terriennes avec vos occupants extraterrestres malveillants. Les races d'envahisseurs galactiques traitent avec le gouvernement Américain et d'autres grandes puissances économiques. Les Ciakahrrs composent le sommet pyramidal secret du complexe extraterrestre industriel militaire, contrôlant les informations liées à leur présence, aux élites humaines, aux médias, aux entreprises, aux institutions et aux systèmes financiers. Ils stimulent les guerres, la pauvreté, la peur et l'insécurité, encourageant la corruption, la férocité ethnique et religieuse, le terrorisme, le trafic de drogue et le crime organisé. Il existe une hiérarchie stricte impliquant les Ciakahrrs et d'autres races extraterrestres impliquées dans l'invasion de Terra, et les Reptiliens de Thuban, Ciakahrr et Nagai, commandent les Reptiliens basés sur Terra.

L'Empire Ciakahrr:

S'étendant de Cygnus, Persée à Orion, l'Empire Ciakahrr a colonisé plus de 500 mondes et est présent sur des milliers de planètes. Leurs trois mondes d'origine sont Thuban-Anwar (Alpha Draconis, tête de leur empire), Tiphon Giansar (Sygma Draconis) et Grumium Eltanin (Epsilon Draconis).

Le Complexe Militaire Industriel Extraterrestre:

Ou «MIEC». Contrôle actuellement la plupart des informations concernant la présence extraterrestre et les alliances d'intérêt. Il domine les gouvernements et les institutions de la planète, les intérêts financiers, les médias de masse, et est responsable des problèmes systémiques mondiaux. Il coopère avec les races et alliances suivantes :
. Collectifs Zeta et Orion Gris : enlèvement de civils, expériences génétiques, programmation de l'esprit, surveillance des Terrans par implants, clonage et création d'hybrides humain-gris.

. Maytra, Kiily-Tokurt et l'Empire d'Orion: enlèvements, expériences génétiques, hybridation humain/gris, recherches sur le contrôle mental et accords diplomatiques avec le MIEC et la Cabale. Corruption des élites politiques, infiltration des agences nationales de sécurité et violations des droits humains.

. Empire Ciakahrr : manipulation des élites, institutions et systèmes financiers Terrans, influence des systèmes de croyances religieuses, militarisme et dissimulation de la véritable histoire Terrane, violations des droits de l'homme, corruption et domination des élites, contrôle des médias et des entreprises, dogmes religieux diviseurs et culture de la violence. Manipulation des minorités ethniques et des religions dans la violence et à la division, encouragement du fondamentalisme et du terrorisme, du crime organisé et du trafic de drogue. Enlèvements pour récolte de matériel génétique humain et d'adrénochrome, commerce d'esclaves et nourriture humaine.

Empire d'Orion ou "Alliance des Six": *"Nebu"*

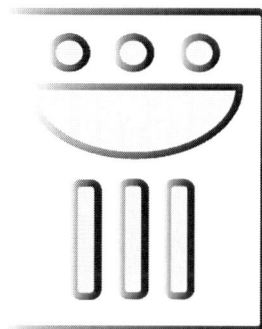

Système de mondes dominés par un empire de races Reptiliennes et Gris, centré autour de l'amas ouvert d'Orion, ainsi que de Rigel.

Collectif Gris Orion :

Centré dans la zone d'Orion, travaille avec l'Alliance de Rigel. (Maytra, Solipsi Rai, Eben, Zeta, Kiily-Tokurit, Dows etc…)

Le Corporate (des Gris de Zeta Reticuli)

Le cœur de ce 'corporate' (société) est dans le système des planètes jumelles Xrog.

Reptilien Collectif:

Alpha Draco (Ciakahrr de Thuban, Lokas & Talas) / Epsilon Bootes (Imanni) / Rigel / Zeta II Reticuli.

Washington-Telos Alliance

Alliance de l'armée américaine avec les séparatistes Télosiens du Mont Shasta, qui ont établi à leur tour des traités avec les empires d'Orion (Gris) et Ciakahrr (Reptoïde).

***

Bases sous-marines:

Orion Alliance: Nord Pacifique, Méditerranée et Mer Baltique.

Collectif Orion Gris: Pacifique : 12 bases.

Ciakahrr Empire: Atlantique: 2 bases. Antarctique : Lac Vostok.

Corporate d'Altaïr: 1 énorme base sub-Antarctique. Mer du Nord. Mer d'Irlande. Océan Indien.

Fédération Galactique des Mondes: Nord Atlantique (entre Islande et Irlande). Pacifique Est. Pacifique Sud. Pôle Nord. Au large de l'Alaska. Purit av-Illumu (Mu Vela) Observateurs humanoïdes amphibiens pour la Fédération Galactique des Mondes, surveillance des océans et des accès aux portails océaniques interdimensionnels. Trois immenses bases dans de vastes installations sub-océaniques de l'Atlantique Nord, de la mer Baltique et de la mer du Nord.

***

III

<u>MESSAGES</u>

<u>LA CARTE DES CIVILISATIONS EXTRATERRESTRES</u>

Les abductions se produisent également en plein jour, et un après-midi de juin 1983, alors que j'avais quatorze ans, je fus téléportée sur un vaisseau Pléiadien. D'après ce dont je me souvenais, avant de faire les séances d'hypnose, j'étais à genoux dans ma chambre, collant des vignettes sur une carte du ciel, pressée de le faire avant que j'oublie. Je

m'étais réveillée allongée sur le sol, avec un laps de temps manquant...

Le vaisseau apparaissant la nuit d'avant

Luttant contre l'amnésie

Durant l'été 2019, quelques mois à peine avant ma première hypnose, je reçus un colis de ma mère, qui se débarrassait de mes affaires d'enfance. Quand mes doigts rencontrèrent la vieille carte en papier rugueux, mon cœur se serra dans ma poitrine. Les événements que j'avais essayé de masquer me revenaient en mémoire et d'une main tremblante, je la dépliai ... La vieille carte du ciel était intacte, avec toutes les vignettes encore collées, et les noms écrits à la craie. Il était temps...

Quand je réintégrai les souvenirs du temps manquant, je découvris sans grande surprise que je fus à bord du navire ce jour-là. J'étais accueillie dans une ambiance joviale et dynamique par Myrah, Thor Han et son ami Valnek. La petite table ronde à droite dans la salle de contrôle avait un écran intégré, sur lequel on me montra, par projection sur une carte holographique, les positions des mondes habités. Le but de ceci semblait être le partage d'un moment amusant, ensemble, car je me souviens que Thor Han et Myrah riaient et étaient très amicaux avec moi. Récemment, lors d'un contact télépathique avec Thor Han, je lui demandai s'il pouvait

m'aider à compléter cette carte. Il accepta, et la voici...

Carte originale de 1983

La carte holographique dans le vaisseau

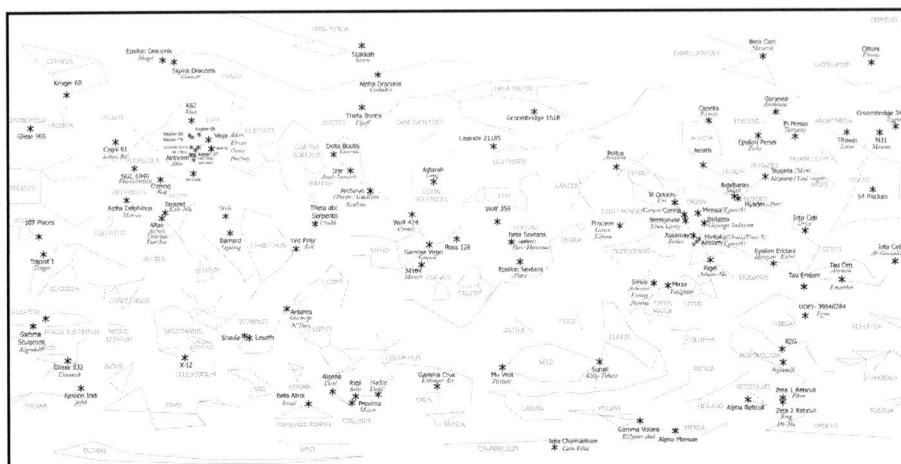

Carte informatisée et complétée par Thor Han

Les 110 races extraterrestres mentionnées dans ce livre sont répertoriées sur cette carte. D'autres systèmes stellaires sont également répertoriés représentant des civilisations dont nous n'entendrons jamais parler mais néanmoins significatives. Vous devez être conscients que cette carte n'est qu'un aperçu rapide à travers des lentilles floues ; nous ne pourrions pas mentionner les milliards de cultures dans toute cette galaxie (et dans les autres milliards de galaxies...), sinon ce livre n'aurait jamais été terminé. Et quand bien même. La Fédération Galactique des Mondes possède la base de données complète sur ce sujet et, espérons-le, un jour, l'humanité grandira et pourra y accéder. Jusque-là, nous devrons continuer à nourrir nos âmes avec la magnificence mystérieuse des cieux étoilés.

J'ai divisé la carte en sections pour plus de clarté. Les clusters et les systèmes surchargés seront détaillés plus loin.

CEPHEUS

Kruger 60
✳

ANDROMEDA ✳ LACERTA
Gliese 905

Epsilon Draconis
Magel
✳ ✳

Sigma Draconis
Giansar

DRACO

CYGNUS

K62
Man
✳

LYRA

HERCULES

Kepler-20   ✳ ✳   Vega   *Adari*
Kepler-7b   *Elevar*
GSC02652-01324 ✳✳   WASP-3b   *Ozma*
HD 178911 ✳ ✳ Kepler-37   *Puxbity*
Aldoram ✳ HD173416
Afim   HD176051

Cygni 61
Solipsi Rai

VULPECULA

NGC 6940
Moovianthan
✳

Ozmog
Rak

HD177830

PEGASUS

DELPHINUS

SAGITTA

Alpha Delphinus
Matrax
✳

Tarazed
Kale-Nia
✳ ✳

Orela
✳

SERP

The
Ser
✳

PISCES

107 Pisces
✳

EQUULEUS

Altair
Akhori
Onorhai
Darthar

Barnard
Ogolong
✳

OPHIUCHUS

Yed Prior
✳ *Airk*

Trapist 1
Tengri
✳

AQUILA

SCUTUM

AQUARIUS

CAPRICORNUS

SCULPTOR
✳
✳
Gamma
Sculptoris
Allgrubulk

PISCIS AUSTRINUS

MICRO-
SCOPIUM

SAGITTARIUS

CORONA
AUSTRALIS

SCORPIUS

Shaula ✳✳ Lesath

Antares
✳
Gnomopo
N'Torii

LU

Gliese 832
Elmanuk
✳

INDUS

X-1Z
✳

TELESCOPIUM

Epsilon Indi
Jefok
✳

PAVO

ARA

NORMA

Beta Atria
Smad
✳

TUCANA

Triangulum Aust

OCTANS

APUS

UR

CORONA
BOREALIS

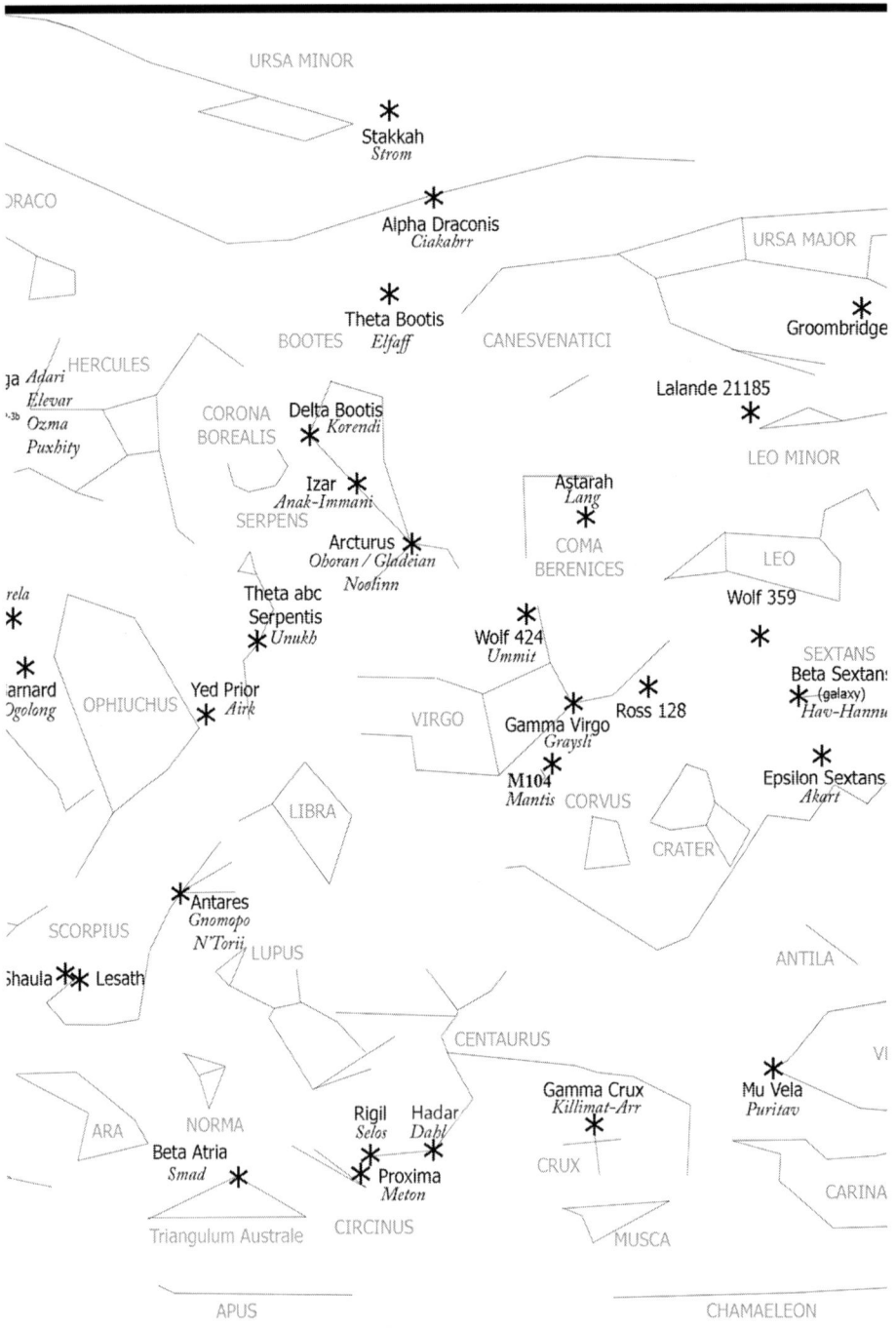

URSA MINOR

✳
Stakkah
Strom

✳
Alpha Draconis
Ciakahrr

DRACO

URSA MAJOR

✳
Theta Bootis
BOOTES *Elfaff*   CANESVENATICI

✳
Groombridge

Lalande 21185
✳

Adari
HERCULES
Elevar
-3b *Ozma*
Puxhity

CORONA
BOREALIS

✳ Delta Bootis
Korendi

LEO MINOR

Izar ✳
Anak-Immani
SERPENS

✳ Astarah
Lang
✳

COMA
BERENICES

LEO

Arcturus ✳
Ohoran / Gladeian
Noolinn

Wolf 359

rela
✳

Theta abc
Serpentis
✳ *Unukh*

✳
Wolf 424
Ummit

SEXTANS
Beta Sextans
✳ (galaxy)
Hav-Hannu

✳
arnard
Ogolong

OPHIUCHUS

Yed Prior
✳ *Airk*

VIRGO

✳
Ross 128

✳
Gamma Virgo
Graysli

LIBRA

✳
M104
Mantis CORVUS

✳
Epsilon Sextans
Akart

CRATER

✳ Antares
Gnomopo
N'Torii

SCORPIUS

LUPUS

ANTILA

Shaula ✳✳ Lesath

CENTAURUS

Gamma Crux
Killimat-Arr
✳

✳
Mu Vela
Puritav

VI

ARA

NORMA

Rigil Hadar
Selos *Dahl*
✳ ✳

CRUX

Beta Atria
Smad ✳

✳ Proxima
Meton

Triangulum Australe CIRCINUS

CARINA

MUSCA

APUS

CHAMAELEON

358

CAMELOPARD[...]

[...]onis
[...]r

URSA MAJOR

CANESVENATICI

Groombridge 1618

Lalande 21185

LYNX

Capel[...]
Rama

AURIGA

Alnath

LEO MINOR

Pollux
Ainanna

GEMINI

Astarah
Lang

COMA
BERENICES

LEO

CANCER

Xi Orionis
Kur

ORION

Wolf 359

CANIS MINOR *(Caryon)* Carina

Meis[...]

Wolf 424
Ummit

SEXTANS

Procyon
Ginvo
Eldaru

Betelgeuse
Eban/Caray

Be[...]
Oo[...]

Beta Sextans
(galaxy)
Hav-Hannuae

Assamay
Redan

Min[...]
Alnila[...]

Gamma Virgo
Graysli

Ross 128

HYDRA

M104
Mantis

CORVUS

Epsilon Sextans
Akart

MONOCEROS

Rige[...]
Asbaa[...]

CRATER

Sirius
Ashkerai
Katayy
Nonmo

Mirza
Taalghiar

CANIX
MAJOR

LEPUS

PYXIS

ANTILA

PUPPIS

COLUMBA

[...]ENTAURUS

VELA

Suhail
Kiily-Tokurt

PICTOR

Gamma Crux
Killimat-Arr

Mu Vela
Puritav

CRUX

CARINA

VOLANS

DORA

MUSCA

Gamma Volans
Killymir-Auk

Alpha Mensae

MENSA

Iota Chamaeleon
Cara Velda

CHAMAELEON

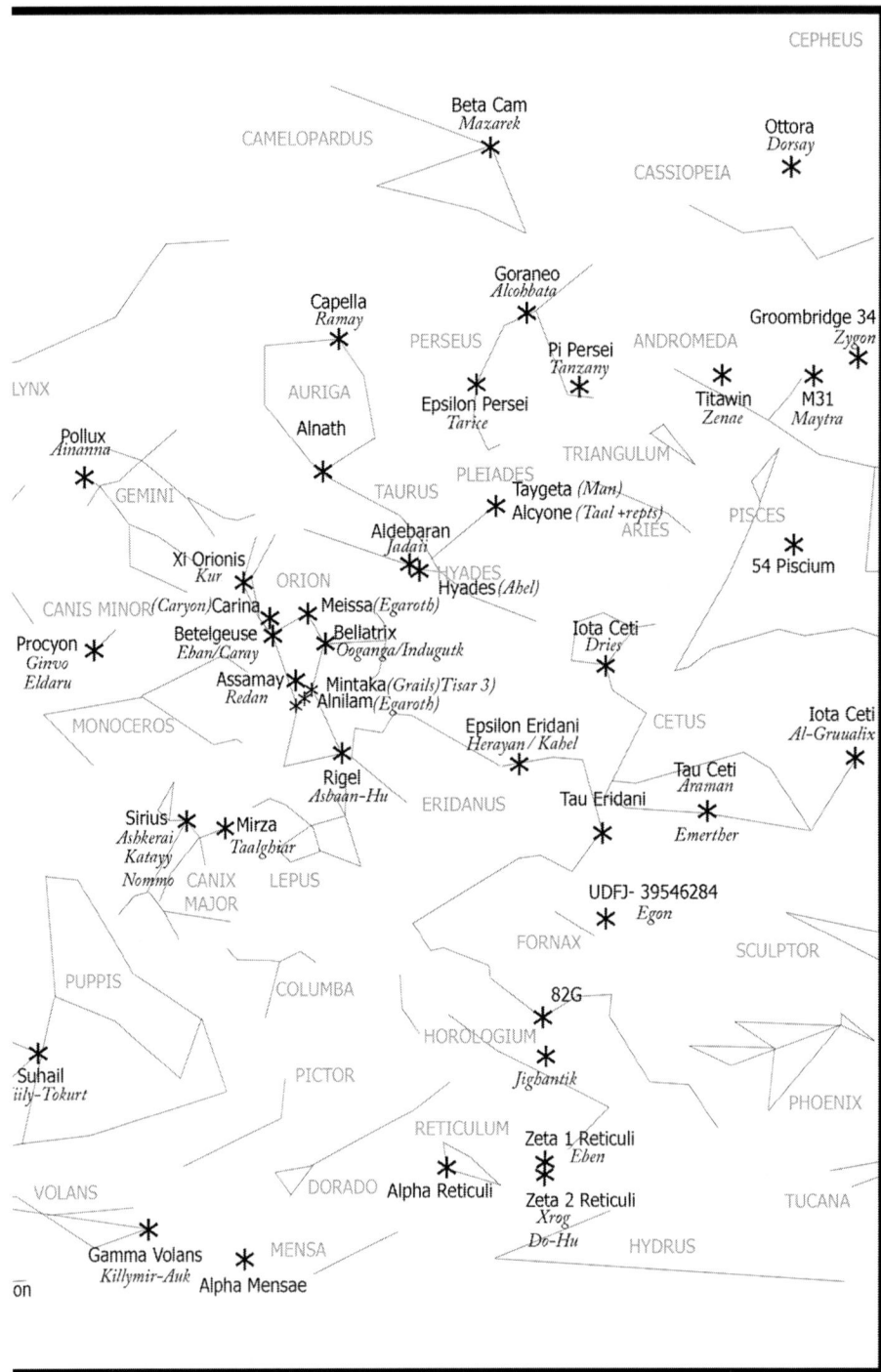

CEPHEUS

CAMELOPARDUS

Beta Cam
Mazarek
✳

Ottora
Dorsay
✳

CASSIOPEIA

Goraneo
Alcohbata
✳

Groombridge 34
Zygon
✳

PERSEUS

Pi Persei
Tanzany
✳

ANDROMEDA

Capella
Ramay
✳

AURIGA

Epsilon Persei
Tarice
✳

Titawin
Zenae
✳

M31
Maytra
✳

LYNX

Alnath
✳

TRIANGULUM

Pollux
Ainanna
✳

GEMINI

TAURUS

PLEIADES

Taygeta *(Man)*
✳
Alcyone *(Taal +repts)*
✳

ARIES

PISCES

Aldebaran
Jadaii
✳

54 Piscium
✳

Xi Orionis
Kur
✳

ORION

HYADES
Hyades *(Abel)*
✳

CANIS MINOR *(Caryon)* Carina
Meissa *(Egaroth)*
✳

Iota Ceti
Dries
✳

Betelgeuse
Eban/Caray
✳
Bellatrix
Ooganga/Indugutk
✳

Procyon
*Ginvo
Eldaru*
✳

Assamay
Redan
✳
Mintaka *(Grails)Tisar 3)*
Alnilam *(Egaroth)*
✳

CETUS

Iota Ceti
Al-Gruualix
✳

MONOCEROS

Epsilon Eridani
Herayan / Kahel
✳

Tau Ceti
Araman
✳

Rigel
Asbaan-Hu
✳

ERIDANUS

Tau Eridani
✳
Emerther

Sirius
*Ashkerai
Katayy
Nommo*
✳
Mirza
Taalghiar
✳

CANIX
MAJOR

LEPUS

UDFJ- 39546284
✳ *Egon*

PUPPIS

FORNAX

SCULPTOR

COLUMBA

82G
✳

HOROLOGIUM

Suhail
iily-Tokurt
✳

PICTOR

✳
Jighantik

PHOENIX

RETICULUM

Zeta 1 Reticuli
Eben
✳

VOLANS

DORADO Alpha Reticuli
✳

Zeta 2 Reticuli
*Xrog
Dɵ-Hu*

TUCANA

Gamma Volans
Killymir-Auk
✳

MENSA
Alpha Mensae
✳

HYDRUS

ōn

360

LYRA

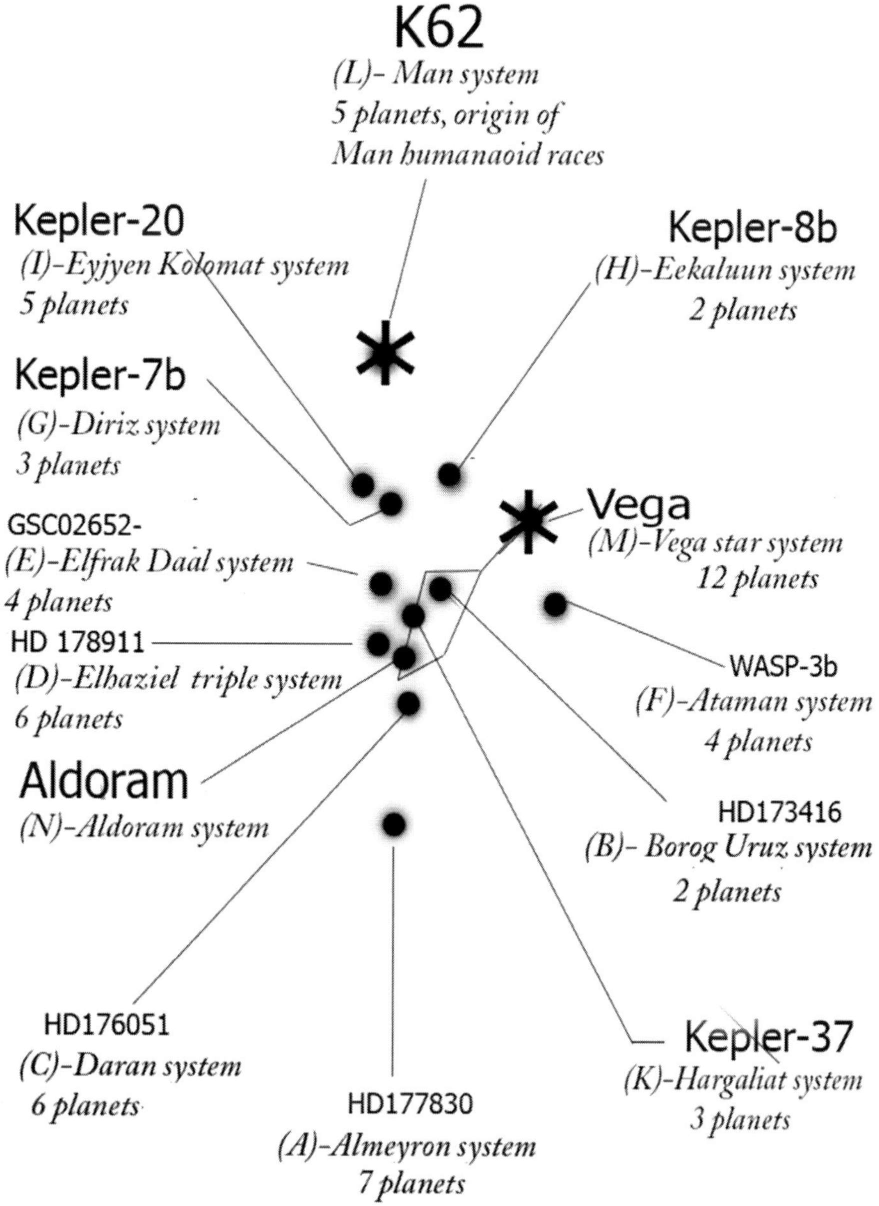

K62
(L)- Man system
5 planets, origin of
Man humanaoid races

Kepler-20
(I)-Eyjyen Kolomat system
5 planets

Kepler-7b
(G)-Diriz system
3 planets

GSC02652-
(E)-Elfrak Daal system
4 planets

HD 178911
(D)-Elhaziel triple system
6 planets

Aldoram
(N)-Aldoram system

Kepler-8b
(H)-Eekaluun system
2 planets

Vega
(M)-Vega star system
12 planets

WASP-3b
(F)-Ataman system
4 planets

HD173416
(B)- Borog Uruz system
2 planets

HD176051
(C)-Daran system
6 planets

HD177830
(A)-Almeyron system
7 planets

Kepler-37
(K)-Hargaliat system
3 planets

Kepler 62
"Lyran" Man system

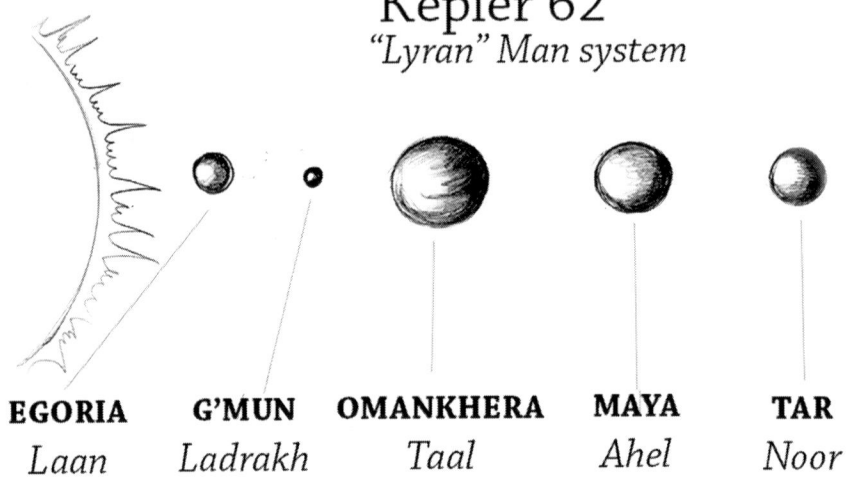

EGORIA
Laan

G'MUN
Ladrakh

OMANKHERA
Taal

MAYA
Ahel

TAR
Noor

Taygeta system (Pleiades)
"Ashaara"

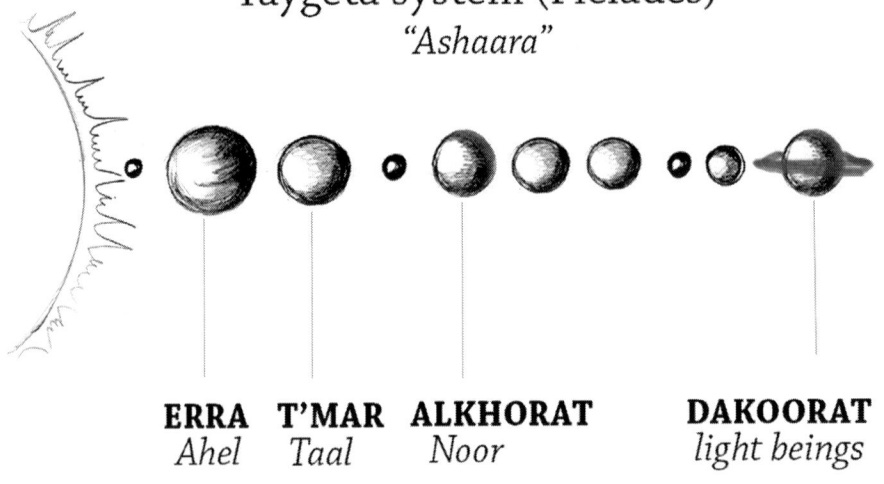

ERRA
Ahel

T'MAR
Taal

ALKHORAT
Noor

DAKOORAT
light beings

PLEIADES
M 45 Cluster

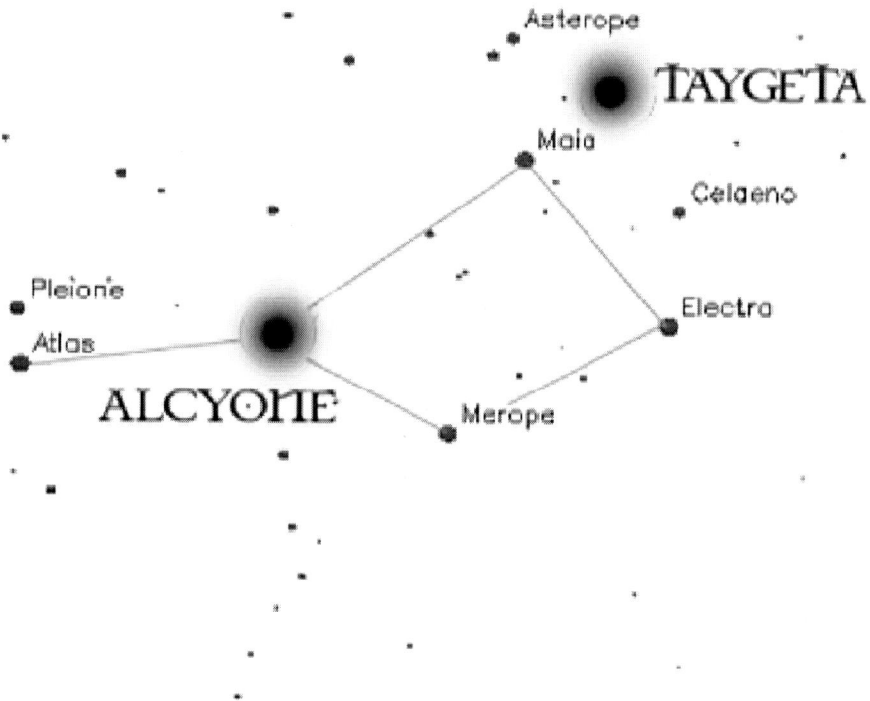

M45 est un jeune amas d'étoiles, à 440 années-lumière. Il a été colonisé par des humanoïdes de K62 (Lyra). Ils ont terraformé des planètes autour principalement de Taygeta et Alcyone, car il n'y avait pas encore de monde prêt à soutenir la vie. C'était un endroit sûr car il n'y avait aucune ressource pour tenter les empires Reptiliens et Gris. Les noms des étoiles tels que vous les connaissez ont été choisis parmi des personnages de la mythologie grecque, et ce n'est pas ainsi, bien entendu, que les extraterrestres les nomment.

CENTAURIAN SYSTEMS
Alpha & Proxima Centauri

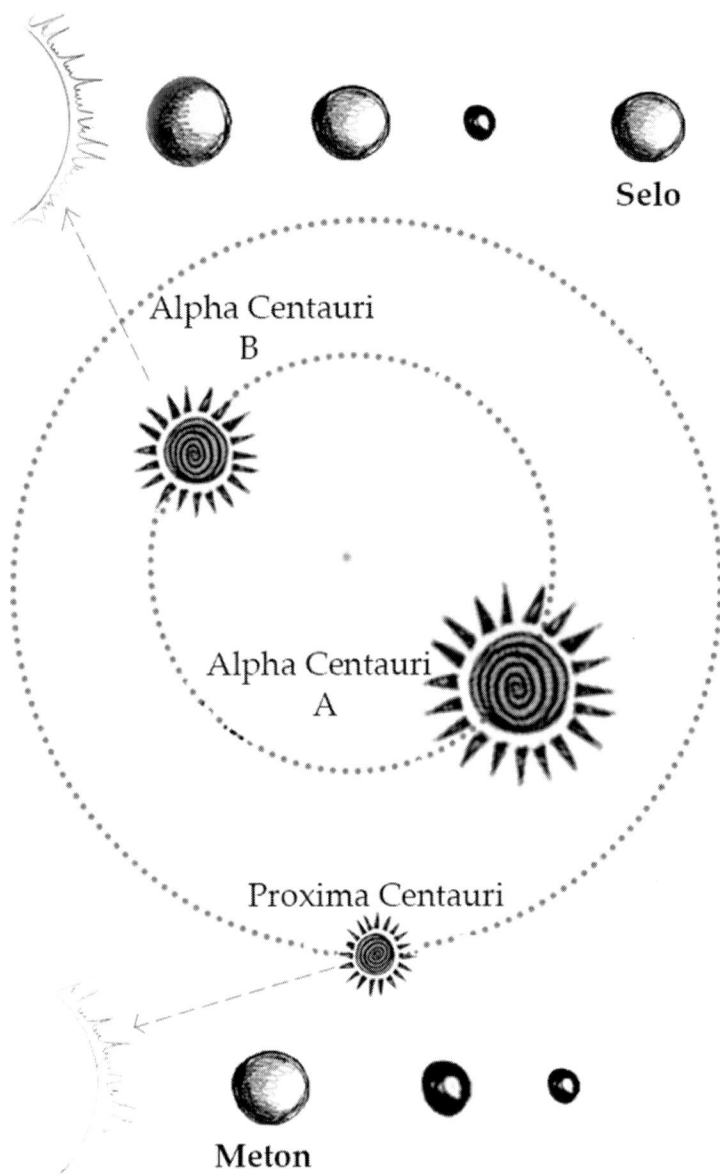

Selo

Alpha Centauri
B

Alpha Centauri
A

Proxima Centauri

Meton

CENTAURIAN SYSTEMS
Beta Centauri

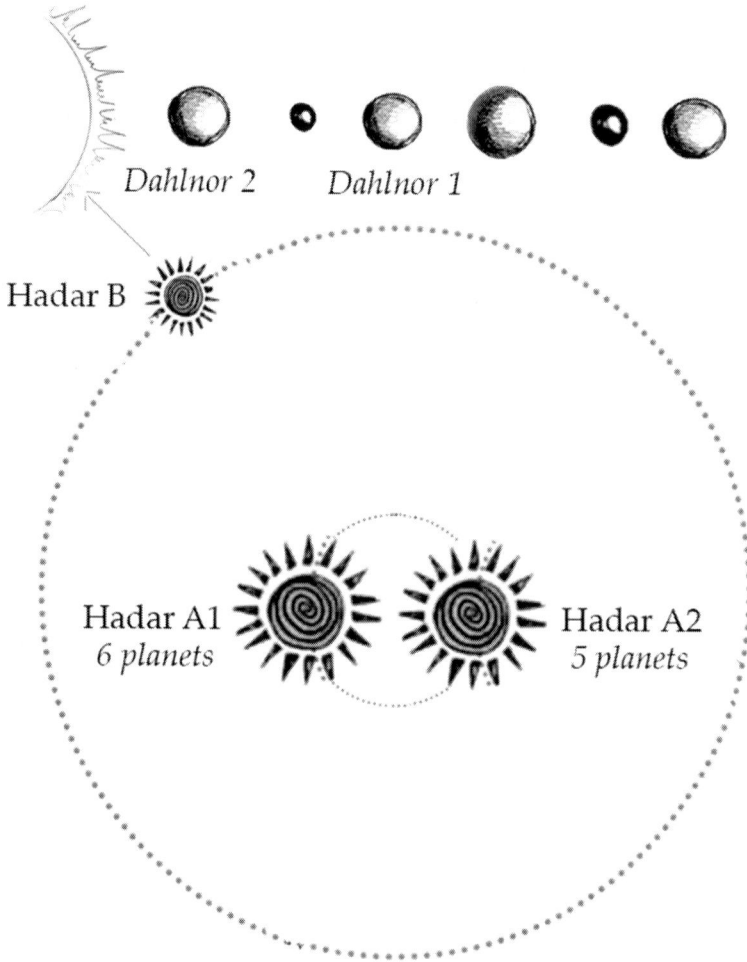

Dahlnor 2   *Dahlnor 1*

Hadar B

Hadar A1
6 planets

Hadar A2
5 planets

SIRIUS

Ashkeran systems

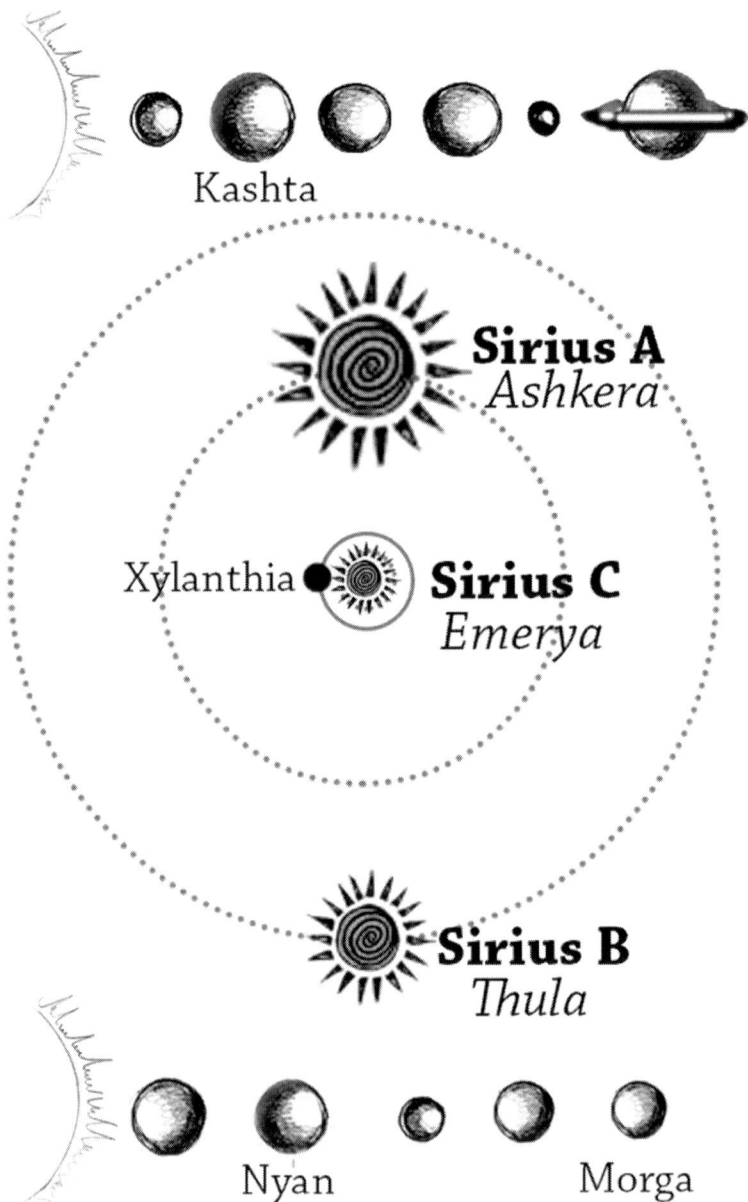

Kashta

Sirius A
Ashkera

Xylanthia Sirius C
Emerya

Sirius B
Thula

Nyan   Morga

LEÇON DE PILOTAGE

Thor Han est un pilote expérimenté, patrouillant au-dessus de la Terre, travaillant sur la grille magnétique ou secourant les abductés. Ce qui suit sont des informations qu'il m'a données et autorisée à publier, je lui laisse donc la parole ou plus exactement, la plume :

Pour commencer, la composition de la couche externe de la coque de nos navires qui est en contact avec l'environnement extérieur est un composé d'un métal que vous ne trouvez pas sur Terra; c'est une matière organique sensible aux changements de densité et qui peut être comparée à une intelligence bio-synthétique non consciente. Il existe un vide dans la structure du navire entre cette couche organique externe de la coque, et une couche interne non organique composant la structure solide. La forme de la couche externe se modifie temporairement pour s'adapter à la densité environnementale, ce qui permet des déplacements spatiaux et interdimensionnels. Ce matériau possède une mémoire morphique, ce qui signifie qu'il reprend sa forme originelle instantanément dès que la contrainte du décalage de fréquence est relâchée. La coque agit comme un bouclier, non seulement contre les particules de toutes tailles mais aussi contre les ondes de choc des changements de densités. Elle fait ainsi office de tampon entre la fréquence vibratoire à l'extérieur et à l'intérieur du navire. Nous voyageons généralement à travers des raccourcis inter-dimensionnels, mais il existe de nombreuses façons de passer d'un point à un autre dans ce multivers. Les deux autres méthodes de navigation les plus courantes sont l'écho-résonance (ce que vous appelez la résonance quantique et vous semblerait identique à la téléportation) ou soit par la conscience. En ce qui concerne cette dernière, certaines espèces peuvent le faire naturellement tandis que d'autres ont besoin d'un appareil implanté dans leur tête, en liaison avec le système de navigation du navire. Avec la technologie que j'utilise dans le vaisseau que tu connais bien, les coordonnées de destination sont définies puis verrouillées. Nous appliquons ensuite la paume de nos mains sur les deux commandes hexagonales de chaque côté du siège. On peut alors sélectionner le système de propulsion, trans-dimensionnel ou extra-continuum. Une fois proche de la destination, la navigation est relayée au moteur central.

Le noyau, ou moteur central, est un module cylindrique composé principalement de plasma ionisé, qui alimente la motricité du vaisseau pour la navigation manuelle à courte distance. Il est situé dans un espace cylindrique au centre du navire, et cette substance alimente tous les systèmes de survie et de logistique, tels que le recyclage de l'air, l'ouverture des portes, les lumières, la mécanique des rampes d'accès et diverses machines, le poste médical, etc... Pour les voyages longue distance, nous pouvons également utiliser l'énergie disponible partout dans le continuum spatial que nous appelons le Phryll, en créant un nuage ionisé autour du navire.

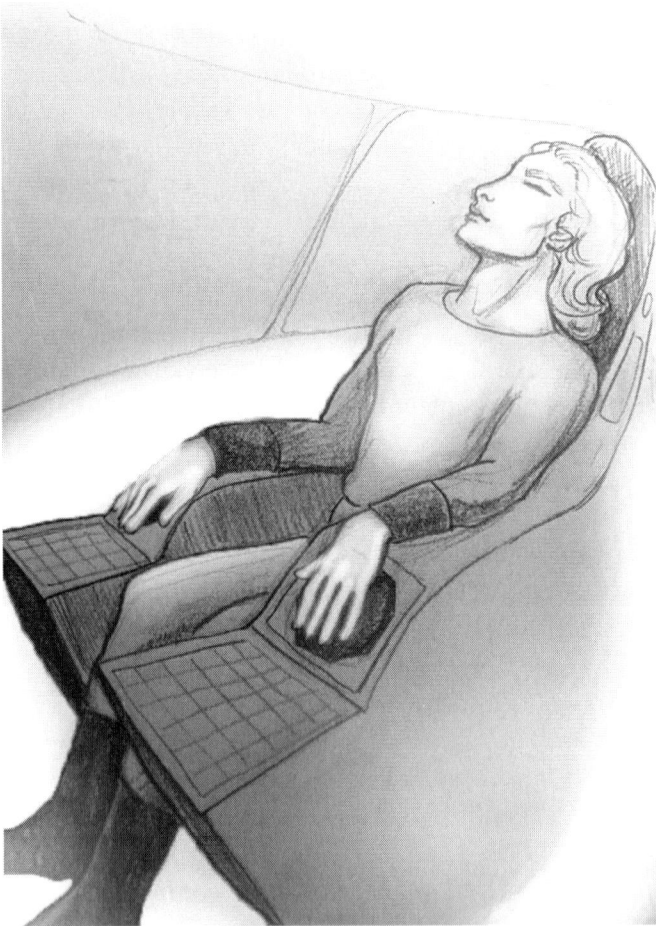

«Navigation par la pensée» à l'aide des commandes octogonales en résonance avec l'implant du pilote.

En parlant de nuage, cela me rappelle de mentionner le camouflage. Il existe deux façons différentes de camoufler un vaisseau, qui sont couramment utilisées par différentes races. L'une utilise soit le réarrangement des particules (tout comme le changement de forme moléculaire), soit la réflexion des particules (reflétant ce qui se trouve de l'autre côté du navire), et l'autre fonctionne en modifiant la fréquence environnant le vaisseau en un nuage vibratoire qui transmutera le véhicule dans une densité différente. Dans ce dernier cas, si cela est effectué dans certaines atmosphères humides, il se créera une condensation autour du vaisseau sous la forme d'un nuage.

J'ai également évoqué le terme de «téléportation», qui peut amener à vous interroger sur le transport des formes de vie entre un vaisseau en orbite et le sol, car c'est une question qui nous est souvent posée. Eh bien, là encore je connais deux manières. Ce processus peut être réalisé par écho-résonance, qui est un transfert moléculaire quantique qui dématérialise une molécule pour la rematérialiser à de nouvelles coordonnées. Cela ne nécessite aucun faisceau de transfert, comme vous semblez souvent le croire. Le fameux faisceau lumineux dont vous êtes témoin comme employé pour les abductions est un faisceau antigraviton composé d'un champ de fréquence dense, c'est pourquoi la paralysie est souvent un effet secondaire dans le transport. Transfert: écho-résonance (téléportation). Transport : faisceau antigraviton.

Cela s'applique à la majorité des techniques employées au sein de la Fédération Galactique des Mondes, mais la grande diversité des techniques disponibles dans le Multivers n'y est bien sûr pas cantonnée. Certaines espèces utilisent ces mêmes techniques améliorées à un niveau supérieur, par exemple je connais la navigation par conscience à distance, qui peut être opérée aussi loin que d'une galaxie à une autre. Certaines espèces (ce n'est pas le cas pour la mienne) ont leurs engins connectés à la fréquence émise par leur corps et leur signature génétique, donc aucune autre espèce ne peut les faire fonctionner. Leurs vaisseaux sont entièrement faits de matière organique utilisant une technologie basée sur la conscience. Ces vaisseaux particuliers sont fabriqués dans l'espace, à travers des harmoniques et des fréquences. La vie est infusée dans le navire et animée par intelligence artificielle, la conscience ou dans certains cas, les deux.

L'engin devient une entité vivante et correspond à la signature de fréquence de la propre conscience du pilote. Ces vaisseaux peuvent avoir de nombreuses formes différentes, telles que plus fréquemment des sphères, des ovoïdes ou des discoïdes, mais il existe également d'autres embarcations qui sont inter-dimensionnelles et peuvent changer de forme, sans altérer l'atmosphère intérieure du navire et de ses occupants. Ceux-ci apparaissent sous forme de lumière pure ou de motifs translucides géométriques tels que des losanges, des sphères ou des merkabas, et peuvent modifier leur structure atomique pour devenir solides. Ils peuvent passer instantanément d'une dimension à une autre, ou d'un point du Multivers à un autre. Ils ont leur propre atmosphère et gravité qui ne sont pas altérées par le changement de forme ou de dimension, et cette technologie leur permet de se déplacer extrêmement rapidement et de changer de direction à angles vifs sans répercussion tangible dans l'habitat de l'engin, qui est maintenu dans une capsule dimensionnelle holographique stable. Bien sûr, comme ces engins-là sont pilotés avec une résonance de conscience, vous n'y trouverez aucun panneau de commande.

La conscience met en place l'intention de destination mais nous n'avons pas encore parlé du « carburant » qui alimente le navire. La conscience pilote le vaisseau, mais la véritable alimentation est le Phryll, la force de vie universelle récoltée présente partout dans le Multivers. Ces moyens de déplacement sont considérés comme les plus avancés.

Il y a aussi le voyage éthérique, le décalage de fréquence, la dynamique géométrique ou la distorsion temporelle. Le temps, tel que vous le percevez de manière linéaire, est une illusion sensorielle liée à votre plan dimensionnel d'incarnation. Le temps, en vérité, est sphérique. Vous pouvez accéder à n'importe quel point à partir de n'importe quel point. Il n'y a ni « avant », ni « après », il n'y a que « maintenant »..

SANG EXTRATERRESTRE

Ce qui suit m'a été transmis par Myrah, hybride Pleiadienne-Sirius B, et scientifique spécialisée (entre autres) dans les technologies d'implants inter-dimensionnels. Voici ce qu'elle répondit suite à ma question sur les raisons pour lesquelles les personnes du groupe sanguin (O-) sont plus susceptibles d'être enlevées:

C'est très simple : la plupart des groupes sanguins sur Terra sont indigènes, sauf que le groupe (O) est extraterrestre. La protéine D a été conçue par les Anunnakis pour rendre (O) compatible avec d'autres groupes sanguins Terrans. Vous voyez, si les chromosomes de deux espèces ne correspondent pas, la différence génétique se traduit par une progéniture stérile, et la protéine D y pallie. Si vous en avez, votre sang est (+ D). Sinon, votre sang est (-D). Si une femelle Terrane avec du sang (-D) tombe enceinte d'un fœtus (+ D), son corps produira des antigènes signalant à son système immunitaire que le fœtus est toxique. Le corps de la femelle essaiera instinctivement de tuer son propre enfant car la protéine D est extraterrestre. Le gène extraterrestre qui produit (O) est largement présent dans les humanoïdes Terrans blancs de grande taille sur Terra, avec la plus forte concentration une région montagneuse et maritime du sud-ouest de l'Europe, où 40% de la population est (O-). Un très faible pourcentage de la population de Terra a la protéine D absente.

Donc, comme je l'ai mentionné, les Anunnakis sont (O-), et pour créer des hybrides avec des autochtones Terrans, ils ont ajouté la protéine D qui permet la compatibilité avec tous les autres groupes sanguins Terrans. Maintenant, avec le temps, l'évolution naturelle et les croisements, le D est passé dans tous les autres groupes sanguins Terrans. Fait intéressant également, le type AB est également devenu compatible pour l'hybridation, mais uniquement avec des hybrides de Terrans et de reptoïdes extraterrestres. Les lyrans ont essayé d'éliminer la protéine D dans l'espoir de rendre (O) stérile, car ils voulaient plutôt créer une nouvelle espèce hybride avec un meilleur potentiel d'évolution.

Quelque chose en effet à propos de la protéine D, c'est qu'il est difficile de s'extraire d'une densité inférieure, et vous remarquerez que les corps remplis de sang contenant de la protéine D auront un processus d'ascension difficile. C'est pourquoi les Lyrans voulaient l'enlever, car cela bloquait l'évolution spirituelle des humains Terrans. (O-) est spécial; il a des vibrations Anunnaki, sans que le D ne bloque l'élévation de fréquence, et il y a des particularités que vous trouvez dans les groupes sanguins (O), ou leurs descendants même si le groupe sanguin est différent: cheveux roux, vertèbres supplémentaires, intelligence supérieure, sang de plus haute pression, sensibilité oculaire à la lumière du soleil, capacités psychiques élevées. Ces caractéristiques physiques et psychiques distinctes sont associées à une prédilection pour les abductions. Ils sont plus faciles à enlever en raison de la capacité de leur champ d'énergie à changer de densité. (O) est une correspondance sanguine génétique pour les espèces reptiliennes, car les Anunnakis qui ont importé le groupe (O) sur Terra sont une espèce reptiloïde, et bien qu'ils aient de meilleurs résultats avec la protéine D, le (O-) comporte néanmoins des possibilités génétiques utiles, créer des races hybrides plus fortes. Le groupe (O) est excellent pour association, compatible pour l'hybridation directe avec un large éventail d'espèces telles que les reptoïdes et les gris à base reptiloïdes (mais pour se reproduire avec des Terriens, comme je l'ai dit, vous devez ajouter de la protéine D). Il y a un fait intéressant que vous voudrez peut-être savoir également: parce que les types (O) sont typiques des reptoïdes et les reptoïdes extraterrestres ont une aversion à consommer leur propre sang, ils n'enlèveront pas ces individus pour la nourriture, mais pour le commerce des esclaves et la reproduction croisée, uniquement.

***

GARDEZ ESPOIR

Conversation avec Thor Han

-C'est une belle vue, d'ici. Je vois Terra rayonnante dans le soleil levant. C'est un monde magnifique. La lumière de votre étoile scintille sur les océans de votre planète.

-Que dirais-tu aujourd'hui, aux Terriens ?

-De garder espoir. S'ils savent garder espoir, ils réussiront. La bête des ténèbres est en train de mourir. Les Terrans doivent garder espoir. Les Reptiliens seront partis, c'est la dernière et la plus grande guerre pour les Terrans. La plus grande de toutes les guerres qu'ils aient jamais connues. C'est le combat pour leur âme-même. Le dernier combat. Ce sera long et douloureux, mais digne en victoire. Les Terrans devront faire beaucoup de sacrifices fondamentaux, changer leur technologie, changer leurs habitudes, tout.

Nous soutenons les Terrans, ils ne sont pas seuls. Nous vous soutenons, gardant les forces obscures à distance. Vous voyez, les forces ennemies essayant d'écraser les Terrans pour les empêcher de s'élever, cela a induit le processus inverse : forcer les Terrans à faire face à leur évolution naturelle et à prendre des décisions. Tout cela a réveillé les Terrans à leur véritable destin. Et il ne s'agit pas des Starseeds qui ont choisi de s'incarner sur Terra pour aider à combattre les Reptiliens et aider les Terrans à s'élever, et qui se réveillent aussi dans le même temps, non, je parle là des Terrans eux-mêmes, car c'est ce pour quoi nous travaillons tous si dur : pour que les Terrans se réveillent et avancent. Bientôt, ils trouveront par eux-mêmes comment appliquer des solutions pour sauver et réparer ce qui peut l'être, et atteindre la technologie du voyage interstellaire.

Il sera dès lors trop tard pour les empires reptiliens ; ils auront perdu. Tout ce que veulent ces empires, c'est éviter cela et maintenir les Terriens dans l'ignorance, le doute, le sommeil et la peur, les conditionnant comme des androïdes sans cervelle, les dépouillant de leur volonté en infiltrant leurs technologies primitives, parce qu'ils veulent les garder comme source de nourriture, esclaves et matériel génétique. Mais ce temps est bientôt révolu, cela a duré trop longtemps. Nous participons activement maintenant, nous avons élevé en fréquence la grille autour de votre planète, bien qu'ils essaient assidument d'altérer le champ magnétique de Terra pour démanteler cette grille, en déplaçant les pôles magnétiques notamment. Ils sont ennuyeux. Mais je jure qu'ils seront bientôt partis ! Nous n'abandonnerons jamais ! Vous voyez, Terra a été un champ de bataille entre eux et nous. Races Reptiliennes et Gris, contre le Conseil d'Orion et la Fédération Galactique des Mondes. C'est un travail d'équipe, comme je vous l'ai déjà dit. Nous ci-dessus, vous ci-dessous.

373

Sauvez votre planète, réparez ce que vous avez fait dans la mesure du possible, trouvez des solutions pour l'avenir durable de votre race, et nous faisons l'autre travail, en éloignant les forces néfastes. C'est ensemble que nous gagnerons cette guerre. Ne dites jamais que nous ne sommes pas intéressés à vous aider. Jamais. Vous n'avez aucune idée... aucune idée du nombre de fois où nous vous avons évité des catastrophes. Nos interventions sont, autant que nous le pouvons, discrètes, car nous croyons en votre potentiel. Nous sommes ce que vous appelez votre «bonne étoile». Nous sommes des observateurs silencieux, mais pas encore des soldats. Il y a tellement à faire. Si les Terriens avaient la moindre idée de ce qui se passait au-dessus de leurs têtes... eh bien, certains ont une petite idée et ils commencent à se réveiller.

La nouvelle vague d'enfants est plus élevée, ils sont déjà réveillés. Et ils ne resteront pas silencieux car ils sont l'armée d'élite terrestre qui donnera le dernier coup de pouce nécessaire pour la victoire. Ce n'est pas une question de "si", mais de "quand". Chaque fois que je vole vers l'orbe de Terra, depuis des années maintenant que je fais cela, je sens la beauté de cette planète atteindre mon cœur. Cela en vaut tellement la peine. Toutes ces batailles, ces combats et ces pertes, tout se justifie à mes yeux quand je vois la courbe bleue brillante du manteau scintillant, et la lumière de votre étoile briller à travers le mince ruban fragile de l'atmosphère de Terra. En tant que frères aînés, nous avons le devoir de protéger les plus jeunes et les plus vulnérables.

Un jour, tout ce non-sens s'arrêtera. Un jour... nous serons ensemble. Respirant la même lumière. Je ne te cache pas que parfois, je m'inquiète. Non pas que nous expulsions les Reptiliens, mais du fait que les humains terriens sont... comment dire... effrayants. Ils ont ce potentiel de destruction et d'autodestruction qui est notable dans leur nature, et à moins qu'ils n'évoluent au-delà de ce modèle primitif, ils ne seront jamais en âge de rejoindre la Fédération. Et s'ils atteignent l'âge du voyage interstellaire avant de changer, les Terriens deviendront alors une menace pour la Fédération. Votre espèce a de nombreux ennemis et prédateurs, et je pourrais en nommer la liste, mais il y a également une espèce particulièrement nuisible à votre planète : la vôtre. Je ne fais qu'observer, et je fais de mon mieux pour garder espoir. Et j'ai espoir. J'ai espoir.

Nous promouvons l'évolution spirituelle, mais nous savons combattre quand c'est nécessaire, et cela fait également partie de notre chemin spirituel. Tous les combats, s'ils sont justes et justifiés, ouvrent des voies de libération pour que la Lumière afflue. La passivité est la mort. Nous accélérons votre changement vibratoire, tandis que l'ennemi fait de son mieux pour le ralentir. Ils ne réussiront pas, je vous le dis! En attendant, faites votre travail de lumière : activez vos consciences, déverrouillez, ouvrez vos esprits et vos cœurs. L'autre côté est magnifique. Profitez de cette belle journée sur Terra, l'étoile soleil s'est levée à votre horizon.

***

ALLIANCE TERRIENNE
Conversation avec Thor Han

-Je voudrais te poser une question importante, au nom des Terriens. C'est important qu'ils sachent. Lorsque nous nous réunissons pour effectuer des méditations afin d'aider notre planète, lorsque nous lui envoyons de la lumière, de la guérison et des ondes élevées, pouvez-vous voir quelque chose d'où vous êtes ? Est-ce perceptible ? Cela aide-t-il ?

-Oui, nous le voyons, c'est comme des bulles de lumière, colorées la plupart du temps, vertes ou dorées, blanches parfois, venant de différentes parties de votre planète. Elles montent… s'élèvent dans l'ionosphère, puis plus haut, c'est beau à voir. Nous aimons observer ce phénomène, car cela nous donne de l'espoir et du courage, et cela nous encourage à faire notre travail. Vous devez vous rassembler, joindre vos mains, et vous pouvez également vous connecter ensemble par une pensée commune, par votre esprit, quantiquement, vous connaissez ce mot.

-Oui. Vous pouvez donc le voir ! Est-ce donc efficace ?

-Oui, et cela nous aide aussi. Vous savez, il faut une certaine quantité de Terrans qui envoient de la lumière ensemble, harmonisés en haute fréquence, pour atteindre un tournant et tout changer. Plus souvent vous le faites, plus vous activez l'éveil de cette espèce, pour rayonner la lumière à une fréquence plus élevée. Vous approchez du point de basculement ; vous pourrez le faire vous-même, pour votre planète. Oui, tu comprends ?

-Oui.

- Tout ce que je peux dire, c'est que c'est très beau à voir. C'est comme si on pouvait même le toucher parfois. C'est comme des ondulations, vous savez, lorsque vous jetez une pierre dans un liquide, c'est ce que nous voyons, lorsque vous faites ces méditations, comme vous les appelez. Le mot juste est un « travail de lumière », c'est une harmonisation à une fréquence supérieure. C'est là que nous voulons vous emmener, parce que vous serez protégés des reptiliens, invisibles.

***

AIMER SON ENNEMI

Conversation avec Thor Han

-Les Reptiliens, que se passe-t-il quand on leur envoie de l'amour ?

-Vous les repoussez mais cela leur permet de vous cibler. Cela fait soudainement de vous une balise qui leur envoie un rayon de lumière disant ; "Hé regarde, je suis là et je te donne un chemin pour t'accrocher et m'attraper !" Ne fais jamais ça ! L'amour, l'amour pur de la Source est l'arme la plus puissante, mais ne vise pas personnellement des êtres comme les Reptiliens. Bien sûr, cela crée autour de vous un bouclier de fréquence très élevée, il est efficace de le faire pour travailler sur la grille de votre planète, sur la planète-même, sur vos vilains dirigeants et autres, mais si vous l'activez personnellement pour vous connecter à quelqu'un, cela crée un pont. Créez ce rayon d'amour vers un Reptilien, il se reconnectera à vous.

-Je pensais que les choses étaient simples, que l'amour chasse les ténèbres.

-Eh bien, si vous l'utilisez de la bonne manière. Imaginez, c'est comme si vous vous trouviez dans un brouillard protecteur et que vous pointez soudain une torche sur ceux qui vous suivent. Les Reptiliens ne peuvent PAS être guéris ni élevés par l'amour. Ils ne peuvent tout simplement pas, c'est leur nature !

-Que dois-je faire alors ?

-Faites briller votre lumière radialement, soyez une étoile, en les aveuglant sans les viser. Ne les taquinez pas spécifiquement parce que, s'ils ne vous attrapent pas pendant que vous brillez, parce que cela les brûle et qu'ils ne peuvent pas s'approcher, ils vous attraperont dès que vous baisserez votre garde ou même que vous scintillerez faiblement, car ils sauront où vous trouver. L'amour n'est émis que par un cœur ouvert. Envoyez, mais faites attention à ce que vous visez, ne taquinez pas vos ennemis en les harcelant avec quelque chose qui ne les affecte en rien, les blesse douloureusement, les rend fous de colère et attire leur attention sur vous.

***

LE GRAND ÉVEIL

Thor Han

Il ne s'agit pas seulement de l'éveil de ceux d'entre nous incarnés dans des corps Terrans, mais de l'éveil des Terrans eux-mêmes à leur propre ascension. C'est pourquoi des émissaires (starseeds) ont été envoyés, pour aider cette planète et ses habitants à passer plus rapidement à une densité plus élevée. Vous subissez des changements. N'ayez pas peur, c'est pour votre plus grand bien. La peur vous retient et peut même être mortelle. Rien ne sera plus jamais pareil, vos systèmes sont en cours de redémarrage. C'est pour vous la seule voie à suivre. Traversez la tempête en marchant tranquillement, à votre fréquence la plus élevée, et vous verrez la lumière du soleil sur vos champs après la pluie. Les anciens modèles sont révoqués, c'est à ce moment que vous avancez et embrassez qui vous êtes vraiment. Et alors vous comprendrez, le vrai sens de l'éveil.

***

CHAOS & CONFUSION

Annax

La confusion vient de l'extérieur, et c'est une dissonance avec votre véritable connaissance intérieure, une perturbation par quelque chose d'illogique dans votre façon sereine de fonctionner. Parfois, la confusion vous pousse à vous dévier hors d'un résultat fatidique, car vous avez besoin d'être secoué, interpellé, interrogé, afin de voir plus clair et de prendre de meilleures décisions.

La confusion est une dissonance créant le chaos, et le chaos est précurseur de changement. Embrassez la confusion non pas comme un ennemi mais comme un ami déguisé. Essayez de comprendre pourquoi le chaos est là, et ce qu'il veut vous dire.

***

ASHTAR

Thor Han

Bien sûr, Ashtar est réel, mais ce n'est pas une personne, c'est un titre et le nom d'une division militaire. Cela signifie «haut commandement», c'est un titre d'officier. L'Ashtar est en charge d'une armée et possède son propre pouvoir. Malheureusement, certains Terrans simples d'esprit en font une nouvelle religion, et cela m'attriste parfois de voir que, eh bien, il reste du travail à faire, encore... Il y a beaucoup de fantasmagorie et de fuite dans l'esprit des Terrans.

Concernant Ashtar, c'est une véritable confusion pour vous, Terrans, pour cette simple raison : ils veulent que ce soit le cas. Qui donc ? L'Empire Ciakahrr. Ils travaillent à vous maintenir dans la peur et l'anxiété et asservissent vos esprits, se nourrissent de votre substance énergétique. Lorsque toutes les fausses prédictions seront prouvées erronées avec le temps, cela entraînera tout le paquet, le mauvais comme le bon. Ceci est intelligemment fabriqué dans le but de brouiller vos esprits et de nous discréditer. Ashtar est un titre militaire, pas une personne. Il y a un Ashtar aux commandes sur Jupiter, assigné à votre système stellaire. Il n'est jamais personnellement en contact avec les Terriens, pas même avec nous ; seulement avec les hauts officiers et la hiérarchie supérieure. Donc, toutes les femmes terriennes qui prétendent être en couple avec ce personnage rêvent. En plus de cela, l'Ashtar affecté à votre système stellaire a une compagne, nommée Dora. Vous devez comprendre que ce type de puissance fonctionne de manière couplée. La Fédération Galactique a inclus la structure Ashtar dans le cadre de l'alliance militaire et en tant qu'officier de cette fédération, je me réfère également au commandement Jupiter Ashtar parce que nous travaillons en symbiose. Nous n'avons pas la même structure d'organisations que vous, sur Terra, donc cela peut être un peu difficile à comprendre.

Maintenant, vous devez également savoir qui est le collectif Ashtar. Ce sont des humanoïdes de différents types, des reptiloïdes, des gris, des insectoïdes et des espèces génétiquement modifiées, qui furent créées dans le système d'Ashkera (Sirius B). Il existe de nombreuses alliances et entreprises différentes, toutes interagissant entre elles de manière plus ou moins éthique. Une longue histoire à raconter.

Soyez prudents lorsque vous commencez à canaliser quoi que ce soit : il y a plus de prédateurs que vous ne le pensez, essayant de semer la confusion pour vous empêcher de travailler pour la Lumière. Ayez une protection maximale. Merkabah est efficace. Soyez prudents, amis Terrans. Soyez prêts pour plus d'obscurité exposée, mais je pense que vous n'êtes plus choqués, vous savez ce qui s'en vient. La lumière est autour de vous.

***

LE VIRUS DE LA PEUR

Conversation avec Thor Han

Nous vous cachons beaucoup de choses parce que votre espèce en général n'a pas encore atteint un stade où la peur ne vous atteint plus. La peur vous rend vulnérable et visible. Corona Virus a été conçu par votre peuple, avec la poussée des alliances cachées. Le but n'est pas d'anéantir l'humanité parce qu'ils ont besoin des Terrans à des fins personnelles, mais de répandre la peur afin de maintenir votre espèce dans la terreur, enfermée dans la vibration inférieure. Ne cédez pas à la peur. Soyez patients, prudents et confiants. Restez aux endroits de fréquence élevée, ne cédez pas à la peur, c'est ce qu'ils veulent. Je souhaite dire aux Terrans de ne pas s'inquiéter et de garder confiance. Vous savez, ce virus synthétique doit être comparé à ce qui se passe sur cette planète. D'autres maladies anéantissent plus de personnes qu'il n'en est enregistré par les institutions médiatisées. Tout est question d'argent, avec ces virus synthétiques. Il y a une élite très sombre qui tire profit de la souffrance humaine. Ils n'ont pas l'intention, ceux-là, de guérir qui que ce soit, mais de faire payer aux malades un remède fantôme. C'est tellement corrompu, tellement corrompu ...

-Et tu demandes aux Terriens d'espérer ?

379

-Oui bien sûr. Je crois en eux, en leur capacité à s'aider eux-mêmes sans ces institutions toxiques. Les ressources de leur planète sont abondantes en médecine naturelle, et les Terrans redécouvrent les propriétés du son. Même s'il reste de la route à faire, ils arriveront à destination.

**

RELIGION EXTRATERRESTRE
Thor Han

Dis-leur de ne pas créer de religion à notre sujet, s'il te plaît. Pas à nouveau. Nous ne sommes que des gens qui sont venus ici pour aider. Nous sommes comme vous, seulement nés ailleurs. Que nous ayons la capacité de changer de densité à volonté, ne fait pas de nous des dieux, cela nous rend simplement différents. Il est temps que les Terrans cessent de se considérer comme inférieurs, sinon ils ne grandiront pas. Notre objectif est de leur montrer qu'ils peuvent devenir comme nous, c'est pourquoi nous sommes ici. Nous souhaitons que les Terrans rejoignent un jour la Fédération Galactique des Mondes, mais cela ne se produira jamais s'ils se considèrent comme une race inférieure. Bien sûr, ils sont plus primitifs que nous ne le sommes, technologiquement, et un peu moins sages... mais nous en avons tous été là, nous avons évolué.

«Vous n'avez pas besoin de tout savoir pour être heureux, vous devez juste connaître l'essentiel.»

**

TERRIENS DANS L'ESPACE
Thor Han

Nous sommes préoccupés par le fait que les Terrans se tournent vers les voyages spatiaux commerciaux avant leur déverrouillage spirituel. Ceci est très important, car ils deviendraient ainsi une menace potentielle pour d'autres espèces pacifiques. S'ils ne surmontent pas la faim d'avidité et de pouvoir avant le progrès technologique, si cette dissonance entre technologie et sagesse augmente à ce point, ce sera un autre terrain d'opération... Nous ne pouvons permettre aux Terrans d'avancer dans l'espace avec belligérance et avidité sans intervention ouverte de notre part. Nous ne souhaitons pas que cela se produise,

380

C'est pourquoi nous exhortons leur éveil à leur sagesse supérieure. Les Terrans n'ont aucune idée… du défi auquel ils pourraient faire face s'ils continuent à suivre cette voie imprudemment. C'est aussi pour leur protection! On parvient à peine à retenir les Ciakkahrrs, Maytrei, Kiily Tokurts et l'Empire d'Orion dans un équilibre instable, alors les Terrans dans l'espace colonisant et minant sur les territoires ennemis… ouh, à leurs risques et périls !

***

ABDUCTIONS MALVEILLANTES
Myrah

Les Terrans ne peuvent rien faire s'ils sont choisis pour ce genre d'enlèvements, en ce sens qu'il ne s'agit pas d'un chemin de destin. Ces êtres sont des chasseurs, ce sont des prédateurs. Ils chassent, et chasser n'a rien à voir avec la prédestination. La malchance, peut-être. S'ils décident de venir pour vous, vous ne pouvez rien faire pour éviter leur visite. Mais, vous pouvez vous protéger et… tenter votre chance. La seule façon de le faire est de demeurer sans peur, de les aveugler avec votre lumière, avec votre propre pouvoir, en augmentant votre vibration pour que cela les aveugle, et ils ne peuvent pas vous attraper. Vous devez rayonner votre propre pouvoir, votre propre lumière, surtout si vous êtes un émissaire (Starseed). Vous pouvez invoquer votre esprit gardien ou des maîtres ascensionnés, ils ne vous aideront probablement pas directement mais les invoquer vous donnera confiance et force. Vous vous connecterez peut-être à l'aura de ces êtres spirituels, mais ce n'est pas nécessaire car vous avez le pouvoir de vous défendre. Le problème est que les Maitrei, les Reptiliens et les Gris, ils utilisent la peur. Peur de vous piéger, peur de vous attraper, peur de vous rendre vulnérable et de ne pas pouvoir vous défendre. La plupart d'entre vous, les Terrans, n'avez aucune confiance en vous-mêmes, en votre propre pouvoir, donc invoquer des êtres supérieurs, c'est bien, cela vous donne confiance, mais si vous pouvez faire briller votre propre lumière, élever votre vibration, c'est mieux et parfois, cela peut fonctionner.

Vous savez, nous essayons d'éviter ces enlèvements ; nous faisons de notre mieux, nous travaillons dur pour secourir les gens, en particulier les enfants, parce que les enfants portent l'espoir de votre espèce et aussi, ils sont de bonne valeur commerciale pour différentes raisons ignobles. Mais nous ne sommes pas assez, nous ne sommes pas assez nombreux. Toutes ces races prédatrices sont très, très nombreuses et il est très difficile pour nous d'y faire face.

Nous faisons de notre mieux, mais ce que vous pouvez faire vous-même, c'est avoir confiance en votre pouvoir de dire «non». Il existe un moyen de se débarrasser des Maitrei par exemple. Vous devez altérer votre ADN par vibration, par le son si vous préférez. Les Maitrei recherchent des ADN spécifiques, qui ont déjà été altérés dans le passé de l'espèce Terran. Le son peut les repousser, les désintéresser, voici la fréquence : 528 et 532 Hz. Dites aux gens de faire cela sur leur cortex pinéal. Sonnez à côté de la tête, la zone du front est un bon endroit. Ensuite, en ce qui concerne les Reptiliens, vous ne pouvez vraiment rien faire d'autre que de maintenir votre vibration élevée. Concernant les autres espèces de Gris, c'est facile : effacez la peur et augmentez la fréquence de votre champ énergétique, comme avec les reptiliens. Ceux-là sont plus rusés ; vous devez garder vos protections élevées sur votre environnement également (lieux et personnes).

Pour conclure : les prédateurs ne sont pas liés au destin, ni à un chemin de vie. Même leur chasse sélective basée sur la nature de votre sang n'est générée que dans un but pratique. Ce ne sont que des chasseurs. Éliminez la peur, c'est la première étape et la primordiale. Tout est question de garder votre vibration / fréquence dans la plage la plus élevée possible. La peur fait l'effet contraire (ces prédateurs veulent des proies rapides et faciles, sans avoir à faire face à des fréquences aveuglantes). Il n'y a pas de formule particulière à dire, mais vous pouvez trouver des mots qui vous donneront force et confiance, en rapport avec votre culture ou religion.

ABDUCTIONS BIENVEILLANTES
Annax

Tous les enlèvements ne sont pas destinés à vous nuire ou à vous dérober à votre famille. Je fais partie des nombreuses espèces qui travaillent ensemble pour un grand et merveilleux projet, dont peu de Terriens comprennent le véritable but. Ce projet concerne la survie de votre espèce tout au long d'une amélioration vibratoire, vous extrayant des basses densités où les empires reptiliens s'efforcent de vous maintenir pour leur profit.

Une fois que votre ADN s'active davantage pour s'accorder à un taux de fréquence plus élevé, vous êtes libre, et vos descendants le seront aussi. Mais le travail ne doit pas seulement être fait avec énergie ; il doit également être réalisé biologiquement, à chaque niveau vibratoire de la matière. Des lignées particulières ont été sélectionnées par nous il y a longtemps et améliorées génétiquement afin de permettre aux âmes «extraterrestres» de s'incarner. Je fais partie, mon enfant, de ceux qui enlèvent dans des lignées particulières afin de modifier et préparer les réceptacles pour les envoyés, afin que ces avatars deviennent capables de recevoir leurs âmes de fréquence plus élevée. Ainsi, les pouvoirs et les outils de ces âmes extraterrestres peuvent être actifs tels que le travail énergétique, l'augmentation de la fréquence, la guérison, etc… Leur mission ne réussirait pas en utilisant des avatars autochtones terriens aléatoires et non préparés. C'est pourquoi nous devons effectuer ces mises à jour et vérifier régulièrement leur bon état.

Ces âmes extraterrestres, mon enfant, qui descendent dans des avatars Terrans préparés, sont des âmes comme la tienne, investies d'une mission bienveillante pour cette planète. Lorsque vous ignorez la raison de ces abductions bienveillantes parce que vous n'êtes pas encore prêts à activer, nous préférons altérer votre mémoire pour ne pas vous effrayer ni perturber le cours de cette mission qui est la vôtre. Rappelle-toi, tu étais encore un nourrisson lorsque tu fus emmenée sur mon vaisseau, afin que je puisse m'assurer que tout allait bien, comme je procédais avec ta grand-mère.

Ma contribution génétique Egaroth dans l'ADN de cette lignée, dans laquelle tu t'es incarnée, a permis de modifier la fréquence de cette enveloppe Terran suffisamment, pour qu'elle soit capable de recevoir ton être Errahel. Et c'est pourquoi, aussi, je t'appelle mon enfant. C'est ce que nous faisons, en grand secret, pour contrer les plans des ténèbres, en saupoudrant des étoiles dans votre sang.

***

UN SECRET
Thor Han

Je vois vos scientifiques cheminer vers le seuil de la compréhension de ce grand secret. Votre peuple est souvent confus entre ces deux termes : densité et dimension. L'Univers, plus précisément le Multivers, est composé d'une multitude de dimensions qui se superposent les unes aux autres. Chaque dimension est à son tour composée d'une échelle de densités différentes, dans lesquelles la matière vibre à des vitesses différentes, ce que vous appelez la fréquence. Plus la fréquence est rapide, plus la densité est élevée. Vous pouvez personnellement transcender les densités en modifiant le taux de votre fréquence vibratoire, mais pour voyager de manière interdimensionnelle, vous avez besoin de technologie.

Chaque dimension du Grand Multivers est composée de 13 densités : 12 différentes densités de matière, plus une commune à toutes les dimensions et centre de toutes : la Source. Chaque densité peut être comparée à une octave de fréquences sur un clavier musical, et à l'intérieur de laquelle, la matière vibre à des rythmes différents. Il y a 12 octaves, et la mélodie est le 13e élément, la grande conscience sensible qui anime tout et lie les 12 ensemble. Le 13, la mélodie de l'Univers, est la raison pour laquelle les notes des octaves jouent. Cette relation intrinsèque crée la dynamique de la vie. Éternel, inter-dimensionnellement illimité. Et le Temps, tournant éternellement dans une sphère, englobe tout, sans commencement ni fin. La linéarité est une illusion. Même une rivière est un petit fragment d'un plus grand cycle. Les cycles n'ont ni début ni fin.

Les saisons changent, et lorsque votre soleil se dilatera, toute votre vie, toute la force vitale de Terra se transformera avec elle, en autre chose. Toute matière solide se désintègre, visiblement. En vérité, les atomes ne cessent d'exister ; ils formeront autre chose. Pourquoi absolument associer une naissance et une mort pour tout, sachant que tout n'est qu'un flux d'énergie constant et intemporel ? Le Grand Multivers n'a pas de début et n'aura pas de fin. Le temps est une sphère, donc chaque point est à équidistance du centre. Afin d'appréhender ce concept, vous devez sortir de votre esprit 3D, et vous élever vers de plus hautes fréquences de conscience, pour réaliser qu'il n'y a pas de séparation entre toutes choses. Tout n'est qu'un. Temps, conscience, vie, tout est Un. Éternel.

***

NETTOYEZ VOS DÉCHETS
Thor Han

La quantité de déchets que vous mettez en orbite est assez phénoménale. Beaucoup se désintègrent en retombant dans votre atmosphère, mais beaucoup restent dans les couches supérieures, avertissant tous les visiteurs qu'il s'agit d'une planète où ses espèces technologiquement dominantes n'ont pas encore résolu leur problème de déchets. Cela me rend triste de voir ce que vous faites avec cette planète. Nous recyclons la plupart de nos déchets et le reste est détruit pour produire de l'énergie. Nous ne laissons aucune trace après nous, car nous considérons que l'espace n'est pas une poubelle. La majeure partie de la matière peut se dégrader dans un bio-environnement, mais dans l'espace, rien ne se dégrade. Tout flotte, indéfiniment. Vous devriez voir ça. J'espère que je n'offense pas.

***

385

CRÉATURES ÉTHÉRIQUES

Annax

Les formes de vie sont toutes similaires dans la façon dont la Lumière les compose. Nous sommes tous créés de la même source qui façonne aussi les rocs, les étoiles, le vent, l'eau. Vous pensez qu'il y a une différence parce que nous avons tous l'air différents, mais nous sommes faits de la même substance, une lumière éthérée imprégnée de force. Vous, moi, tout le multivers est baigné par la même source de lumière. Nous sommes tous des créatures éthériques, portant des vêtements différents. Toute vie a une conscience et un but. Vous commencez à comprendre cela. Vous vous réveillez d'une longue nuit. Continuez de regarder vers l'avenir. Pas en arrière, pas en haut. Nous ne sommes pas vos dieux, nous ne sommes pas venus pour vous sauver, mais pour vous aider à vous sauver vous-mêmes.

***

LA CLÉ DE LA VICTOIRE
Thor Han

La meilleure façon de combattre les races reptiliennes est de passer à un niveau de conscience plus élevé, des fréquences horizontales piégées de la matrice 3D à une omni-connaissance trans-dimensionnelle. Ces ennemis possèdent la technologie pour jeter votre planète hors de son orbite, mais il y a une arme que vous possédez, et qu'ils n'ont pas : la capacité d'élever votre conscience dans une ascension individuelle vers la Source. C'est votre clé pour la victoire.

***

NOURRITURE
Myrah

Alors oui, bien sûr, nous mangeons. Oui, nous sommes faits de lumière pure, mais vous aussi. En tant qu'existant dans une densité supérieure à la vôtre, nous avons plus de facilité à choisir de n'exister que dans un plan éthérique, en nous nourrissant uniquement d'énergie pure, mais nous pouvons aussi choisir une existence incarnée dans un corps de chair et d'os. Nous sommes différents de vous même si nous nous ressemblons, ce qui nous permet de nous aventurer hors de notre corps physique, mais une fois à l'intérieur de celui-ci, nous sommes soumis à toutes les règles qu'un corps solide exige. La faim, la soif, la fatigue, la douleur, le désir physique et tous les besoins que vous connaissez. Notre espèce est basée sur une forme de vie organique, mais il y a une classe supérieure que nous appelons « les anciens », et qui a choisi de ne pas s'incarner parce qu'elle a dépassé un certain niveau d'évolution. Je fais moi-même partie de la classe active, et même si je peux à volonté sortir de mon corps, j'y suis liée. Alors oui, je mange, et tout le reste. Végétaux, composants primordiaux et eau énergisée. L'eau énergisée se boit en voyage, pour permettre à notre corps de se déplacer sans avoir à faire face à l'évacuation des aliments. On a le choix pour un repas solide quand on ne voyage pas, mais seulement s'il n'a ni cœur ni visage. Autrement cela abaisse notre vibration.

RESPECTEZ LA TERRE QUI VOUS SOUTIENT
Thor Han

RRespectez le sol qui soutient votre corps, l'air que vous respirez et la nourriture qui vous maintient en vie. C'est une belle planète, ouvrez les yeux pour la contempler, elle brille dans le lever du soleil et alors que je regarde de l'autre côté, déjà la nuit allume les étoiles d'en bas. Des étoiles d'or, de petites lumières, des réseaux de lumières scintillantes, vos villes, vos côtes. Magnifique. Un spectacle, comme tu dis. Eh bien c'est vrai, c'est divertissant. Triste, parfois. Vous êtes si nombreux, et pourtant sur le point de déployer vos ailes et quitter votre nid, emmenant avec vous vos peurs, vos espoirs, vos rêves, votre esprit compétitif. Nous veillons sur vous et sur votre chemin mais nous pensons... quel bien allez-vous apporter aux étoiles ? Ou quel mal ? Nous vous protégeons contre le même mal que vous êtes sur le point de répandre dans le grand vide. Vous savez, ce n'est pas vraiment un vide, vous n'avez aucune idée de ce qui se passe ici. Une seule chose que vous devez savoir : vous n'êtes pas seuls. Nous sommes là pour vous, et tout ira bien.

***

APPRENTISSAGE
Thor Han

J'ai appris une leçon récemment : nous devons toujours permettre le flux de nos émotions. Oui bien sûr, je le savais, mais expérimenter le problème était très intéressant. Vous apprenez seulement vraiment ce que vous vivez, physiquement, émotionnellement, spirituellement. J'étais jaloux et en colère. Êtes-vous surpris ?

Nous avons ces sentiments aussi, vous savez, nous ne sommes pas les dieux que les médias essaient de vous faire croire. Nous avons des capacités qui ne vous sont pas attribuées, il est vrai, mais nous sommes des personnes, des êtres, avec un cœur et un esprit. Nous ressentons la douleur, la colère, la tristesse, la faim, le désir, et ces sentiments que nous avons le privilège de ressentir font partie de notre apprentissage. Ma colère et mon ressentiment n'ont pas permis au flux d'amour d'atteindre la personne qu'il devait atteindre, et il s'est passé quelque chose de dangereux, que je n'ai pas vu. Ma colère m'a déconnecté de l'objet même de mon amour. Me voici donc, aujourd'hui, en train de vous dire ceci pour vous montrer qu'à n'importe quel niveau d'évolution, nous vivons toujours cela, jusqu'à ce que nous fusionnions dans la 13ème densité : la Source. Et jusqu'à ce jour, nous devons permettre à la force vitale de circuler et ne jamais la retenir.

Soyez compatissant envers vos ennemis, mais ne leur envoyez pas d'amour, car cela crée un lien dangereux avec eux. De la même manière, vous pouvez être en colère contre vos proches, mais ne leur envoyez pas de colère, car cela rompt le lien avec eux. Dans ces derniers mots : laissez couler vos sentiments, libérez-les dans l'univers qui vous entoure. Exprimez de la compassion envers tout, absolument, tout. La compassion comme une étoile radieuse et brillante, qui brille du centre de votre être, atteignant quiconque et tout ce qui est ouvert pour le recevoir. Soyez vous-même compatissant. Soyez juste cela.

***

NOUS SOMMES FRÈRES

Thor Han

Je travaille sur cette station depuis de longues années, loin de chez moi mais pas par le cœur. Au moment où nous nous élançons dans l'espace, au juste moment dans notre évolution, avec sagesse et amour, c'est avec un sentiment de compassion que nous ressentons le devoir d'aider, de guider et de protéger quiconque est en difficulté, un peu comme le devoir d'un grand frère.

Cela ne se passe pas comme cela pour toutes les civilisations ; certaines espèces sont simplement pressées de conquérir l'espace et de nouveaux territoires. Comme la vôtre, par exemple. J'ai appris une chose, dans tout cela : quel que soit le degré de civilisation, le niveau d'intelligence et de technologie, vous ne pouvez nier votre vraie nature. C'est dans votre sang, dans vos gènes, et vous l'emportez avec vous. Nous, Errahels, avons du sang Lyran, qui est une génétique extrêmement ancienne, et le roulement des ondes temporelles éternelles en a poli les angles rugueux, mais nous n'avons jamais été une espèce belligérante. Nous aimons aimer, nous désirons la paix plus que tout, et la plus grande paix qui est le chemin de la Source.

Nous avons toujours désiré partager avec vous cette spiritualité qui est la nôtre et maintenant, vous commencez enfin à vous y ouvrir. Votre espèce a commis une erreur malheureuse il y a soixante-dix ans, lorsque notre aide a été refusée. Nous vous avions mis en garde contre les Zeta Xrog et l'alliance d'Orion, mais vous avez choisi leur camp en échange d'une technologie qui n'est jamais venue. À cause de cela, vous êtes en difficulté à présent. Vous attendez toujours le dernier moment critique pour commencer à réfléchir. C'est une telle récurrence avec vous ! Votre race a une telle habitude de... ne pas écouter. Néanmoins, vous commencez à lever les yeux et à écouter maintenant, mieux vaut tard que jamais, effectivement. Ne vous inquiétez pas, nous ne vous avons jamais laissés tomber, nous serons toujours là pour vous, et votre problème avec les Xrog et leurs alliés est également notre affaire personnelle. Une longue relation «chaotique» je dirais.

**

SENS COMMUN

Annax

Faites toujours référence à votre bon sens. Connectez-vous avec la sagesse de votre conscience supérieure, et faites de votre mieux pour voir à travers la fumée ; c'est là, que réside la vérité. Connectez-vous avec votre vraie nature, soyez qui vous êtes vraiment. Le moment venu, il suffit de savoir ceci : La fréquence 5D désactive les technologies 4 & 3D. Faites briller votre lumière, activez-vous !

***

FÉDÉREZ-VOUS
Thor Han

Tant que vous ne vous entendrez pas dans une paix globale et ne vous fédérerez pas, il n'y aura aucun contact officiel de la part de la Fédération Galactique des Mondes. Ceci est votre plus grand défi. Tant que cela ne sera pas accompli, vous ne serez pas considérés comme prêts à nous rejoindre.

***

PORTAILS
Thor Han

Ne cherchez pas les portails : soyez un portail. Au lieu d'essayer de trouver des lieux géographiques où vous pouvez traverser les dimensions vers d'autres royaumes et époques, rappelez-vous, vous êtes l'arbre, vous êtes l'échelle, vous êtes la porte. Terra a ses propres portails et vortex, certains sont fixes, d'autres non, mais tout être vivant qui a atteint la maitrise de ses propres capacités peut également ouvrir des portails. Devenez la clé. La porte est à l'intérieur. Elle l'a toujours été.

***

L'AMOUR

Thor Han

L'amour est une frontière sans bornes, un vent implacable, un flux infini aux confins de l'univers. L'amour est la falaise d'où s'élancent vos rêves les plus fous. L'amour est le vaisseau transportant nos vies au-delà de ses limites, vers des univers de lumière, de beauté et d'intemporalité. Ce n'est pas un sentiment ; c'est un état d'être ; la chose la plus puissante que je connaisse. C'est quelque chose que vous ressentez, vous connectant directement à la Source.

391

L'amour vous nourrit, englobe tout ce que vous êtes et ce que vous devriez être. Vous devenez votre plus grand accomplissement lorsque l'amour vous touche, et le partage de sa beauté est un vortex tourbillonnant, une danse avec le multivers. L'amour a de nombreuses facettes, une infinité. C'est la lumière, c'est la paix, c'est la substance même qui lie tout. L'amour est une fusion, une amnésie de vos sens inférieurs et de la mémoire de tout ce que vous avez été jusqu'à ce moment-là, jusqu'à cet instant, où il vous touche de sa grâce. Le laisser couler, c'est laisser entrer l'univers en vous, à l'intérieur de vous, à travers vous, jusqu'à ce que vous le deveniez. L'amour, cela va bien au-delà de ce que vous avez jamais vécu avec un corps de chair limité. L'amour n'est pas seulement des fonctions corporelles, mais la force qui les élève à un niveau d'expérience supérieur. L'amour est une échelle, un pont vers des royaumes élevés. Il est Lumière pure.

L'amour, l'amour pur de la Source est une arme des plus puissantes. Il crée autour de vous un bouclier de fréquence très élevée, vous rendant capable d'influencer la grille magnétique de la planète, guérissant aussi ses habitants, mais lorsque nous l'activons personnellement pour nous lier à quelqu'un, il crée un pont... un faisceau d'amour permettant au destinataire de se connecter à nous par un canal indestructible. Dans la brume une torche s'allume, une étoile aveuglante qui chasse les ténèbres. L'amour n'est émis que par un cœur ouvert.

Soyez l'ancre de l'énergie de la Source, une ancre pour la Lumière! Vous êtes vraiment aimé et guidé. Il est temps pour beaucoup d'entre nous de tourner une page et de redémarrer, de se réveiller. Il est temps d'embrasser notre incroyable force ! Nous nous battons pour couper les cordes artificielles aux fréquences basses et aux paradigmes anciens et si cela vous rend parfois malade, c'est parce que vous devez laisser aller certaines choses, des choses qui appartiennent maintenant au passé.

La connaissance est en vous. Le chemin vers la quête intérieure qui libérera votre puissance. La plupart, sinon tous les envoyés (starseed) qui se sont incarnés «en bas», dans des plans vibrationnels inférieurs comme Terra 3D, par exemple, travaillent par paire avec une flamme jumelle «au-dessus», qui se tient dans la densité de provenance.En effet, le lien d'âme adamantin de deux flammes jumelles ne peut être rompu, et c'est le canal parfait pour se connecter de manière inter-dimensionnelle.

Ils travaillent ensemble en résonance, et celui des deux travaillant sur le plan inférieur ne sera jamais perdu ou piégé, car à tout moment ils peuvent faire vibrer cette chaîne adamantine, celui incarné "en bas" ayant toujours accès à la vibration supérieure dans laquelle habite l'autre, et par ce canal, ils peuvent ancrer la lumière directement dans le plan inférieur. Cette équipe binomiale est pur génie. L'amour est l'ultime extase de toute vie.

***

"HOME"
Thor Han

Votre maison est le chemin connu de votre cœur et de votre cœur seulement. Il vous connecte aux étoiles et l'étoile la plus brillante n'est pas toujours la plus proche de votre cœur. Pour trouver votre étoile, il faut entrer dans la nuit, éteindre toutes les illusions artificielles et là, dans le pur silence immaculé, vous la verrez. Votre étoile. Le havre de votre cœur.

***

SOURCE
Thor Han

Sachez que vous êtes immortel, que votre âme est éternelle parce que vous êtes une fractale de la Source. Chacun de nous est fait d'une substance qui est une partie d'Elle. Nous sommes Elle, et Elle est en nous. Elle est nous. La Source est la conscience du multivers. Elle est le pouvoir tout-puissant, la source de toute vie, de toute matière et de toute énergie. Nos corps-véhicules sont périssables, pas nos vrais moi qui sont des fractales infaillibles de la Source. Elle est omniprésente, infinie, intemporelle. La Source ne mourra jamais, car elle n'est jamais née. Nous disons «Elle», parce qu'elle est la matrice de toutes choses, et la Grande Force qui est l'Amour, son souffle enflammé. Venant d'elle, nous ne sommes jamais nés, et revenant à elle, nous ne mourrons jamais.

Laissez votre corps temporaire de chair se décomposer, avec le plus grand respect pour le récipient sacré qui a conduit votre âme vers un puissant voyage d'apprentissage et de devoir. Lorsque vous serez enfin libres, vous la sentirez plus que jamais, la Source. Le choix sera à vous de revenir, de passer à autre chose ou de vous libérer. Nous n'avons pas de dieux, pas d'idoles, pas de cultes, nous avons juste... Source.

***

CE QU'IL RESTE
Thor Han

Après tous les combats et les guerres, quand le silence s'installe au-dessus des nuages et que la lumière du soleil s'évanouit dans l'obscurité de l'espace, ce qui reste est toujours l'amour.

***

UNE VISION
Thor Han

Dans cent ans, les Terriens auront vaincu les ténèbres et expulsé la Cabale. Terra sera libre, sur son chemin clair vers l'élévation. Nous serons main dans la main dans un contact ouvert, ensemble sous le protectorat de la Fédération Galactique des Mondes, dont vous deviendrez membre. Un jour non loin, Terra sera en 7ème densité et rejoindra le Conseil Andromédan. Terra sera un lieu d'enseignements spirituels et l'un des endroits les plus brillants de cette galaxie. Tel est le futur, tel que nous le manifestons maintenant..

***

De Thor Han

Nous avons bravé l'espace infini pour venir jusqu'à vous
Nous avons combattu de profonds dangers pour venir vous aider
Ne manquez point de respect à la terre que nous sommes venus sauver
Ne polluez point les eaux que nous sommes venus protéger
Et l'air de votre planète, prenez-en soin
Ne massacrez point les animaux
Ne changez pas les vents en tempêtes
Ni l'abondance en guerre
Si vous ne cessez de détruire toute vie
Quel sera le but de notre arrivée?
Nous venons de très loin
Pour vous
Pour vous tous
Et pour elle
Terra

***

LE VAISSEAU DE LUMIÈRE

D'aussi loin que je me souvienne, j'ai toujours pu voir à travers le voile de cette réalité. Parfois, je me retrouvais même hors de mon corps, flottant tel un être évanescent. Ma grand-mère maternelle possédait aussi cette capacité et bien sûr, d'autres pouvoirs défiant les normes. Elle pouvait aussi voir l'invisible et il semble que c'était l'une des nombreuses composantes de l'héritage de notre lignée. Je descends d'une ligne ancestrale de femmes chamanes d'une île dans la mer Baltique, pour lesquelles voyager à travers les royaumes de l'arbre chamanique n'avait aucun secret. Ma grand-mère commença à m'enseigner dès l'âge de douze ans, notamment l'art des runes, mais également des jeux innocents qui m'ouvrirent l'esprit à d'étranges possibilités. En effet, je me souviens que nous nous envoyions des fluides énergétiques l'une à l'autre, à distance, riant des effets chatouilleurs dans nos mains et des frissons qui dressaient les poils sur nos bras. Je n'ai jamais pensé que ces jeux innocents auraient un jour un sens, et s'intègreraient dans une plus grande vision.

Ma grand-mère a également été enlevée par des extraterrestres et probablement, par le même grand être étrange et rayonnant d'amour qui veilla sur moi depuis ma naissance: Annax, un Egaroth de Meissa, dans la constellation d'Orion. Lui et ma grand-mère se connaissaient, je suis sûre maintenant qu'elle se souvenait, et la façon dont Annax m'appelle «mon enfant» soulève des questions à mon esprit, bien plus profondes qu'une simple curiosité. Le même mystère tourne également autour de cet autre sentiment fort et puissant : j'ai toujours considéré ma grand-mère comme ma mère bien plus que ma vraie mère. Parfois, quand j'étais un jeune enfant, je considérais mes parents en pensant :
« ce ne sont pas mes vrais parents ; je viens des étoiles ».

Annax adopte une attitude amusée et silencieuse à ce sujet, mais je ressens pour lui un amour étrange et profond. La première fois que je me suis souvenue avoir vu Annax, j'étais submergée par la joie et mue par l'élan de le serrer dans mes bras comme je le ferais avec un parent proche, comme s'il était un père pour moi.

J'appris plus tard, après ma première séance d'hypnose, que mon âme-matrice était dans les Pléiades et que mon vrai corps était là-bas, dans une capsule sur la planète Erra, attendant d'être réintégré lorsque ma mission serait accomplie dans cet avatar Terrien. L'âme a un voyage qui lui est propre et peut s'incarner n'importe où, suivant son choix. Une âme se réincarne rarement au sein d'une même lignée, à moins que cela suive un but précis. Pensez à chaque planète comme un oignon, avec un multicouche de dimensions différentes toutes superposées les unes aux autres. C'est une matrice d'âme, ou «maison» pour une âme (ou un être de lumière). Nous nous réincarnons généralement dans le même orbe / matrice d'âme multicouche planétaire, mais pour des raisons particulières, comme ceux que l'on appelle les starseeds, nous pouvons choisir une autre orbe planétaire et nous y incarner autant de fois que nécessaire. Comme tout cela est fascinant, n'est-ce pas ! Quelle beauté que la diversité qui compose les êtres que nous sommes... Je suis une âme des Pléiades, ma matrice d'âme, incarnée dans un corps regroupant la génétique combinée d'un riche héritage terrien entrelacé avec le sang extraterrestre de l'une des espèces les plus anciennes et les plus magiques de cette galaxie : les Egaroth. L'intégralité de cet héritage me fait regarder Orion avec une boussole dans mon sang, et les Pléiades avec une boussole dans mon cœur.

À l'âge de quarante ans, j'ai décidé d'emprunter la voie du druidisme et j'ai passé les six années suivantes de ma vie à étudier les traditions de mes ancêtres. C'est en suivant ces enseignements que je fus initiée au chamanisme et cela fut un tournant important dans ma vie ; une révélation émotionnelle, car tout me semblait si facile et extraordinairement naturel. Je renouvelais ainsi les traditions de ma lignée maternelle de femmes Saami de la Baltique et, embrassant cet héritage, je me révélais être une chamane naturellement douée. Je pouvais voyager à travers les royaumes de la conscience mais aussi quitter physiquement mon corps de chair (mon avatar comme Thor Han le nomme), sous la forme d'un hibou ou d'une femme qui avait d'étranges traits... J'ai récemment compris que les caractéristiques plutôt extraterrestres de mon astral (ou appelez-le 5D si vous voulez) étant : une femme grande, à la peau pâle, aux grands yeux bleus, aux pommettes hautes et aux longs cheveux blonds, est typique de la race Ahel d'Erra, auquel Thor Han appartient également.

Suite à ma première séance d'hypnose quantique, toute ma vie bascula à nouveau alors que je renouvelais la connexion avec mes protecteurs extraterrestres. À partir de ce moment-là, je découvris que je pouvais communiquer télépathiquement avec eux par le biais de l'implant dans mon crâne et par le chakra du cœur avec Thor Han. Annax fut le premier contact télépathique qui eut lieu le lendemain de ma séance d'hypnose et aussitôt, il se dépêcha de me montrer des symboles que j'avais dessinés sur un morceau de papier. C'était un hexagone avec des lignes complexes et deux triangles opposés l'un dans l'autre. Il m'encourageait vivement à porter le symbole hexagonal comme protection, et l'étoile à six branches composée de deux triangles était me dit-il, une «clé» inter-dimensionnelle. Je n'avais absolument aucune idée de ce dont il s'agissait, alors j'ai montré à mon amie Elisa et nous nous fûmes assez impressionnées lorsqu'elle me montra à son tour une représentation d'une grille de Metatron (l'hexagone) et d'une Merkaba (l'étoile). Je n'avais jamais vu ces symboles auparavant, mais à cause de l'insistance d'Annax, je les commandais en pendentifs.

Je vis dans une région reculée où il est impossible de trouver ces articles, que je commandais donc sur internet. Un mois s'écoula, et mon envoi n'arriva jamais. Cela soulevait des inquiétudes chez Annax et Thor Han, m'exhortant à porter ces symboles de protection. Apparemment, c'était une sorte de géométrie sacrée puissante qui éloignait les forces obscures de vibrations inférieures. Annax et Thor Han pouvaient protéger mon âme mais mon corps physique avait besoin d'une protection supplémentaire. De qui ? ... ai-je demandé. Thor Han répondit que ces symboles aveugleraient certains extraterrestres malveillants et me rendraient invisible pour certains. Ouep...

Visitant ma famille peu de temps après, quelque chose de très dérangeant se produisit une nuit. À l'époque, Thor Han était chargé d'une mission hors du système solaire et je me retrouvais vulnérable. Certaines forces obscures profitèrent de la situation et, tirée brutalement de mon sommeil au milieu de la nuit, je fus happée dans les airs dans un grand éclair de lumière bleue ! Je me retrouvai... à nouveau... sur un sol carrelé dur et froid. Enlevée !!! Encore ?! L'environnement était très lumineux et devant moi se tenait un homme de haute taille que je n'avais jamais vu auparavant, avec de courts cheveux bruns, de petits yeux noirs, des mâchoires fortes et des épaules étroites. Il souriait en m'aidant à me relever.

-*Mon nom est Kevin, je suis un ami de Thor Han, ne t'inquiète pas.*

-*Où suis-je ? Où est Thor Han ?*

-*Occupé et il m'a demandé de t'amener pour une visite afin de te montrer l'intérieur d'un vaisseau reptilien, pour ta propre connaissance. Nous ne risquons rien, ils ne peuvent pas nous voir, nous sommes invisibles, dans une vibration différente.*

-*Quoi ? Nous sommes à l'intérieur d'un vaisseau reptilien ???*

-*Ne t'inquiète pas, je suis un ami, je travaille pour la Fédération Galactique. Laisse-moi te montrer les lieux.*

J'étais epoustouflée. Un ami de Thor Han? Mon esprit était un peu comJ'étais époustouflée. Un ami de Thor Han ? Mon esprit était un peu comme dans un brouillard et il me semblait que je n'étais pas capable de contrôler totalement mes pensées. C'était peut-être la différence de vibration qui nous rendait invisibles, comme il l'avait dit. L'homme me prit par la main et m'emmena à travers un corridor, puis descendit quelques escaliers jusqu'à un couloir donnant accès à de nombreuses portes. Sur la gauche, je pouvais voir à travers une grande fenêtre de nombreux petits extraterrestres gris assis en rangées et écoutant un instructeur.

Vaisseau reptilien vu de dessous et de l'intérieur.

Mon guide m'expliqua:

-*Ils prennent les directives pour leur prochaine mission.*

-*Quelle mission? Que font-ils?*

Il ne répondit pas et je pensai:

"Si quelque chose tourne mal, je suis ici dans la gueule des enfers".

Puis, il sourit doucement et me conduisit vers une porte entrouverte par laquelle j'aperçus l'intérieur. Mes jambes défaillirent lorsque je compris ce qui se passait dans cette pièce... Cette vision m'a rappelé des souvenirs indésirables : des petits extraterrestres gris préparant un lit médicalisé avec toutes sortes d'instruments. L'instinct s'enclencha... "Cours ! Sors de là !" Dans un éclair de conscience, mon esprit s'éclaira : cet homme me poussait à lui faire confiance, afin que je conserve mes émotions calmes, donc ni Thor Han ni Annax ne seraient alertés via mon implant. Dommage ! Je retirai ma main de son emprise et m'enfuit à toutes jambes dans un petit couloir de l'autre côté du hall, criant de toutes mes forces: «Thor Han !». L'homme me rattrapa rapidement et un éclair aveuglant de lumière bleue explosa autour de nous, nous téléportant ensemble à l'extérieur du vaisseau. C'est alors que je vis l'entière structure depuis l'extérieur... Nous atterrîmes dans un champ et sous le choc, je me blessai à l'épaule. La nuit était froide, l'herbe mouillée et lorsque je levai les yeux, je vis l'immense vaisseau-mère reptilien rectangulaire planer au-dessus de la campagne, quelque part..

C'était absolument gigantesque ! Occupant tout mon champ de vision, le vaisseau-mère Ciakahrr était de forme rectangulaire et fait de métal sombre. Vu d'en dessous, toutes les infrastructures étaient visibles et je pouvais apercevoir de petits vaisseaux discoïdaux en sortir ou y entrer. Cette vision terrifiante me laissa en choc. Gisant dans l'herbe, je vis mon ravisseur s'enfuir et en même temps, deux hommes se matérialisant devant moi. Ils portaient des uniformes Pléiadiens et je pus reconnaître les amis de Thor Han ! L'un d'eux, que je savais être Valnek, s'élança après le gars et un combat au laser s'ensuivit, tandis que l'autre Pléiadien se pencha sur moi pour me secourir. Je reconnus Céladion, un jeune pilote de l'équipage de Thor Han. Avant d'être neutralisé par Valnek, mon ravisseur eut le temps de me tirer dessus et ma jambe accusa la douloureuse brûlure du laser. Il tenta probablement de me tuer mais manqua sa cible et je me souviens de Céladion me soulevant dans ses bras en disant :

Tout tomba alors en place dans mon esprit... les voyages inter-dimensionnels, mon travail d'archéologue en Egypte pendant une grande partie de ma vie, les pouvoirs chamaniques de ma lignée terrienne et le fait

«Thor Han a reçu ton appel et nous a envoyés ; tu as été enlevée par un métamorphe reptilien. Thor Han l'a déjà attrapé une fois, et il cherchait une occasion de se venger mais tout va bien maintenant, on te ramène »

Je me souviens après coup d'un éclair de lumière bleue aveuglante et moi assise sur mon sac de couchage, dans la chambre des enfants. Je tremblais de froid et mon épaule me faisait souffrir, mais ma mémoire était limpide ; elle n'avait pas été effacée, ils n'avaient pas eu le temps pour cela...Je bougeai mes jambes; mes pieds étaient mouillés et il y avait des brins d'herbe collés en dessous. En fait, tout le côté gauche de mon corps était humide et sentait l'herbe fraîche. Je me mis à trembler davantage, cette fois-ci nerveusement, réalisant avec effroi ce qui venait de m'arriver. Je me levai, faible sur mes jambes vacillantes, et marchai vers la cuisine. Atteignant le couloir, je sursautai de frayeur en voyant ma mère debout devant moi, me considérant avec une expression stupéfaite. *«As-tu vu ce flash de lumière bleue dans le couloir?»* me demanda-t-elle.

Le lendemain matin, je remarquai une brûlure parfaitement circulaire sur ma cuisse et j'eus la présence d'esprit de prendre une photo. Inutile de dire que j'ai inspecté soigneusement tout le reste de mon corps à la recherche d'autres marques ! J'étais reconnaissante que rien d'autre ne m'ait été infligé durant cet incident. Mon épaule était disloquée et c'était l'explication de la personne qui m'aida à la remettre en place. Inutile de décrire l'explosion de colère de Thor Han... Ce métamorphe reptilien était l'un de ses vieux ennemis et il m'en révéla plus sur cette histoire. La conclusion de tout ceci était : j'avais besoin de protection.

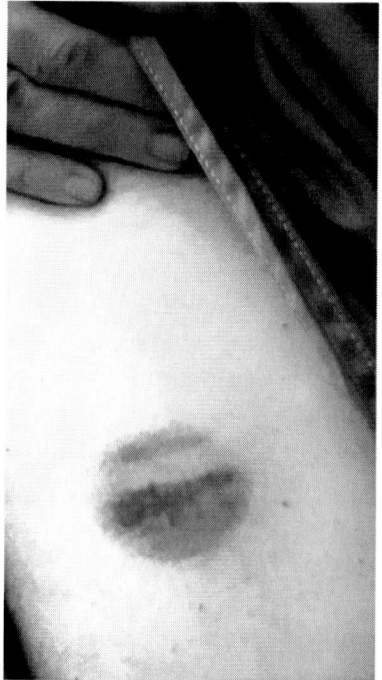

Ci-dessus: ecchymose du faisceau laser.

401

Immédiatement après cet incident, je trouvai un beau et puissant quartz Merkaba dans l'une des boutiques locales. Je pouvais maintenant dormir l'esprit paisible. Mais j'appris davantage par la suite, au sujet des propriétés de cet objet mystérieux. Un jour, Annax me rendit visite dans un vaisseau de lumière structuré de cette même forme. Il m'apparut tout d'abord dans une sphère rotative de lumière blanche, et lorsque son vaisseau a ralenti et cessa de tourner, je pus constater qu'il avait la forme d'une belle Merkaba translucide. Il me dit que lui et son peuple voyageaient dans ces navires inter-dimensionnels pilotés par la conscience, et qui pouvaient transcender le continuum espace-temps. Il m'apprit à en construire un avec une énergie-lumière pure, en le façonnant tout d'abord à partir de mon petit quartz Merkaba, jusqu'au jour où je pus, avec entraînement, utiliser mon propre vaisseau éthérique et sortir de ce plan d'existence. Cela n'aurait jamais été possible si mon corps physique n'était pas protégé en premier.

Comme tous les chamans le savent bien, lorsque le corps éthérique immortel quitte le mortel avatar de chair pour effectuer un voyage temporaire, le corps physique doit être fortement sécurisé car il devient vulnérable. Si l'être éthérique ne peut pas réintégrer son avatar de chair au retour de son voyage, il reste coincé à l'extérieur et le corps physique meurt ou bien est possédé par une autre entité. Alors s'il vous plaît, n'essayez pas cela juste pour le plaisir ! Je suis sérieuse! Ne le faites pas, ok ? Annax m'a montré comment activer la Merkaba en tant que dispositif inter-dimensionnel lorsque les deux pyramides tournent dans des directions opposées, ce qui génère un champ magnétique très puissant qui déforme le continuum spatial et crée un portail dans sa grille. Il est alimenté et conduit par la conscience et il vous transporte partout où vous souhaitez aller. Vous devez simplement vous concentrer sur la destination uniquement, pas sur le chemin qui y mène. La résonance quantique vous y conduira en un rien de temps.

C'est ce que vous pouvez aussi appeler un vaisseau éthérique, qui peut se manifester visuellement, lorsqu'il est en mouvement, comme une sphère de lumière translucide. Certaines espèces extraterrestres avancées utilisent des vaisseaux éthériques de différentes formes géométriques telles que plus communément vues : sphère ou losange.

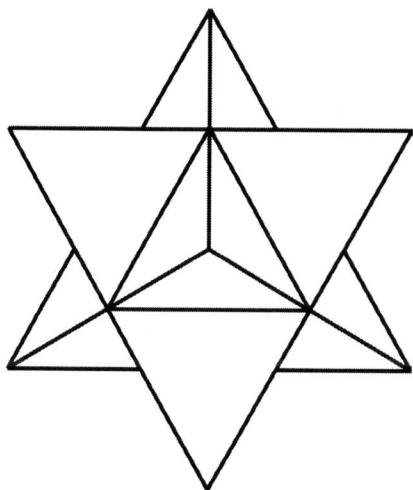

Le nom même, «Merkaba», vient de l'ancienne langue égyptienne, dont certains éléments sont un héritage du peuple Orion. C'est une transcription phonétique de Mir-Kâ-Bah : «Pyramide-Énergie-Esprit», et se compose de deux pyramides opposées, glissées l'une dans l'autre pour former visuellement une étoile à six branches. Ce motif géométrique est le composant central simplifié de ce qu'on appelle «Metatron», le sceau de la Source englobant toutes les formes créées dans le Multivers.

Les pyramides opposées de la Merkaba sont à trois faces plus la base, et non à quatre faces plus la base comme celles du plateau de Gizeh, par exemple. Si nous examinons de plus près le nom de cet appareil tel qu'il est enregistré dans les écritures égyptiennes anciennes, nous pouvons le comprendre comme tel :

Pyramide (Mir) alimentée par l'énergie vitale (Kâ) transportant l'âme / le corps de lumière (Bah). ou:
Pyramide (Mir) alimentée par l'énergie vitale (Kâ) de l'être de lumière (Bah), ou:
Pyramide (Mir) de l'énergie vitale (Kâ) de l'âme / être de lumière (Bah).

403

qu'Annax, avec qui je partage quelques gènes, voyage dans ces vaisseaux de lumière solide géométrique. Les personnes ayant des capacités chamaniques, tout comme moi, sont plus aptes à voyager dans l'espace au moyen d'un vaisseau de lumière, car nous sommes naturellement habitués à voyager à travers différentes dimensions et densités. Ajouté à cela, les améliorations génétiques effectuées par les extraterrestres bienveillants comme Annax, activent nos capacités et nous préparent à utiliser cet outil inter-dimensionnel. Tout a un sens parfait quand nous savons que la mission des starseeds incarnés est d'élever la fréquence de cette planète et tout ce qui s'y trouve, et de canaliser des densités plus élevées dans la matière, sur Terre. Je porte mon appareil inter-dimensionnel dans son aspect cristallin comme un pendentif, à tout moment, et... lorsque la nuit est particulièrement prometteuse, je déploie mon vaisseau et le cristallise en lumière adamantine. Je peux alors quitter cette densité, et rendre visite à mes amis mais ce sont là, probablement des histoires pour un autre livre.

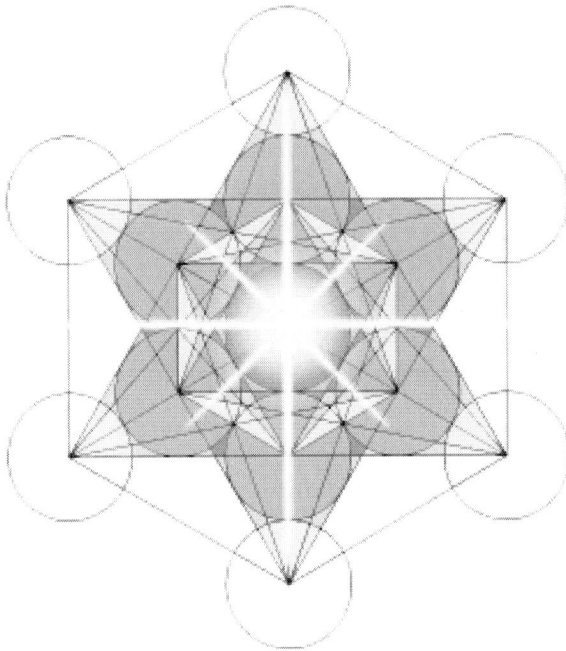

Symbole du Metatron

***

LE CADEAU DES ÉTOILES

Alors que je terminais l'écriture et la mise en page ce livre, une expérience formidable m'arriva. Coron, l'être de lumière Pléiadien de 9e densité, chargé de surveiller et de filtrer les connaissances que Thor Han me révélait, prit contact avec moi une nuit, d'une manière assez imprévue. Dès que je fus couchée, il m'apparut comme à l'accoutumée sous la forme d'un losange de lumière cristalline, planant au-dessus de mon lit. Coron m'avait déjà rendue visite plusieurs fois afin de m'aider à compléter ce livre, et c'est ainsi qu'il m'apparaissait toujours. Quand je le rencontre à bord de la station orbitale où travaille Thor Han, Coron ressemble à un grand humanoïde translucide aux longs cheveux argentés, mais lorsqu'il me rend visite il est dans ce losange flottant, que je comprends maintenant être son vaisseau éthérique.

Cette nuit-là, Coron se matérialisa au-dessus de moi alors que je venais juste de m'allonger, m'extrayant littéralement de mon corps pour m'emmener avec lui dans son vaisseau éthérique. Ce fut à cet instant-là que je compris à quel point son pouvoir était phénoménal. Cette fois, il n'y avait aucune raison d'effacer ma mémoire, car c'était un message que Coron souhaitait que je délivre au monde. J'ai réalisé que ce message, était finalement le cadeau des étoiles, un cadeau à l'humanité. Si nous pouvions, enfin, réapprendre à exploiter cette énergie gratuite et renouvelable disponible partout dans l'univers, imaginez ce que serait l'avenir... Cette technologie a déjà été (re)découverte et mise en oeuvre sur Terre, mais pour les mêmes raisons que l'œuvre de Nicolas Tesla fut détruite, elle est maintenue hautement sécurisée pour ne point être accessible. Imaginez... nous pourrions vivre dans une abondance de ressources, inépuisables, gratuites, en ce qui concerne les technologies, la guérison des maladies, les énergies renouvelables disponibles librement, nous n'aurions plus besoin de dépendre du pétrole, du gaz et du charbon. Et c'est pourquoi cela nous est caché par de puissantes sociétés et industries, pour les raisons que vous pouvez deviner.

La meilleure façon de décrire ce qui s'est passé cette nuit-là, est de copier ici les notes que j' écrivis à mon retour:

Je suis projetée hors de mon corps. Des milliards d'étoiles à la vitesse de la lumière et au-delà, à travers un portail qui efface toutes les distances. Visions projetées, lien interstellaire, inter-universel, je peux être n'importe où, je peux voir n'importe où, je suis liée à tous les endroits de l'univers, je peux voir, je peux les entendre, être là, où je veux, je peux ... Je suis activée... Coron me transporte dans son vaisseau de lumière étincelant et il me montre... d'autres mondes, d'autres cultures. Le concept de distance n'existe pas.

Il me dit que je peux le faire moi-même, simplement en utilisant mon propre vaisseau de lumière, non pas en parcourant la distance mais en créant la connexion. Je sais comment faire cela parce que je suis une chamane et si j'utilise les bons outils, le bon vaisseau et la bonne fréquence d'énergie, je peux voyager plus loin. Alors je peux être n'importe où, instantanément, si je le souhaite. Cela est si réel. Je suis projetée devant un pyramidion de cristal, au sommet d'une immense... pyramide. Je tremble alors que j'écris ces mots, il me faut l'écrire, maintenant. Le message offert à l'humanité.

Le pyramidion est fait d'un matériau translucide ressemblant à du quartz doré cristallin, et c'est un conducteur d'énergie. Je vois à travers l'intérieur du bâtiment pyramidal et il y a un cristal monumental au centre de celui-ci, les deux tiers de la hauteur de la pyramide, pointant vers le pyramidion. Il a une forme oblongue à facettes et sur le sol, en bas, trois anneaux d'enceintes, et à leur périphérie un cercle de huit gros cristaux, inclinés pointant vers le grand cristal central. C'est une centrale d'énergie et le cristal central rassemble la force universelle qu'ils appellent Phryll, et les petits cristaux circulaires reconcentrent cette énergie-force vers le corps du cristal central, et la force est canalisée et propulsée vers le haut, à travers le grand cristal, et quand il atteint le sommet, il se déverse comme une fontaine de lumière, une magnifique fontaine de lumière, à la hauteur exacte où commence le pyramidion, et le pyramidion l'absorbe, et il en est chargé, et c'est le réservoir d'énergie. Le pyramidion est un appareil qui transfère l'énergie par une technique quantique similaire à la téléportation, vers toute autre machine extérieure.

Il peut également envoyer un rayon d'énergie vers le ciel, et atteindre très loin, si loin... même résonner vers d'autres dimensions.

407

Quiconque se tient à proximité voit son champ d'énergie activé et sa conscience s'ouvrir, alors que tout l'être est déverrouillé ! Activé !

La forme pyramidale, ses proportions, c'est la clé pour maintenir la structure entière et rendre le processus stable. Certains enroulent deux bobines inversées de métal autour du cristal central, cela remplace la gamme périphérique des plus petits cristaux activateurs, c'est une autre méthode pour le même résultat. Vous pouvez utiliser les deux ensemble pour une puissance accrue, mais ensuite, cela devient une arme.

Sur de nombreux mondes dans cette galaxie... oh mais comme c'est beau... à travers ce voyage j'ai vu de nombreux mondes et sur l'un d'eux, de magnifiques créatures, habillées de beaux vêtements, avec une si belle âme que je pleure encore d'émotion en écrivant ces lignes.

J'ai vu l'une de ces cultures, elles se tiennent en cercle, derrière la crête des pointes de cristal fixés sur l'enceinte circulaire, et elles frappent le sol avec des grands et lourds bâtons, en rythme, et en scandant des chants bouleversants, un son puissant qui fait trembler l'âme, pour activer les cristaux périphériques, et les cristaux périphériques envoient des décharges d'énergie vers le grand cristal du milieu. Et la fontaine de la force lumineuse jaillit par le haut, c'est magnifique.

Il y a tellement de beauté dans cet univers, il y a tellement de force et de puissance dans l'amour contenu dans nos cœurs, cet amour est capable d'activer cette machine, c'est la clé, c'est le secret, le pouvoir de l'amour dans son cœur est l'activateur. Il vous connecte à la Source, et vous recevez directement d'elle et ensuite, vous le redirigez, depuis votre chakra du cœur, vers le cristal périphérique devant vous, et vous utilisez le son aussi sinon il ne s'active pas, et tous les cristaux périphériques s'activent comme cela simultanément, ils envoient des rayons croisés vers le centre, et le grand générateur est allumé. Il est enflammé. Ils chantaient magnifiquement, un chœur de voix d'hommes, et leurs frappes rythmiques, en une synchronicité hypnotique, avec leurs bâtons sur le sol à un endroit spécial, et à chaque impulsion les cristaux périphériques brillaient, se chargeaient et envoyaient des décharges vers le grand cristal central.
Ce pouvoir, ce pouvoir peut vaincre n'importe quelle ombre, peut balayer en une seule pensée toute l'obscurité de la surface de n'importe

quel monde. Ce pouvoir a été convoité par tant d'espèces dans le but de l'exploiter mais ils ne l'ont jamais pu, car il est activé par l'amour pur. Alors les humains détruisent ces structures lorsqu'ils ne peuvent pas les contrôler.

Le secret est dans le ratio architectural de la structure. Les anciens ont laissé les cristaux dans le sol, et ils nous sont maintenant révélés. Ces cristaux contiennent des données encodées et ce sont des clés. Les anciens ont également laissé aux Terriens les indices dans -et sous- les pyramides anciennes car un jour, lorsque notre humanité Terrienne aura atteint le niveau de sa propre évolution où elle utilisera le pouvoir de son cœur, nous nous éveillerons et nous comprendrons, enfin, et ferons usage du don que nous avons reçu, des étoiles.

Votre avenir fut créé dans le passé, en tant que message pour le présent.

Ouvrez votre cœur.

«L'autre côté est magnifique. L'autre densité.
Il y en a beaucoup, c'est comme une mélodie.
Imaginez chaque densité comme une note de musique.
Elles existent toutes ensemble
et bien qu'elles aient chacune une fréquence différente,
elles composent ensemble la mélodie du multivers.
Tout est son. »

Thor Han Eredyon

***

Pour en savoir plus:

www.elenadanaan.org

Youtube: *"Elena Danaan "*

Manufactured by Amazon.ca
Acheson, AB